经济法文库（商法系列）

Economic Law Library

实质商法规范的
解释论与立法论研究

THE INTERPRETATIVE
AND LEGISLATIVE STUDIES ON
THE SUBSTANTIVE COMMERCIAL LAW

◎ 曾大鹏 著

图书在版编目(CIP)数据

实质商法规范的解释论与立法论研究/曾大鹏著.—北京：北京大学出版社，2018.5
（经济法文库·商法系列）
ISBN 978-7-301-29460-4

Ⅰ.①实… Ⅱ.①曾… Ⅲ.①商法—研究 Ⅳ.①D913.990.4

中国版本图书馆 CIP 数据核字(2018)第 077100 号

书　　　名	实质商法规范的解释论与立法论研究 SHIZHI SHANGFA GUIFAN DE JIESHI LUN YU LIFA LUN YANJIU
著作责任者	曾大鹏　著
责任编辑	朱梅全　孙维玲
标准书号	ISBN 978-7-301-29460-4
出版发行	北京大学出版社
地　　　址	北京市海淀区成府路 205 号　100871
网　　　址	http://www.pup.cn　新浪微博　@北京大学出版社
电子信箱	sdyy_2005@126.com
电　　　话	邮购部 62752015　发行部 62750672　编辑部 021-62071998
印 刷 者	北京鑫海金澳胶印有限公司
经 销 者	新华书店
	730 毫米×980 毫米　16 开本　13.75 印张　254 千字 2018 年 5 月第 1 版　2018 年 5 月第 1 次印刷
定　　　价	49.00 元

未经许可，不得以任何方式复制或抄袭本书之部分或全部内容。
版权所有，侵权必究
举报电话：010-62752024　电子信箱：fd@pup.pku.edu.cn
图书如有印装质量问题，请与出版部联系，电话：010-62756370

"经济法文库"总序

我国改革开放三十余年来的经济法制状况,可以用"突飞猛进"这几个字形容。仅从经济立法看,在完善宏观调控方面,我国制定了预算法、中国人民银行法、所得税法、价格法等法律,这些法律巩固了国家在财政、金融等方面的改革成果,为进一步转变政府管理经济的职能,保证国民经济健康运行提供了一定的法律依据。在确立市场规则、维护市场秩序方面,我国制定了反不正当竞争法、消费者权益保护法、城市房地产管理法等法律,这些法律体现了市场经济公平、公正、公开、效率的原则,有利于促进全国统一、开放的市场体系的形成。

然而,应该看到,建立与社会主义市场经济相适应的法制体系还是一个全新的课题。我们还有许多东西不熟悉、不清楚,观念也跟不上。尤其是面对未来逐步建立起的完善的市场经济,我们的法制工作有不少方面明显滞后,执法、司法都还存在着许多亟待解决的问题。

三十余年的经济法研究呈现出百家争鸣、百花齐放的良好局面,各种学术观点和派别不断涌现。但是,总体来说,经济法基本理论的研究还相当薄弱,部门法的研究更是分散而不成系统。实践需要我们回答和解释众多的疑难困惑,需要我们投入精力进行艰苦的研究和知识理论的创新。

在政府不断介入经济生活的情况下,我们必须思考一些非常严肃的问题:政府介入的法理依据究竟是什么?介入的深度与广度有没有边界?政府要不要以及是否有能力"主导市场"?我们应如何运用法律制度驾驭市场经济?

在国有企业深化改革过程中,我们不能不认真研究这样一些问题:国有的资本究竟应由谁具体掌握和操作?投资者是否应与监管者实行分离?国有企业应覆盖哪些领域和行业,应通过怎样的途径实现合并和集中?如何使国有企业既能发挥应有的作用,又不影响市场的竞争机制?

加入WTO以后,我国经济、政治、社会生活的方方面面都会发生重大影响。我们必须研究:市场经济法制建设将面临什么样的挑战和机遇?在经济全球化的背景下,我们的经济法制将如何在国际竞争中发挥作用?国外的投资者和贸易伙伴进入我国,我们会提供一个什么样的法律环境?我们又如何采取对策维护国家的经济安全和利益?

面对环境日益恶化和资源紧缺的生存条件,循环经济法制建设任务繁重。如何通过立法确定公众的权利义务,引导和促进公众介入和参与循环经济建设?怎样增强主动性和控制能力,以实现经济发展与环境资源保护双赢,实现利益总量增加?如何发挥法律的鼓励、引导、教育等功能,通过受益者补偿机制,平衡个体与社会之间的利益?

在市场规制与监管方面,如何掌握法律规制监管的空间范围、适当时机和适合的力度?在法律上,我们究竟有什么样的有效规制和监管的方式、方法和手段?对各类不同的要素市场,实行法律规制和监管有什么异同?

············

我们的经济法理论研究应当与经济生活紧密结合,不回避现实经济改革与发展中提出的迫切需要解决的问题,在观念、理论和制度等方面大胆创新。这是每一个从事经济法科学研究者和实际工作者应尽的义务和光荣职责。我们编辑出版"经济法文库",就是要为经济法研究者和工作者提供交流平台。

"经济法文库"的首批著作汇集的是上海市经济法重点学科和上海市教委经济法重点学科的项目成果,随后我们将拓展选择编辑出版国内外众多经济法学者的优秀研究成果。我们坚信,这些优秀成果一定会引起社会各方面的广泛关注,一定会对我国的经济法制建设起到推动和促进作用。

期望"经济法文库"在繁花似锦的法学苑中成为一株奇葩。

华东政法大学　顾功耘

CONTENTS 目 录

导言   1

第一章   商法上的善意取得   6
    一、商事交易安全与善意取得制度之关联性   6
    二、大陆法系商法上的善意取得制度   7
    三、英美法系商法上的善意取得制度   13
    四、我国善意取得制度的商法解读   18
    五、结语   21

第二章   商事留置权的法律构造   23
    一、商事留置权的主体类型   23
    二、商事留置权的客体范围   28
    三、商事留置权的内容限度   33
    四、结语   36

第三章   商事担保的理念重塑   38
    一、民事担保与商事担保的区分规制原理   38
    二、实质"民商分立"视野下传统担保方式的完善   40
    三、实质"民商分立"视野下新型担保方式的确认   45
    四、余论:《担保法》的去法典化与民法典的编纂   49

第四章   土地经营权抵押的法律困境与现实出路   50
    一、尊重私人自治:还原土地经营权抵押关系的主体地位   51
    二、促进物尽其用:突破土地经营权抵押客体的不当限制   56

三、保障财产秩序:厘清土地经营权抵押的物权
　　　　变动规则　　　　　　　　　　　　　　　60
　　四、结语　　　　　　　　　　　　　　　　　63

第五章　显失公平的构成要件与体系定位　　　65
　　一、问题的提出　　　　　　　　　　　　　　65
　　二、显失公平的构成要件:单一要件说与二重
　　　　要件说的论争　　　　　　　　　　　　　66
　　三、显失公平的体系定位:原则与规则的识别　70
　　四、逻辑延伸:对两个流行命题的反思　　　　76

第六章　商铺租赁的权利与义务配置　　　　　78
　　一、商铺承租人的营业权　　　　　　　　　　79
　　二、商铺承租人的转让权　　　　　　　　　　85
　　三、商铺承租人的续租权　　　　　　　　　　88
　　四、商铺租赁中的租金调整权　　　　　　　　92
　　五、商铺租赁中的登记义务　　　　　　　　　95
　　六、结语　　　　　　　　　　　　　　　　　98

第七章　融资租赁的法制创新　　　　　　　　100
　　一、基于中国融资租赁法制沿革的反思　　　100
　　二、融资租赁法制的内部体系定位　　　　　103
　　三、融资租赁法制的外部体系重构　　　　　110
　　四、结语　　　　　　　　　　　　　　　　119

第八章　商事代理的制度构造　　　　　　　　120
　　一、背景与问题　　　　　　　　　　　　　120
　　二、大陆法系商事代理立法的两种模式　　　121
　　三、我国商事代理立法的三层规范体系　　　126
　　四、商事代理的类型区分及其立法价值　　　131
　　五、商事代理立法体例的应然选择　　　　　136
　　六、商事代理立法内容的应然构造　　　　　140

第九章　公司越权对外担保的效力　148
　　一、公司越权对外担保的立法变迁　148
　　二、公司越权对外担保的裁判立场　152
　　三、公司越权对外担保的学说争议　157
　　四、公司越权对外担保的解释方法　159

第十章　票据不完全质押背书的效力　168
　　一、问题的提出　168
　　二、立法论视角下不完全质押背书的效力　169
　　三、解释论视角下不完全质押背书的效力　173
　　四、结语　181

第十一章　支付密码、单纯交付与票据的流通性　182
　　一、案例及问题　182
　　二、支付密码的法教义学分析　184
　　三、单纯交付的法教义学分析　191
　　四、票据流通性的法教义学分析　203
　　五、结语　209

后　记　211

导　言

我国《民法总则》一经颁行,民法典的"龙头"已然到位,体系化的民法典指日可待。相比之下,赞成制定商法典的学者屈指可数,商法典在当代中国似乎是一个遥不可及的梦想。绝大多数商法学者的学术兴趣主要在于公司法、证券法、破产法、保险法等商事单行法,对于商法学的体系化问题则关注较少,遑论商法学研究方法的自觉转型。

本书的撰写目的,不在于对具体观点的纠偏、调适或者微末的创新,而在于实现商法学研究方法论和认识论方面的初步转型。架构本书的关键词是:实质商法、规范研究、解释论与立法论。于此,先对这四个关键词的相关机理作简要的说明。

首先是实质商法与形式商法。形式商法是指商法典或商事单行法中的商法规范。因我国欠缺商法典,传统商法的研究对象主要是商事单行法,如公司法、证券法、保险法等。实质商法是除商法典和商事单行法之外,从民法、行政法规范体系甚至地方立法、判例法之中梳理出来的实质意义上的商法规范。我国"民商合一"的立法模式,导致"商法化过度"和"商法化不足"现象并存。基于实质商法的视角研究,首先需要识别民事立法之中纯粹的民法规范与实质的商法规范,譬如善意取得制度、留置权制度、担保制度以及显失公平规则。然而,即使是商事单行法中的商法规范,也不能彻底切割其与民法规范的关系,如公司对外担保与民事担保的异同,票据质押与通常的民事质押的异同,票据交付与通常的动产交付的异同等。同时,民法规范与商法规范又有着本质的不同,前者主要追求公平价值,后者更侧重效率价值。而在立法形式上,民法规范与商法规范能合一则应尽量合一,否则势必分立。例如,若我国民法典总则编不设置商事代理的一般规范和转介规范,退一步而言,应将其置于民法典合同编,否则将来只能将其纳入商法通则。

其次是规范研究与实证研究、经济学分析。民法的规范研究传统较为深厚。

相比而言，商法更侧重实证研究，对现象的描述多于对本质和概念的提炼，尤以对策研究为甚。与此同时，商法学研究中，统计和经济学分析方法之运用也方兴未艾。但是，我们对于每个商法规范条文的"构成要件—法律效果"之分析严重不足，请求权基础理论在司法实践中也未能被有效贯彻。而关涉民商法规范群的统合规制，借以实现民商法体系融会贯通的典型代表，无疑是近年出现的公司对外担保这一热点问题，涉及担保法、物权法、合同法、公司法、票据法等诸多领域。显然，我们对于相关法条本身的研究这一基本功尚待加强，需要借鉴民法的方法来研究商法的问题。

最后是解释论与立法论。当我们戏谑现在的硕、博士论文动辄就要立法，喜欢自认是立法者之时，我们发表的学术论文何尝不是如此：立法建议一大堆，却忽视了既有法律资源的可取之处，也未能真切地关心社会现实的发展趋势。例如，传统的民法理论主要基于物权法定原则来认识、限定土地承包经营权，并紧紧抓住"生存保障"这一精神主轴不放，而对《农村土地承包法》以及全国各地如火如荼的试点工作之认识和理解尚未到位。事实上，从民商区分的角度看，在农地所有权公有、承包权民有的基础上，放开农地经营权的流转并无法理障碍，因为前者体现为民事法律事实和民事法律行为，而后者主要体现为单方商行为或双方商行为。总之，能运用解释论处理的问题，无须大破大立，上升到立法论层面。在思考逻辑上，应解释论先行，立法论随后。法条之间的体系性解释，是解释论的重中之重。当然，解释论有狭义和广义之分。狭义的解释论有一定的僵硬性和保守性，颇易受概念法学或法条主义者质疑；而广义的解释论与法教义学可作同义理解，具有一定的灵活性和适应性。

正是基于上述认识，本书对我国诸多重要的实质商法规范进行了解释论与立法论研究，并尝试作商法学研究方法论与认识论的转型，尤其是通过体系解释展现了商法规范与民法规范之间错综复杂的关系。其中，第一章至第四章主要研究商事物权的相关主题，如商法上的善意取得、商事留置权、商事担保、土地经营权抵押等问题；第五章至第八章主要研究商事债权的相关主题，如显失公平、商铺租赁、融资租赁、商事代理等问题；第九章至第十一章主要研究《公司法》和《票据法》中的商法规范，如公司越权对外担保、票据不完全质押背书、票据支付密码与单纯交付等问题。本书各章的核心观点如下：

第一章研究商法上的善意取得。德、日、英、美等国商法上的善意取得制度虽各具特色，但基于全面保护商事交易活动安全之共同目的，在构成要件方面呈现出如下共性特征：主体一方为商人；客体可以是货币、有价证券及盗赃遗失物等占有脱离物；主观上主要是对处分权推定的善意；客观上除占有外观，须有商行为，交易时空为公开市场，交易方式必定是有偿的。我国宜从商法的角度，梳理和完善《物权法》《合同法》《票据法》《海商法》及《信托法》之相关规则,保证法律的形式合理性与实质合理性之契合,并充分尊重商法善意取得制度的相对独立性。

第二章研究商事留置权。从立法技术方面观察,我们难以为"民商合一"立法形式下的商事留置权欢呼鼓舞,它被笼罩、掩盖在民事留置权的巨大光辉之下,以致其自身的独特价值难以彰显,规范体系也极不周全。我国商事留置权的主体、客体和内容都有赖于辗转复杂的解释论,才能予以理解和适用。

第三章研究商事担保。关于商事担保,形式意义上的《担保法》已是面目全非,去法典化的命运成了不可逆转的趋势。在民法典编纂的背景下,为真正实现"民商合一",迫切需要担保立法积极寻求契约自由与物权法定之间的平衡,将商事担保制度的理念、规则和概念有机统合于民法典之中。

第四章研究土地经营权抵押。农村土地承包经营权抵押的实质是土地经营权抵押,对此我国立法存在抵押自由受到发包方与集体成员的干扰、抵押客体界限模糊、抵押变动规则不明晰等诸多不足,不利于农民有效融资。因此,在宏观价值理念上,尤须转变"法律父爱主义"思维,确立农户成员的物权主体地位,废弃土地经营权抵押中的发包方同意权和本集体成员优先权。在微观规则设计中,农户成员作为土地经营权的抵押人,不得附加稳定的非农职业和收入来源之限制;如果土地经营权抵押是金融商事行为,则抵押权人应为金融机构;对抵押土地的性质、取得方式及其面积大小,均不应设限;抵押登记宜采生效主义,抵押权可以折价方式实现,而拍卖、变卖的实现程序为非诉裁判模式。

第五章研究显失公平制度。关于显失公平的构成要件,采取"二重要件说"更有利于维护交易安全,符合比较法的发展趋势和我国立法及司法的本意。依体系解释可知,显失公平制度由三个层级的法条构成。在逻辑上,"显失公平的合同类型仅为双务合同""显失公平制度的救济对象仅为消费者"这两个流行命题难以成立。为防止滥用,显失公平制度应主要用于规制一般民事主体之间的合同(体现为双方民事行为)、经营者与消费者之间的合同(体现为单方商行为),一般不适用于商事主体之间的合同(体现为双方商行为)。但是,若两个商人在交易经验、谈判能力和法律常识等方面过分悬殊,应根据具体情况"少用、慎用"显失公平制度。

第六章研究商铺租赁。比较住房租赁与商铺租赁在政治、社会及经济领域所具有的不同功能和地位可以发现,住房租赁与商铺租赁的"民商合一"立法捉襟见肘,二者合久必分。从私人自治的视角出发,商铺承租人享有营业权、转让权与约定续租权;从国家管制的视角出发,商铺承租人享有法定续租权并负有竞业禁止义务和连续经营义务,而商铺出租人负有减轻损失义务。我国民法典应贯彻区分住房租赁与商铺租赁的基本逻辑,对商铺租赁采取实质意义上的商法规范之立法技术,确认相关的商铺租赁特殊规则。

第七章研究融资租赁。为进一步规范融资租赁企业经营行为、防范交易风险、促进融资租赁业健康发展,对融资租赁法律制度的内部体系与外部体系之构建应具有一致性(无矛盾性)和可验证性。我国融资租赁立法宜兼顾组织法与行为法、协调国内法与国际法、突出私法属性、充分设置任意法、采取基本法的立法模式,并且应依"一合同论"定义融资租赁,拓展融资租赁的主体自由限度和客体适用范围。与此同时,应改出租人的选择性救济权为两步骤的次序性救济权,改承租人对出卖人的约定索赔权为法定索赔权,并废弃出租人的自物抵押权和承租人的显失公平救济权。

第八章研究商事代理。在我国民法典的编纂中,商事代理应采"民商分立"抑或"民商合一"的立法模式,是不容回避的重大疑难问题。在比较法上,大陆法系的商事代理立法虽有"民商分立"与"民商合一"之别,但其核心内容通常都包括代理商的商事代理和法定代表人、经理及其他商业使用人的职务代理两大组成部分。在形式上,我国现行商事代理制度的规范体系由民事基本法、商事特别法、行政型特别法三个层级构成;而在实质上,其规范内容繁杂多变且不乏抵牾之处,兼具形式合理性和实质合理性的商事代理规范严重缺失。在我国未来的商法通则中全面确立商事代理制度,只是一种理想的立法状态。更为现实的立法选择是,基于当前"民商合一"的价值趋向及体系化的立法技术要求,在民法典总则编之代理制度中设置商事代理的一般规范和转介规范;在民法典总则编之主体制度中规定法定代表人的职务代理;在民法典合同编中规定经理及其他商业使用人合同、代理商合同,借此构造体系融洽、功能健全的商事代理制度。

第九章研究公司越权对外担保。针对公司越权对外担保的效力问题,长期以来,我国陷入立法不明、裁判冲突及学说争议的困境。破解此问题的关键在于,正确区隔公司内部担保决议的效力和外部担保合同的效力两个层面,采取"内外有别"的策略,分别确定其效力。同时,需要在《公司法》《合同法》《担保法》《物权法》及《票据法》等法律之间进行协同操作。解释论的结果表明,公司违反《公司法》第16、104、121、148条中的强制性规则越权对外担保的,内部担保决议的效力与外部担保合同的效力并不一致,前者的效力为无效或可撤销;后者则依据具体情形认定无效、效力待定或有效,其中被担保人主观上的善意或恶意具有决定性的作用。

第十章研究票据不完全质押背书。自1995年《票据法》颁布以来,票据不完全质押背书的效力问题一直困扰着我国立法者、司法者及理论界。《票据法》第35条第2款、《最高人民法院关于审理票据纠纷案件若干问题的规定》(以下简称《票据纠纷规定》)第55条、《担保法》第76条、《最高人民法院关于适用〈中华人民共和国担保法〉若干问题的解释》(以下简称《担保法解释》)第98条以及《物权法》第224条关于票据质押背书之规定,宛如一座"法律迷宫",使我们无法有效应对不完全质押背书的效力问题。在解释思路上,目前盛行的无效说、有效说、无对抗力说均有重大缺陷;而经补正后的效力未定说则完美地吸收了上述诸说的优点,并克服了相关缺点及疑点,理应成为解决不完全质押背书效力问题的最佳选择。即在坚持《票据法》第35条第2款的基础上,将《物权法》第224条规定的"质权自权利凭证交付质权人时设立"限缩解释为"票据质权自票据完全背书并将票据交付质权人时设立",并承认不完全质押背书是效力未定之行为。

第十一章研究支付密码、单纯交付与票据的流通性。我国《票据法》本身没有明文规定支付密码、单纯交付与票据的流通性,故对此三者须基于法教义学原理正确理解和适用现行法。以"2013年度上海金融商事案例7"为代表的相关法院判决对于支付密码、单纯交付与票据的流通性之认识并不妥当。在我国现行法体系中,支付密码的经济及法律功能不容否认,它是绝对必须记载的特别法定事项,支付密码欠缺或错误会造成票据效力的瑕疵;单纯交付不具有合法性,单纯交付支付密码欠缺或错误的支票不能设定或转移票据权利,单纯交付票据与民法上的动产交付具有本质的区别;较之于持票人利益及票据的流通性,出票人利益及票据的安全性应居于优先地位。

第一章　商法上的善意取得

一、商事交易安全与善意取得制度之关联性

罗马法否认善意取得,所有权人始终有权追回其物,这在动产流通不繁荣、商品交易不发达的罗马法时代,自有其现实基础。因为"罗马法赞同体现所有权不可侵犯原则的以下规则:一个人不能转让自己不享有的权利。现代民法法系则迥然不同,它更多地是打算为满足确定性的要求而牺牲所有权不可侵犯原则"①。德国学者茨威格特曾敏锐地指出,应区分交易类型的方法以限缩动产善意取得制度的适用范围。他认为,为适应交易安全与便捷的商业要求,可以确认对于商事交易得以适用动产善意取得制度,而民事交易对交易安全与便捷的需要并不像商事交易那么强烈,就不应适用善意取得制度,可改由其他的法律构成来保护善意的第三人。②虽然《德国民法典》和《德国商法典》并没有完全体现茨威格特的上述见解,但这两部法典共同构筑的善意取得制度无疑贯彻了区分民事交易与商事交易的逻辑原理,此原理的要点有二:

第一,民事交易与商事交易的差异,决定了二者交易安全内容的不同。从功能来看,民事交易是为了满足个人和家庭的基本生活需求;而商事交易旨在建立一种合理利用有限资源的市场运行机制和社会经济秩序。③但是,无论民事交易还是商事交易之安全,一般都包括"静的安全"和"动的安全"两个方面。其中,静的安全侧重于维护权利人,实行交易依照权利关系之实像的原则,承认个人财产应受重视、不得随便被侵夺,优先保护所有权;动的安全则倾向于保护交易本

---

① 〔英〕巴里·尼古拉斯:《罗马法概论》,黄风译,法律出版社2000年版,第135—136页。
② 参见王轶:《物权变动论》,中国人民大学出版社2001年版,第253页。
③ 参见顾功耘主编:《商法教程》(第二版),上海人民出版社、北京大学出版社2006年版,第11—12页。

身,当出现交易上的权利或意思之虚像时,乃以虚像代替实像,牺牲真正权利人之利益,以保护善意无过失者的利益。① 静的安全保护既有利益,又称"享有的安全"或"所有的安全";动的安全则着眼于新利益之取得,避免获取新利益的交易动辄被归于无效。因民事领域首推所有权神圣,而商事领域力求交易便捷有效,所以民事交易安全主要指静的安全,商事交易安全主要指动的安全。但是,也有个别学者对交易安全作狭义理解,将交易安全直接等同于动的安全。②

第二,交易安全内容的不同,又决定了善意取得制度在民法和商法上的不同地位。"善意取得关系中,原权利人及第三人的个人利益,分别代表着财产静的安全利益及财产动的安全利益,善意取得制度是在这两者之间权衡"③,其最终结果是趋向于动的安全。民法以保护静的安全为一般原则,以保护动的安全为例外,故民法上的善意取得制度被定位为所有权取得的"特别规定";而商法则以保护动的安全为一般原则,商事交易之动的安全乃商法善意取得制度的法理基础和价值追求,商法善意取得制度遂为一般商行为的"基本规定"。

目前,我国有少数学者概略地赞赏英美法系以区分民事交易与商事交易的方式确立善意取得制度。④ 但是,我们不应止于临渊羡鱼的空想,更需要有退而结网的论证行动。下文拟将善意取得的比较研究引向规范实证的微观层面,并力图探讨如下问题:商法善意取得制度如何体现对商事交易安全的保护,它与大陆法系传统的"民商合一"或"民商分立"模式是否契合?商法善意取得制度是否具有共同性和独立性,它与民法善意取得制度的区别及联系何在?从商法的视角出发,如何客观评价我国的善意取得制度?

二、大陆法系商法上的善意取得制度

法国制定了世界上第一部《民法典》和《商法典》,首创"民商分立"模式。吊诡的是,法国《民法典》中规定了善意取得制度,但《商法典》中并未涉及善意取得的一般规则;⑤而德国和日本则在《民法典》之外,另于《商法典》中规定了善意取

---

① 参见刘得宽:《民法诸问题与新展望》,中国政法大学出版社2002年版,第282页。
② 参见江帆、孙鹏主编:《交易安全与中国民商法》,中国政法大学出版社1997年版,第5—8页;王泽鉴:《民法物权》(第二版),北京大学出版社2010年版,第453、457页。
③ 叶金强:《公信力的法律构造》,北京大学出版社2004年版,第91页。
④ 参见王轶:《物权变动论》,中国人民大学出版社2001年版,第252—253页;肖厚国:《物权变动研究》,法律出版社2002年版,第341、371—375页;孙鹏:《物权公示论——以物权变动为中心》,法律出版社2004年版,第358页;朱广新:《不动产适用善意取得制度的限度》,载《法学研究》2009年第4期。
⑤ 参见《法国民法典》(下册),罗结珍译,法律出版社2005年版,第1618—1624页;《法国商法典》,金邦贵译,中国法制出版社2000年版,第1、45页。

得制度。

(一) 德国商法善意取得制度

1. "实质的商法规范"及其立法背景

最初,德国民法典方案充满稳定与静止的气息。但是,在 19 世纪,人对于物的孤立的控制关系的静止系统已经受不起商品货币关系的社会动力冲击,处分自由原则已经势不可挡。门格、基尔克及其他法学家虽从完全不同的立场出发,但都主张商人精神对所有权制度的胜利以及交易安全对财产安全的胜利,这种胜利业已进入物权法中,在静态和规范的物化不断解体之时,物权的"动态化"大获彰显。①

在这样的社会经济及法律理论背景之下,《德国民法典》第 932 至 934 条规定了善意取得的一般规则;第 935 条第 1 款规定了包括被盗物、遗失物在内的一切占有脱离物无善意取得的例外规则;第 935 条第 2 款则规定,即使为占有脱离物、金钱、无记名证券及通过公开拍卖方式让与的物,也可被善意取得,此为善意取得的例外之例外规则。②《德国民法典》中善意取得的一般规则、例外规则、例外之例外规则共同形成"三位一体"的善意取得制度。③ 由于证券交易和拍卖交易是典型的商事交易,属于商法的调整范围,故毋宁将《德国民法典》第 935 条第 2 款称为一条"实质的商法规范"。"实质的商法规范"指各种调整商事关系的法律规范,除表现为统一的商法典之外,还包括各种单行商事法规,甚至是存在于其他部门法中的个别商法规范;而"形式的商法规范"则体现为统一的商法典。

2. 特点:以对处分权的善意为主

《德国商法典》第 366、367 条对动产所有权、动产质权、法定质权、涉及第三人权利负担及某些有价证券的善意取得进行了专门规定,构建起商法上的善意取得制度。④

最为引人注目的是,根据《德国商法典》第 366 条第 1 款,商人在经营中让与不属于其所有的动产或对之设质的,假使取得人善意地相信该商人有处分权,也可适用德国民法中从无权利人处善意取得之规定,从而把《德国民法典》只保护对所有权的善意扩展到保护对处分权的善意。此规定的立法理由是:"对商人而

---

① 参见〔德〕罗尔夫·尼克佩尔:《法律与历史——论〈德国民法典〉的形成与变迁》,朱岩译,法律出版社 2003 年版,第 266—267 页。
② 参见《德国民法典》(第 2 版),陈卫佐译注,法律出版社 2006 年版,第 338—339 页。
③ 参见〔德〕鲍尔、施蒂尔纳:《德国物权法》(下册),申卫星、王洪亮译,法律出版社 2006 年版,第 429—431 页。
④ 参见《德国商法典》,杜景林、卢谌译,中国政法大学出版社 2000 年版,第 338—339 页。

言,处分权的存在有特别的可能性。比如行纪商通常不是他所出让的物品的所有权人,但他对此物有处分权。除了占有之外,此处作为补充的权利外观依据的还有商人身份,或者更准确的表述是处分人的职业地位以及其行为属于他的商事营业的经营。"[①] "这一条款的意义在于商法从商行为特性出发,使商事活动中的财产接受人对财产让与人在商事交易活动中的财产处分权或支配权之信任从法律上得到保护,从而有利于商事权利交往的安全性和稳定性。"[②]

3. 例外情形

然而,上述德国法对所有权与处分权的区分逻辑是相对的,不是铁板一块,尚有例外情形。

其一,《德国商法典》第366条第1款,其构成要件和立法理由之间存在明显的不一致,并非每一个商人都与行纪商近似,具有处分权的高度可能性,如货物承运人或仓储营业人绝不属于典型的有权出让由其占有的物品之人。[③] 德国学者思德曼指出,在用益租赁关系、动产委托、向运输者为委托等甚为普遍的交易关系里,如将受托人不诚实的危险让所有人一方承担,而他方取得者却从负担中解放出来,则法律制度的平衡实在是颇有疑问。[④]

其二,依《德国商法典》第366条第3款,对于无关债权担保下法定质权的善意取得,[⑤] 须"承运人、运输代理人和仓库营业人对非为据此产生应由质权担保的债权的合同标的物的物品的法定质权,只在取得人的善意涉及合同他方当事人的所有权的限度内"存在。对此,《德国商法典》根本没有区分对处分权的善意与对所有权的善意,回到了民法善意取得制度对所有权的善意的老路上。

其三,《德国民法典》第932条,依其字面意思,纯粹只是对从"非所有权人"处善意取得的规定。但是,在例外情况下,可以不是所有权人而是另外一人拥有处分权,如破产管理人;也可以是所有权人非独自一人享有处分权,如配偶一方处分婚姻共有财产。[⑥]

可见,德国民法与商法一样,也可能保护对处分权的善意,二者分工之不同是原则性的,而非绝对的。

---

① 〔德〕C. W. 卡纳里斯:《德国商法》,杨继译,法律出版社2006年版,第643页。
② 范健:《德国商法:传统框架与新规则》,法律出版社2003年版,第339页。
③ 参见〔德〕C. W. 卡纳里斯:《德国商法》,杨继译,法律出版社2006年版,第643页。
④ 参见肖厚国:《物权变动研究》,法律出版社2002年版,第361页。
⑤ 德国民商法上的法定质权,其性质及意义与一般的留置权等同。参见孙宪忠:《德国当代物权法》,法律出版社1997年版,第338页。
⑥ 参见〔德〕迪特尔·施瓦布:《民法导论》,郑冲译,法律出版社2006年版,第327—328页。

(二) 日本商法善意取得制度

1. 实质的商法规范

日本学者一般将"即时取得"等同于"善意取得"。1896 年公布的《日本民法典》第 192 条至第 194 条依次规定了善意取得的一般规则、赃物或遗失物的无偿回复规则、赃物或遗失物的有偿回复规则,形成一种有别于德国的、新型的"三位一体"善意取得制度。[①] 其中,第 194 条要求的"占有人对赃物或遗失物,系于拍卖或公营市场,或者在销售与其物同种之物的商人处以善意买得"之行为,显然属于《日本商法典》第 501 条"绝对的商行为"范畴。因此,《日本民法典》第 194 条亦为一条"实质的商法规范"。

2. 特点:以有价证券的善意取得为主

《日本商法典》第 519 条规定了有价证券的转让方法及善意取得:"票据法第 12 条至第 14 条第 2 款及支票法第 5 条第 2 款、第 19 条及第 21 条的规定,准用于以金钱、其他物或有价证券的给付为标的的有价证券。"[②]

《日本商法典》第 519 条本身过于简陋,仅是一个准用性规范,它指引的实体法为《票据法》和《支票法》这两个商事特别法。日本采分离主义的票据立法,但这两个票据立法既没有给出总的票据概念,也未规定汇票、本票与支票的具体定义。在一般意义上,日本《票据法》中"票据"的外延包括汇票和本票。[③] 此后,日本通过有价证券的类型化,得出如下的法律适用准则:

(1) 相较于普通动产,有价证券之无记名债权,因商行为而无恶意或重大过失取得者,可即时取得,不适用有关赃物或遗失物之例外,以保护交易之安全。[④] 无记名债权被看作动产的,如乘车用的预售票和演奏会的入场券等,适用《民法典》第 192 条。[⑤]

(2) 无论记名或不记名的股票,依《日本商法典》第 205、229 条,可被善意取得,因为转让股份时须交付股票,而股票的占有人被推定为合法的持有人。

(3) 船货证券、货物兑换证或仓库证券等表征动产的证券,指示债券,记名式持有人支付债权证券,均适用《日本商法典》第 519 条、《支票法》第 21 条之规定。[⑥]

---

① 参见渠涛编译:《最新日本民法》,法律出版社 2006 年版,第 45 页。
② 转引自马太广编译:《判例所表现的商法法理:日本最高裁判所商法判例要旨(1962—2004)》,法律出版社 2004 年版,第 374 页。
③ 参见吴建斌:《现代日本商法研究》,人民出版社 2003 年版,第 549—550 页。
④ 参见〔日〕三潴信三:《物权法要摘》(上卷),孙芳译,中国政法大学出版社 2005 年版,第 190 页。
⑤ 参见〔日〕田山辉明:《物权法》(增订本),陆庆胜译,法律出版社 2001 年版,第 102 页。
⑥ 参见〔日〕我妻荣:《日本物权法》,有泉亨修订,李宜芬校订,台湾五南图书出版公司 1999 年版,第 217—221 页。

(4) 学校法人以借入扩充设备资金为目的,采取一般发行公债的方法做成、发行的上记学园债券,相当于无记名证券,可被善意取得(1978 年判决)。但是,预托金会员组织的高尔夫俱乐部入会金预交证存单,不相当于《日本商法典》第 519 条所规定的有价证券(1981 年判决)。①

(5) 由于有价证券发行的无纸化,投资者不再持有实物证券,投资者的证券所有权体现为中介机构的电子账户记录。依 2009 年 1 月 5 日全面实施的日本《公司债、股份等账户划拨法》第 77、102、144 条之规定,如果投资者申请账户划拨后,其电子账户有增额记录,投资者又无恶意或重大过失,则投资者取得该增值部分对应的权利,由此承认电子登记公司债、电子登记国债和电子登记股份的善意取得,确保证券清算交收的无条件和不可撤销性。②

3. 法律漏洞及其填补

不过,对于货币(金钱)的善意取得问题,日本民法无明文规定,导致长期以来日本的判例及学说对此见解不一。其中,1902 年 10 月 14 日判例曾经适用《日本民法典》第 193 条的无偿回复规则,也有很多判例适用《日本民法典》第 192 条的善意取得一般规则(如 1920 年 11 月 24 日判例)。但是,我妻荣教授认为,货币作为抽象物,全然不具有个性,货币所体现之价值及所有权,随货币之占有一起转移,因此请求返还非特定货币的,应以专门的不当得利返还请求来解决之。③

(三) 小结:大同小异的德日商法善意取得制度

第一,相对于民法善意取得制度,在立法形式及法律适用上,德日的商法善意取得制度具有相对的独立性。德日的民商立法虽采传统的"民商分立"模式,但分立并不彻底,《德国民法典》《日本民法典》中均隐藏、夹杂着"实质的商法规范"。仅就善意取得这一项具体制度而言,"商人""拍卖""证券"等商法术语及商事规范被强行嵌入民法典内部,致使无论是传统的"民商分立"还是"民商合一"的立法,④都出现实质商法主义的"民商分立"现象,突破了传统的"民商分立"或"民商合一"的基本原理。石少侠教授认为:"形式商法主义的民商分立以制定独

---

① 参见马太广编译:《判例所表现的商法法理:日本最高裁判所商法判例要旨(1962—2004)》,法律出版社 2004 年版,第 127 页。

② 参见崔香梅:《日本有价证券无纸化立法考察》,载《法学》2009 年第 4 期。

③ 参见〔日〕我妻荣:《日本物权法》,有泉亨修订,李宜芬校订,台湾五南图书出版公司 1999 年版,第 219 页。

④ 如《瑞士民法典》第 934 条第 2 款、我国台湾地区"民法"第 950 条、《埃塞俄比亚民法典》第 1166 条、《荷兰民法典》第 3 编第 86 条等关于善意取得的规定,虽采"民商合一"的立法模式,但均为实质的商法规范。

立商法典为其立论的基础,并在此基础上实现民法与商法的彻底分立,而实质商法主义的民商分立则不以制定独立的商法典作为民商分立的基础,只是主张要承认商法的相对独立性,要促进我国商法的体系化进程,使之成为一个有特定的规范对象和适用范围的法律体系和法律部门。"①法国采"民商分立"模式,但《法国民法典》第 2279、2280 条规定的善意取得制度,形式上为民法规范,却在司法实践中发挥着商事裁判依据之重要功能:法国最高法院商事庭在 1960 年 1 月 19 日、1981 年 2 月 25 日、1997 年 10 月 14 日和 2002 年 10 月 15 日的诸多判决中都曾援引第 2279 条,最高法院民事庭及里昂、波城和塞纳等地方法院也曾援引第 2280 条来裁判商事纠纷。② 德日民法典中设置了实质的商法规范,而商法典中的善意取得条款又自成体系,此举充分尊重了商法善意取得制度的相对独立性。

第二,对于善意取得的善意要件,德日民商法都采取了举证责任倒置的反推技术。③《日本民法典》第 192 条从正面要求善意取得的构成要件是"善意且无过失",但在证明责任的分配上,第三人因其有效的交易行为取得的占有,被推定为善意且无过失,第三人无须自行对此予以证明,④而由原所有权人来证明第三人有恶意或重大过失。这一证明责任分配原理亦存于商法领域,如日本 1982 年的一份判决认为:"股票被盗者的受寄者,在股票的所持人对其所得有恶意或重过失时,对所持人基于民法第 193 条的规定,可以请求其返还。"⑤《德国民法典》第 932 条"非为善意的除外"和《德国商法典》第 367 条"其善意视为排除"之规定均明确采取了善意排除的反推技术,由原权利人证明第三人"知情或因重大过失不知情",由此极大程度地减轻第三人的举证负担,有利于第三人放心、谨慎地从事商事交易。

第三,基于现实,货币、有价证券、拍卖物等动产日益成为善意取得制度重点规制的标的物。尤其突出的是,在德日两国的善意取得制度体系中,有价证券作为特殊的动产,于一般的动产之外获得了独立性。譬如,德国民法典和商法典都

---

① 石少侠:《我国应实行实质商法主义的民商分立——兼论我国的商事立法模式》,载《法制与社会发展》2003 年第 5 期。

② Voir André LUCAS, Code Civil 2004 (vingt-troisième édition), éditions du juris-classeur 2003, pp. 1221—1225.

③ 关于善意取得的证明责任分配问题之探讨,参见吴国喆:《善意认定的属性及反推技术》,载《法学研究》2007 年第 6 期;徐涤宇、胡东海:《证明责任视野下善意取得之善意要件的制度设计——〈物权法〉第 106 条之批评》,载《比较法研究》2009 年第 4 期。

④ 参见[日]近江幸治:《民法讲义Ⅱ·物权法》,王茵译,北京大学出版社 2006 年版,第 116 页。

⑤ 转引自马太广编译:《判例所表现的商法法理:日本最高裁判所商法判例要旨(1962—2004)》,法律出版社 2004 年版,第 42 页。

规定了无记名证券的善意取得问题;上述日本的判决及学说则表明,有价证券的善意取得始终是商法上的一个重要主题,不限于无记名证券,指示证券、记名证券和股票等有价证券亦适用善意取得制度。而在证券的非实物化(无纸化或电子化)时代,电子有价证券的使用逐渐频繁、简便,承认电子有价证券的善意取得,有力地促进了对电子商务交易安全的保护。

第四,民法上区分占有脱离物与占有委托物的立法观念,或为《德国商法典》第 367 条所限制,或为《日本商法典》第 519 条所抛弃。意大利因承认对无偿物、占有脱离物及有价证券的善意取得,被称为"极端法"的代表国家。日本学者川岛武宜指出:"它只在意大利当时(1942 年前后)法西斯主义甚嚣尘上的特殊社会背景下才有可能被接受。应该肯定,这种极端法的善意取得立场与人类正常的交易感情绝不相合。"①但是,德日商法典恰恰是在承认占有脱离物及有价证券的善意取得之基础上,构造出独特的商法善意取得制度。抛开意大利"民商合一"的立法形式不论,②在这个问题上,日本学者斥之为"极端法",不无掩耳盗铃之嫌。其实,商法将善意取得的适用范围扩至占有脱离物,强化了对商事交易安全之保护,应予肯定。

三、英美法系商法上的善意取得制度

(一) 英国商法之善意取得制度

1. 特点:以公开市场原则为主

英国普通法实行"任何人不能将自己没有的权利转让给他人"的原则,否认善意取得。但是,随着时代的发展,基于商业惯例及商业的特殊需要,英国逐渐突破上述原则,形成一些例外。

(1) 中世纪的例外:公开市场。为保护消费者并增强市场信誉和提高市场利润,凡在公开市场购买物品的人均可获得对物的绝对产权。1979 年修订的《英国货物买卖法》第 22 条第 1 款保留了公开市场原则(the rule of markets overt):"在公开市场上出售的货物,按照市场惯例,如果买方是出于诚信而购买,并不知情卖方对货物的权利存在瑕疵,他就可以获得货物完好的所有权。"综观 Hargreave v. Spink 的"店主在自家店铺的展品室买进珠宝"案、Reide v. Commissioner of Police and Another 的"烛台交易在日出之前进行"案等,适用公开

---

① 转引自陈华彬:《物权法原理》,国家行政学院出版社 1998 年版,第 413 页。
② 《意大利民法典》以第 1153 条(善意取得的一般规则)、第 1994 条(有价证券善意取得的一般规则)两个条文构造出"两位一体"的善意取得制度。

市场原则的构成要件：①一是交易场所公开,交易须在公开的合法市场内进行,即"伦敦市区的店铺虽被认定为公开市场,但要求交易时任何一个店里的顾客或路过店铺的人都可以看到交易的情形";二是交易时间公开,交易须在营业时间内进行,且在日出与日落之间完成;三是善意,买方须出于诚信而购买货物,并不知卖方存在所有权瑕疵。

(2) 20世纪的例外:交通工具的租购。1964年《分期付款买卖合同法》规定,善意地从分期付款买主那里取得车辆的"私人买受者",可以获得有效的产权。

(3) 一般例外:流通票据。根据商业习惯,即使是盗窃而来的流通票据(主要是汇票、本票和支票),善意有偿购买者也可以获得绝对的产权。但是,提单、交货单和仓单等权利凭证,英国法律认为它们不是完全的流通证券,不能被善意取得。

(4) 其他例外:货币。无论纸币或硬币,因具有流通性和无差异性,其善意有偿取得者即为所有者;若货币因罕见而具有美学价值或文物价值的,则为不可替代物,而非一般等价物,不能被善意取得。②

2. 认识误区及其辨析

有的学者将《英国货物买卖法》第21条第1款第2句"除非所有人通过其行为表明他不否认卖方有出售该货物的权利"也纳入善意取得制度的体系构成之中,并认为《英国货物买卖法》第22条第1款的公开市场原则亦适用于盗窃物、遗失物,买方(第三人)可以取得完好的所有权。③ 笔者对此不敢苟同,理由在于:

其一,上述但书之规定涉及的是"不容否认的代理人的买卖"行为之效力,虽然此情形也重在保护善意买受人(bona fide purchaser),但却属于表见代理制度,并与代理商的地位及1899年《代理商法》的实施相关。质言之,善意取得制度之善意,主要是指对所有权或处分权的善意,不包括对代理权的善意。

其二,在实践中和理论上,公开市场原则之适用并非绝对的。对于遗失物的所有权归属,英国的一些判例之间存在矛盾和差异,尚未形成共识。对于偷盗物,英国也有两个判例显现了不同的立场:在1911年的Clayton v. Le Roy一案

---

① 参见陈若鸿编译:《英国货物买卖法:判例与评论》,法律出版社2003年版,第102—108页。
② 参见〔英〕F. H. 劳森、B. 拉登:《财产法》(第二版),施天涛等译,中国大百科全书出版社1998年版,第27—30、35、45—46页。
③ 参见董磊磊:《善意取得制度的重新审视》,载梁慧星主编:《民商法论丛》(第44卷),法律出版社2009年版,第155页。

中,即使是盗窃物,公开市场上的善意买受人也获得了完好的所有权;① 而在 1988 年的 National Mutual General Insurance Association Ltd. v. Jones 一案中,小偷盗窃了一辆车,随即卖给 A,A 又卖给汽车经销商 C,C 又卖给汽车经销商 D,D 再卖给 Jones,法院认为不能剥夺被盗窃货物所有权人之所有权。② 目前,英国学界的权威观点认为,若窃贼已被起诉判罪,购买者即失去盗窃物的绝对产权,因为法院可能责令窃贼将该物归还给真正的所有人,③此为公开市场原则之例外。

其三,有必要补充的是,英国的善意取得制度包括但不限于公开市场原则。《货物买卖法》第 23 条至第 25 条关于享有可撤销所有权的卖方出售货物、交易后仍占有货物的卖方出售货物、交易后占有货物的买方出售货物三种情形中保护善意买受人之规定,均属善意取得制度的体系构成。④

(二) 美国商法之善意取得制度

1. 法律观念的嬗变

美国传统普通法不承认善意取得,直至通过《统一商法典》第 2-403 条才实现善意取得一般规则的立法化。《统一商法典》诞生的直接动因就是为反映现代商业实践的需要。该法典的实质内容及立法形式令法国学者惊叹不已:与不承认或者放弃"民商法二元观念"的国家不同,美国《统一商法典》也许表明,在一个始终忠实地奉行"统一普通法"观念的国家里,一种自成体系的商法已经诞生。⑤

2. 特点:以禁反言原则为主

《统一商法典》第 2-403 条规定,享有可撤销所有权的人 B,有权利向善意有偿购买人 C 转让完好的所有权。当货物系在购买交易中由 A 向 B 交付,购买人 B 享有向 C 转让完好的所有权的权利,即使转让人 A 就购买人 B 之身份受到欺骗,或者 A 交付货物时收取 B 的支票遭拒付,或者 A 与 B 双方约定交易为"现金交易",或者货物的交付系通过在刑法上可被作为盗窃罪处罚的欺诈行为取得的(第 1 款)。将货物之占有委托给经营同种货物的商人的,该商人有权利将委托人的所有权转让给正常交易中的买方(第 2 款)。"委托"包括货物的交付和对保留占有的默认,而不问当事方对交付或默认所表示的条件,也不问委托的取得

---

① See John E. Cribbet, Property: Cases and Materials, the Foundation Press Inc.,1996,p.144.
② 参见〔美〕斯蒂芬·贾奇:《商法》(影印本),法律出版社 2003 年版,第 417 页。
③ 参见〔英〕F. H. 劳森、B. 拉登:《财产法》(第二版),施天涛等译,中国大百科全书出版社 1998 年版,第 27、45 页。
④ 参见〔美〕斯蒂芬·贾奇:《商法》(影印本),法律出版社 2003 年版,第 413—417 页。
⑤ 参见〔法〕伊夫·居荣:《法国商法》(第 1 卷),罗结珍、赵海峰译,法律出版社 2004 年版,第 12 页。

或占有人对货物的处分是否构成刑法上的盗窃罪(第 3 款)。由于第 2-403 条"旨在聚合先前统一成文法的一系列规定和依次发展起来的判例法,并就货物的善意购买阐示一项统一且简明的立法思想"①,故获得了学界及法院的广泛认同,被概括为"禁反言原则"(the principle of estoppel)或"委托商人原则"(the entrusting-to-a-merchant principle)②、"善意购买人原则"(the principle of good faith purchaser)③、"法定禁反言条款"(the statutory estoppel)④、"委托规则"(the entrusting rule)或"庇护规则"(the shelter rule)。"受让人将取得转让人所有的任何法律权利,这是全部商法的基本规则。称之为庇护规则是因为,受让人乃基于转让人的法律地位而受到保护。"⑤在 1979 年的 Poter v. Wertez 一案中,纽约最高法院上诉庭的伯恩斯法官就如何适用《统一商法典》第 2-403 条的两个前提性核心术语作了充分的阐述:一是"正常交易中的买方",即诚信且不知对他的销售侵犯了第三人的所有权或担保权益,而以正常方式向销售此种货物的卖方买进货物之人(《统一商法典》第 1-201 条第 9 款);二是"善意",涉及商人时,须事实上诚实并遵守行业中有关公平交易的合理商业准则(《统一商法典》第 2-103 条第 1 款)。⑥

与英国不同,美国不仅承认流通票据和货币的善意取得,还承认权利凭证(包括提单、码头提货单、码头收据、仓单等)的善意取得(《统一商法典》第 1-201 条第 15 款和第 7-104 条),促进货物交易中票证流通迅捷有效的立场更为坚定、彻底。除了流通票据和货币,美国否认其他盗窃物的善意取得。但是,若交付盗窃物给经营同种货物的商人,则盗窃物被视为"占有委托物"。《统一商法典》第 2-403 条第 3 款通过扩大占有委托物的外延,有限制地承认了盗窃物的善意取得。因为经营同种货物的商人不但由此取得了货物之"占有",还取得了"所有权

---

① 美国法学会、美国统一州法委员会:《美国〈统一商法典〉及其正式评述》(第一卷),孙新强译,中国人民大学出版社 2004 年版,第 135—136 页。有必要指出的是,该中译本将原文中的"a person with voidable title"译为"无处分权人"并不准确,应译为"享有可撤销所有权的人"。另外,原文中的"the purchaser"与"a good faith purchaser for value"并非指同一购买人,前者是第一手交易中与"转让人(the transferor)A"相对应的购买人 B,B 进而作为第二手交易中的转让人,故后者是第二手交易中与 B 相对应的善意有偿购买人 C。

② 参见〔美〕布拉德福德·斯通:《统一商法典》(第 5 版)(影印本),法律出版社 2004 年版,第 143、145 页。

③ 参见〔美〕迈克尔·D. 贝勒斯:《法律的原则——一个规范的分析》,张文显等译,中国大百科全书出版社 1996 年版,第 121 页。

④ See John E. Cribbet, Property: Cases and Materials, the Foundation Press Inc., 1996, p. 138.

⑤ 〔美〕道格拉斯·J. 惠利:《商法:难点与资料》(第七版)(影印本),中信出版社 2003 年版,第 758、981 页。

⑥ See John E. Cribbet, Property: Cases and Materials, the Foundation Press Inc., 1996, pp. 138—140.

或出售权之表征",故该商人有权将货物转让给正常交易中的买方。

(三) 启示：殊途同归的两大法系商法善意取得制度

有学者认为,在保障现代商业社会中商品的迅速流动与确保所有人享有其绝对权利之间,现代制度的适当平衡点应当设定在让所有人吃亏上,英国法虽没古代的罗马法那么极端,但比起现代民法法系,相对折中,走得不像现代民法法系那么远。[①] 在比较法的宽广视野之下,综观商法善意取得制度的渊源流变及其实践价值,此言差矣! 对于善意取得问题,英美法系实行普通法与成文法二元对立式的调整机制,而以德日为代表的大陆法系实行民法典与商法典二元互补式的调整机制。英美成文法中的善意取得制度最终挣脱了普通法的否认立场而构筑起商法意义上的善意取得制度；相映成趣的是,德日商法典中的善意取得制度也扬弃了民法典的限制态度。两大法系殊途同归,使得作为一个完整的规则体系之商法善意取得制度具有共同性,进而在普通法或民法之外获得了相对的独立性,具体表现如下：

第一,均尊重市场交易行为。美国的禁反言原则,被称为英国公开市场原则的"替代原则"。[②]《德国民法典》第 935 条第 2 款和《日本民法典》第 194 条,作为实质的商法规范,其实也反映了公开市场原则之要求。而德日商法典中关于善意取得之规定也与英美法相接近,这从允许票据的善意取得可见一斑,都旨在最大限度地维护财货市场的交易安全。

第二,均要求有商人或商行为的外观。民法善意取得制度着眼于无权处分人"占有"之外观,减少在交易过程中对让与人之权利真实状态的调查成本,让借此外观而合理信赖无权处分人拥有让与权的善意第三人可以迅速有效地获得确定的所有权。而商法善意取得制度,除了"占有"外观的构成要件,还要求附加"商人"或"商行为"的职业外观。《德国商法典》第 366、367 条都限定适用商法善意取得制度的前提条件是与"商人"进行交易；《日本商法典》第 519 条之善意取得制度也仅适用于有价证券交易这种"绝对商行为"；英国的公开市场原则和美国的禁反言原则,其构成要件如前所述,都要求交易方须有商人身份或商行为之外观。

第三,均否认占有改定人的善意取得。美国《统一商法典》第 2-403 条第 3 款将"交付"(delivery)与"保留占有"(the seller in possession,即大陆法系意义上的占有改定)并列,把保留占有排除在交付之外,缩小了交付概念的外延,在效

---

① 参见〔英〕巴里·尼古拉斯：《罗马法概论》(第二版),黄风译,法律出版社 2000 年版,第 136 页。
② 参见陈华彬：《物权法原理》,国家行政学院出版社 1998 年版,第 412 页。

果上否认占有改定人的善意取得。英国《货物买卖法》第 24 条也反映了相同的规范意旨。例如，A 虽把货物卖给 B，但继续占有货物，若 A 又把货物卖给并交付（delivers）给善意买受人 C，则 C 可获得货物的有效所有权，而 B 只能起诉 A 违约。① 从反面解释，若 A 未交付货物给 C，则占有改定人 C 不得主张善意取得货物。大陆法系物权法理论通常将占有改定作为交付方式之一种。但是，《德国民法典》第 932 条要求"仅在取得人已从让与人处取得占有时"才适用善意取得之规定，明确否认占有改定人的善意取得。对此问题，日本立法无明文规定，学界的代表性观点有否定说、肯定说、折中说及共同分担说。因共同分担说难以操作，而折中说其实为"有条件的否定说"，故否定说处于优势地位。否认占有改定人的善意取得之意义在于，可以避免法律激励出"坏的"交易风险，利于切实追求交易安全的价值取向。②

四、我国善意取得制度的商法解读

（一）《物权法》第 106、107、108 条的商事适用性

我国《物权法》第 106 条规定了善意取得的一般规则，但该条中善意的内容是"不知出让人是无处分权人"③，直接定位为对处分权的善意，而非对所有权的善意。由于所有权是包括占有、使用、收益及处分等权能在内的最为完整的物权，处分权只是所有权的权能之一，故较之于对所有权的善意，对处分权的善意标准颇为宽松，给予受让人适用善意取得制度更多的空间。虽然德国民商法对所有权与处分权的善意之区分不尽如人意，但这种区分技术无疑是德国法最大的特色，并反映出不同的价值取向，即民法善意取得制度对所有权的善意兼顾了对原所有权人的保护，而商法善意取得制度对处分权的善意则保证了商事交易的迅捷有效。我国《物权法》第 106 条未区分民法与商法之不同，将主要适用于商事交易领域的对处分权善意之标准也统一适用于民事交易领域，有"商法化过度"之嫌。

我国有学者和法官认为，《物权法》第 107 条第 2 句的但书是对遗失物善意

---

① 参见〔美〕斯蒂芬·贾奇：《商法》（影印本），法律出版社 2003 年版，第 417 页。
② 参见税兵：《占有改定与善意取得——兼论民法规范漏洞的填补》，载《法学研究》2009 年第 5 期。
③ 全国人大常委会法制工作委员会民法室编：《中华人民共和国物权法：条文说明、立法理由及相关规定》，北京大学出版社 2007 年版，第 193 页。

取得的规定,并将之与《德国民法典》第 935 条和《日本民法典》第 194 条相媲美。① 如前所述,《德国民法典》第 935 条和《日本民法典》第 194 条均为"实质的商法规范",它们作为"三位一体"善意取得制度的有机构成而存在。德日法上遗失物的善意取得或有偿回复必须符合善意取得的一般构成要件。反观我国《物权法》第 107 条的但书,并没有要求遗失物受让人主观上须为善意——这是我国民法与德日民法的根本不同,遗失物的有偿回复不以符合《物权法》第 106 条的善意取得一般规则为前提,《物权法》第 107 条独立于善意取得制度而存在。或许有人认为,《物权法》第 108 条"善意受让人取得动产后,该动产上的原有权利消灭,但善意受让人在受让时知道或者应该知道该权利的除外"之规定,可以弥补第 107 条的善意要件缺失之瑕疵。应该承认,该条但书体现了对善意的举证责任倒置的反推技术,契合前述各国立法及司法实践的一般共识。但是,从法律用语来看,既然受让人在受让时"知道或者应该知道"该权利,那他又何以称得上是"善意"受让人呢?前后矛盾赫然在目,准确的表述应为:"但受让人在受让时知道或者应该知道该权利的,其善意被排除。"其实,第 107 条既不是对善意取得构成要件之补充(因为第 106 条已经全面规定了相关构成要件),也不是对遗失物善意取得之善意的要求,而是善意取得的法律效果。② 结合第 106 至 108 条来观察,我国未规定遗失物的善意取得。

更严重的疏漏是,《物权法》第 107 条的遗失物有偿回复规则只需无处分权人为"具有经营资格的经营者"即可,由此产生的问题有二:一是没有限定无处分权人为具有商业经营资格的经营者(即商业经营者、商人)。倘若无处分权人是具有农业经营资格的农业经营者(即农村承包经营户、农民),该条也保护由从事农业经营的农民手中买取农产品或其他遗失物的第三人。考虑到我国的农民数量巨大及农业水平尚欠发达,有偿回复规则的适用范围将会过宽,这无疑会引起"农民普遍商化"的混乱、泛化局面。二是日本的有偿回复规则和美国的禁反言原则严格要求无处分权人是经营"同种货物"的商人,我国法律无此限制,无权处分人非为同种货物的经营者,也未逾越《物权法》第 107 条的适用条件。由此,即使仅适用于商事交易领域,《物权法》第 107 条也存在"商法化过度"的弊端。

至于货币、盗赃物的善意取得问题,我国《物权法》刻意采取了回避的态度,实为明知的法律漏洞。与其他国家承认货币、盗赃物的善意取得之态度相比,我国显得"商法化不足"。笔者认为,虽然"货币的所有与占有一致"是货币所有权

---

① 参见梁慧星、陈华彬:《物权法》(第四版),法律出版社 2007 年版,第 215 页;最高人民法院物权法研究小组编著:《〈中华人民共和国物权法〉条文理解与适用》,人民法院出版社 2007 年版,第 332 页;楼建波:《我国〈物权法〉的商事适用性》,载《法学杂志》2010 年第 1 期。
② 参见刘智慧主编:《中国物权法释解与应用》,人民法院出版社 2007 年版,第 271—272 页。

归属与流转的基本规则,但对于辅助占有的货币、个性大于共性的货币、以封金或特户(即专用资金账户)等形式特定化的货币,①存在无权处分的可能,故仍有适用善意取得的必要性。对于盗赃物,有偿回复规则之实行,在一定程度上剥夺了作为"市场交易秩序之化身"的第三人取得所有权的机会,这在民法上或许有其正当性,②但从商法的角度而言甚为不妥,会严重损害商人信誉和商事交易的连续性。

(二) 商事留置权的善意取得

我国商事留置权的规范,体现为《担保法》第 84 条,《海商法》第 25、87、141、161 条,《信托法》第 57 条,《物权法》第 231 条,以及《合同法》第 315、380、422 条等,其中《物权法》第 231 条是一般性条款。③ 而商事留置权的善意取得规则,最早体现在《担保法解释》第 108 条,即当债权人合法占有债务人交付的动产时,即使不知债务人无处分该动产的权利,债权人也享有留置权。承认商事留置权的善意取得的理由在于:对债务人移转占有的动产,要求债权人事先核实债务人是否拥有处分权或所有权,会增加交易成本且有悖常理。"将留置权的标的,特别是商事留置权的标的限定于债务人所有既得不到相关立法例的有力支持,也不符合物权公示公信原则和商事交易实践。"④遗憾的是,虽然我国《物权法》认可对他物权的善意取得,但没有明确规定商事留置权的善意取得,商事留置权的善意取得规则尚停留在司法解释层面。

(三) 有价证券的善意取得

我国未一般性地规定有价证券的善意取得问题,但关于仓单、提单、联运单据及票据等有价证券的善意取得规则散见于《合同法》《海商法》和《票据法》之中。依体系解释与目的解释,在《物权法》第 106 条规定的善意、有偿、交付三项共同构成要件之基础上,善意取得仓单、提单及联运单据的第四项构成要件分别是:仓单上须有存货人或者仓单持有人的背书并经保管人签字或者盖章(《合同法》第 387 条);提单须是承运人或其代签人签发的清洁提单(《海商法》第 77 条);联运单据须是多式联运经营人已经签发的可转让单据(《合同法》第 319 条)。票据的善意取得,亦称票据权利的善意取得,关于其构成要件有三要件说、

---

① 参见刘保玉:《论货币所有权流转的一般规则及其例外》,载《山东审判》2007 年第 3 期。
② 参见熊丙万:《论赃物的善意取得及其回复请求权》,载《法律科学》2008 年第 2 期。
③ 参见曾大鹏:《商事留置权的法律构造》,载《法学》2010 年第 2 期。
④ 王保树主编:《商事法论集》(2008 年第 1 卷,总第 14 卷),法律出版社 2008 年版,第 212 页。

四要件说、五要件说之争。① 根据我国《票据法》第 10 条至第 13 条以及第 31、32 条之规定，笔者赞同票据善意取得应具备以下四要件：须从无处分权的人手中取得票据；须依《票据法》规定的转让规则取得票据；须基于善意取得票据；须以对价方式取得票据。同时，《票据法》第 12 条承认被偷盗的票据之善意取得。

由上可见，我国对仓单、提单、联运单据及票据等有价证券的善意取得之规定极不明确，需要结合相关单行法，运用多种法律解释方法，方可辗转曲折地获知善意取得的构成要件，造成法律适用盘根错节。另外，我国对股票、公司债券、政府债券等实物有价证券及电子有价证券的善意取得问题，更是未置一词，造成法律规范的漏洞。为全面覆盖现在及未来可能出现的各种有价证券，克服有价证券善意取得的分散立法、个别立法之不利后果，我国须明确规定有价证券善意取得的一般规则。

（四）商事信托财产的善意取得

商事信托的本质特征是受托人接受信托财产乃以营业为目的，否则为民事信托。② 依我国《信托法》第 22 条之规定，受托人违反信托目的处分信托财产，而信托财产的受让人明知是违反信托目的而接受该财产的，应当予以返还或者予以赔偿。依反对解释，如果受让人不知道也不应该知道受托人对信托财产的处分违反了信托目的，而是在善意的主观状态下接受这一处分并由此取得信托财产，则受让人可以善意取得该信托财产，委托人对受让人无信托财产返还请求权或赔偿请求权，此即商事信托财产的善意取得。商事信托财产的善意取得规则具有一定的合理性，它维护了商事交易安全及善意受让人的利益，是抗辩委托人对无权处分行为撤销权的法定事由。③ 但是，"并非任何法律条文均可为反对解释。进行反对解释的前提是，法律条文之构成要件，与法律效果间的逻辑关系，构成内涵的包含及外延重合。"④否则，反对解释得出的将是一个似是而非的推论，不如正面的法律规定明确、稳定、直接、有效。

五、结　　语

德、日、英、美等国的商法善意取得制度虽各具特色，但基于全面保护商事交

---

① 参见赵新华主编：《票据法问题研究》，法律出版社 2007 年版，第 226—234 页。
② 参见施天涛、周勤：《商事信托：制度特性、功能实现与立法调整》，载《清华法学》2008 年第 2 期。
③ 参见张淳：《〈中华人民共和国信托法〉中的创造性规定及其评析（续）》，载《南京大学法律评论》2002 年第 2 期。
④ 梁慧星：《民法解释学》，中国政法大学出版社 1995 年版，第 278 页。

易"动的安全"之共同目的,在构成要件方面呈现出如下共性特征:主体一方为商人;客体可以是货币、有价证券及盗赃遗失物等占有脱离物;主观上主要是对处分权推定的善意;客观上除占有外观,须有商行为,交易时空为公开市场,交易方式必定是有偿的。上述各国的民法善意取得制度都无须商人身份或从事商行为;在客体方面,有的国家否认占有脱离物的善意取得;在对价方面,有的国家承认可以无偿善意取得(如德国),并且须是对所有权推定的善意。概言之,商法善意取得制度的实质合理性是商事交易安全,形式合理性是实质商法主义的"民商分立",民法与商法应在区分民事交易与商事交易的不同基础上构建善意取得制度。我国采取了"民商合一"模式并践行于《物权法》《合同法》等法律之中,但由于对商法善意取得制度的独特价值认识不足,陷入"商法化过度"与"商法化不足"的双重困境,立法形式与实质价值背道而驰。

在借鉴比较法的经验之基础上,笔者提出如下完善建议:(1)在解释论上,我国《物权法》第106条对处分权的善意应作限缩解释,仅适用于商事交易领域,而对民事交易中的善意取得采对所有权的善意;对善意的认定,采举证责任倒置的反推技术,将《物权法》第108条的但书理解为"但受让人在受让时知道或者应该知道该权利的,其善意被排除";否认占有改定人的善意取得。(2)在立法论上,我国应承认对货币、有价证券(包括仓单、提单、联运单据、票据、股票、公司债券、政府债券等实物有价证券及电子有价证券)的善意取得;应承认对盗赃物、遗失物及拍卖物的善意取得,但盗赃物和遗失物的无处分权人应限于经营同种货物的商人;应明确、正面地规定商事留置权的善意取得和商事信托财产的善意取得。

总之,在商法善意取得制度的法律构成上,虽然德国以对处分权的善意为主,日本以有价证券的善意取得为主,英国以公开市场原则为主,美国以禁反言原则为主,但实质上,各国殊途同归,均旨在维护商事交易"动的安全"。我国宜从商法的角度,梳理和完善《物权法》《合同法》《票据法》《海商法》及《信托法》之相关规则,保证法律的形式合理性与实质合理性之契合,并充分尊重商法善意取得制度的相对独立性。

第二章　商事留置权的法律构造

留置权主要是指在债务人不履行到期债务时，债权人可以留置已经合法占有的他人之动产，并优先受偿的权利。在民商法中，素有民事留置权与商事留置权之分，但一般认为，现代各国规定的民事留置权是受到了商事留置权的影响之结果，①并且二者在价值目标、规范配置方面亦有差别。我国《物权法》第 231 条规定："债权人留置的动产，应当与债权属于同一法律关系，但企业之间留置的除外。"然而，对于商事留置权所孜孜以求的维护商人信用、确保交易安全的价值目标及其客观上需要的、精巧的配套规范，以我国《物权法》第 231 条但书之简陋，恐为不能承受之重。② 换言之，对于商事留置权与民事留置权的诸多差异，《物权法》采取"民商合一"的立法表达是否精准，尚待考量。有鉴于此，下文将围绕《物权法》第 231 条，解释商事留置权在主体、客体和内容等法律构造方面的特殊情况，③以回应理论上和实践中所遭遇的各种难题。

一、商事留置权的主体类型

比较法上，商事留置权通常仅在"商人"之间存在，如《德国商法典》第 369 条

---

① 参见梁慧星、陈华彬：《物权法》（第四版），法律出版社 2007 年版，第 370 页。
② 我国商事留置权的规范体系，主要为《担保法》第 84 条，《海商法》第 25、87、142、161 条，《信托法》第 57 条，《物权法》第 231 条，以及《合同法》第 286、315、380、422 条，其中《物权法》第 231 条是一般性条款。我国的留置权是法定担保物权，这与国外的债权性留置权或无优先受偿权的留置权有所不同。
③ 有必要说明的是，广义的法律解释涵盖文义解释、比较法解释、法意解释、体系解释、当然解释、限缩解释、目的解释和目的性限缩等方法。虽然文中的不少观点是参酌多种解释方法的结果，并且各种解释方法之间不存在位阶或顺位之分，但为突出主题，下文仅将涉及的最主要的解释方法列入标题之中。

第1款①、《瑞士民法典》第895条第2款②、《日本商法典》第521条③以及我国台湾地区"民法"第929条。而商人,一般是指以营利为目的,持续地从事营业的组织或个人。将商事留置权的主体界定为"商人",有利于促使商事交易关系中的债务人及时履行其债务,维护债权人的经济利益。尽管在我国物权立法过程中,有人提出对商事留置权的主体采用"经营者"一词,④但法律文本最终将商事留置权的主体限定为"企业"。由此,值得思考的是,我国限制商事留置权主体的独特做法是否妥当?在我国现行法律体系之下,企业的类型有个人独资企业、合伙企业、中外合资经营企业、中外合作经营企业、外商独资企业、国有企业(即全民所有制工业企业)、集体企业(包括城镇集体所有制企业和乡村集体所有制企业)。另外,根据我国《农民专业合作社法》第2条和第4条,农民专业合作社在性质上是一种企业法人,也具有企业性质。无疑,我国上述诸种企业均属"商人"之列。不过,关键的问题是,企业不能涵盖所有的商人类型,排除企业以外的商人享有商事留置权,诚非所宜。

(一) 农村承包经营户与法意解释

我国一般将农村承包经营户界定为民法上的自然人,1986年通过的《民法通则》的立法安排也是契合这种共识的。但是,共识的存在,并不意味着这就是唯一的、正确的认识。有学者认为,《民法通则》中的"两户"应解释为家庭合伙。⑤ 还有学者将农村承包经营户归为商个人。⑥ 与《民法通则》不同的是,1993年通过并于2002年、2012年修改的《农业法》,以及2002年通过的《农村土地承包法》,使用了"农民"这一俗称。由于我国城乡二元体制的客观存在,在人们的传统观念中,"农村承包经营户"即为带有符号学意蕴或身份印记的"农民"。虽然现代的商事主体与传统商法中的商人有所不同,但"农民"与"商人"之间的差异远非一步之遥所能比拟,能否将农村承包经营户界定为商人,有待进一步的论证。

《民法通则》第27条允许农村承包经营户从事的是"商品经营",这并不准确;而第55条则笼统地将其概括为"家庭承包经营",与该条"农村承包经营户"的定义有同义反复之嫌。其实,农村承包经营户主要从事"农业生产经营",既可

---

① 参见《德国商法典》,杜景林、卢谌译,法律出版社2010年版,第217页。
② 参见《瑞士民法典》,殷生根、王燕译,中国政法大学出版社1999年版,第249页。
③ 参见《日本商法典》,王书江、殷正平译,中国法制出版社2000年版,第156页。
④ 参见全国人民代表大会常务委员会法制工作委员会民法室编:《物权法立法背景与观点全集》,法律出版社2007年版,第184页。
⑤ 参见徐国栋:《民法总论》,高等教育出版社2007年版,第293页。
⑥ 参见苗延波:《中国商法体系研究》,法律出版社2007年版,第308页。

以从事农产品收购、批发、贮藏、运输、零售和中介活动,也可以从事跨地区、跨行业的农产品生产、加工、销售、联合经营活动。同时,农村承包经营户可以成立个人独资企业、合伙企业、乡村集体所有制企业或者农民专业合作社,但与企业的法律人格不同,它们存在相对的独立性。从农村承包经营户广泛的经营范围和多元的组织形式来看,将农村承包经营户一概排除在商人之外,并无正当理由。不过,将农村承包经营户,即使是未采取企业形式者,一律认定为商人,也不科学。因为我国绝大多数农民是"靠天吃饭",农业收益严重依赖自然条件,生产技术相对落后,经营方式相对陈旧,并且主要是为了解决生计问题而劳作,不符合商人的营利性及营业性的应有之义。① 这也提醒我们,认定农村承包经营户为商人,还需适当引入数量标准。

我国《物权法》第181条规定动产浮动抵押的主体之一是"农业生产经营者",而在立法过程中,"农业生产经营者"这一用语曾经是"农村承包经营户"和"农户"。② 依据法意解释(又称"立法解释""历史解释")的方法可知,"农村承包经营户"与"农业生产经营者"的实质含义是一致的。由于浮动抵押可以设定于将来的动产之上,而商事留置权只能以现有的动产设定,所以前者的权利实现风险更大。既然法律允许农业生产经营者享有浮动抵押权,那么根据"举重以明轻"的当然解释方法,应该承认农业生产经营者享有商事留置权,否则《物权法》第231条将无法与第181条维系轻重关系之均衡。

接下来的问题,是如何具体认定农业生产经营者。依《第二次全国农业普查方案》(2006年),农村和城镇农业生产经营者、农业生产经营单位统称为"农业生产经营者",是指在农业用地和单独的设施中经营农作物种植业、林业、畜牧业、渔业以及农林牧渔服务业,并达到以下标准之一的单位和个人:(1)年末经营耕地、园地、养殖水面面积在0.1亩及以上;(2)年末经营林地、牧草地面积在1亩以上;(3)年末饲养牛、马、猪、羊等大中型牲畜1头及以上;(4)年末饲养兔等小动物以及家禽共计20只及以上;(5)2006年全年出售和自产自用的农产品收入超过500元以上;(6)对本户或本单位以外提供农林牧渔服务的经营性收入在500元以上,或者行政事业性农林牧渔服务业单位的服务事业费支出在500元以上。虽然上述标准专为第二次全国农业普查而设置,但最高人民法院

---

① 营利性包括三层含义:一是追求私益而非公益;二是行为的有偿性;三是追求资本不断增值和经济收益的最大化。营业性指商人以特定的经营为业,其经营活动具有反复性、不间断性和计划性。参见王保树:《商法总论》,清华大学出版社2007年版,第232—233页。
② 参见全国人民代表大会常务委员会法制工作委员会民法室编著:《物权法立法背景与观点全集》,法律出版社2007年版,第27、39页。

的法官认为可以参照适用,作为界定《物权法》上农业生产经营者的标准。① 不过,从实际情况来看,上述标准明显偏低,会导致"农民普遍商化"的过度泛化局面,从法律规制的角度而言并无实益,故应适时提升认定农村承包经营户的数量标准或规模标准。同时,在法律技术上,我国不妨借鉴国外的自由登记商人制度作如下要求:②如果农村承包经营户需要以商人的方式开展经营活动,可以选择是否进行注册登记,从而成为自由登记商人,其中登记者才享有商事留置权。

按照《第三次全国农业普查方案》(2016 年),农户包括农业经营户、居住在农村且有确权(承包)土地的住户;符合规模农业经营户标准的住户则为规模农业经营户。其中,农业经营户指中华人民共和国境内在农业用地和单独设施中从事农作物种植业、林业、畜牧业、渔业,以及为本户之外提供农林牧渔服务的住户,无论其居住在城镇还是农村。农业经营户的标准如下:(1) 年内经营耕地、园地、养殖水面面积在 0.1 亩及以上;(2) 年内经营林地、牧草地面积在 1 亩及以上;(3) 年内饲养牛、马、猪、羊等大中型牲畜 1 头及以上;(4) 年内饲养兔等小动物以及家禽共计 20 只及以上;(5) 全年出售和自产自用的农产品价值超过 1000 元及以上;(6) 对本户以外提供农林牧渔服务的经营性收入在 1000 元及以上。规模农业经营户指具有较大农业经营规模,以商品化经营为主的农业经营户。符合下列条件之一的农业经营户,按规模农业经营户登记:(1) 种植业:一年一熟制地区露地种植农作物的土地达到 100 亩及以上、一年二熟及以上地区露地种植农作物的土地达到 50 亩及以上、设施农业的设施占地面积 25 亩及以上;(2) 畜牧业:生猪年出栏 200 头及以上;肉牛年出栏 20 头及以上;奶牛存栏 20 头及以上;羊年出栏 100 只及以上;肉鸡、肉鸭年出栏 10000 只及以上;蛋鸡、蛋鸭存栏 2000 只及以上;鹅年出栏 1000 只及以上;(3) 林业:经营林地面积达到 500 亩及以上;(4) 渔业:淡水或海水养殖面积达到 50 亩及以上、长度 24 米的捕捞机动船 1 艘及以上;长度 12 米的捕捞机动船 2 艘及以上;或渔业经营收入 30 万元及以上;(5) 农林牧渔服务业:对本户以外提供农林牧渔服务的经营性收入达到 10 万元及以上;(6) 上述任一条件达不到,但全年农林牧渔业各类农产品销售总额达到 10 万元及以上的农业经营户,如各类特色种植业、养殖业大户等,按规模农业经营户登记。③ 笔者认为,从必要性和可行性出发,符合上

---

① 参见最高人民法院物权法研究小组编著:《〈中华人民共和国物权法〉条文理解与适用》,人民法院出版社 2007 年版,第 544—546 页。
② 《俄罗斯联邦民法典》第 23 条第 2 款规定:"不组成法人而从事经营活动的农场(畜牧场)主,自农场(畜牧场)进行国家注册之时起被认为是经营者。"《俄罗斯联邦民法典》(全译本),黄道秀译,北京大学出版社 2007 年版,第 42 页。
③ 参见中华人民共和国国家统计局、国务院第三次全国农业普查领导小组办公室编著:《第三次全国农业普查方案》,中国统计出版社 2016 年版,第 32、46—47 页。

述条件的规模农业经营户应被确认为商人,并享有商事留置权。

(二) 个体工商户与体系解释

有经营能力的公民,依《个体工商户条例》之规定,经向工商行政管理部门申请登记,从事工商业经营的,为个体工商户。个体工商户可以个人经营,也可以家庭经营,还可以根据经营需要招用从业人员。因此,个体工商户不一定采取企业的经济实体形式,但必须登记并持有营业执照。同时,按照《个体工商户条例》第4条和第6条,国家对个体工商户实行市场平等准入、公平待遇的原则;申请办理个体工商户登记,申请登记的经营范围不属于法律、行政法规禁止进入的行业的,登记机关应当依法予以登记;甚至在经营场所、创业和职业技能培训、职业技能鉴定、技术创新、参加社会保险等方面,地方各级人民政府和县级以上人民政府有关部门还应当采取措施,为个体工商户提供支持、便利和信息咨询等服务。因此,个体工商户的经营范围相当广泛,在其他类型的商人可能介入的非农业性的生产经营领域,都可能会出现灵活的个体工商户身影,法律没有必要厚此薄彼,将个体工商户排除在商人之外。事实上,作为商个人的个体工商户,与企业法人或合伙企业相比,经济实力一般较为薄弱,更需要商事留置权之保护。

根据《私营企业暂行条例》第6、11条,个体工商户也可以申请开办私营企业,成立独资企业、①合伙企业或有限责任公司。而依该条例第2条,私营企业为"雇工八人以上的营利性的经济组织",雇工人数成为区分私营企业与非企业形式的个体工商户的唯一标准。显然,无论是基于企业经营规模或剩余劳动占有量的考虑,这一标准都过于简单、机械。虽然个体工商户与个人独资企业或私营企业是交叉关系,但这是人为割裂的结果,"取消个体工商户和独资企业的划分,使所谓的个体工商户回复其独资企业的性质并由统一的独资企业法一并调整,已是目前企业改革和企业立法的大势所趋。"②在"个体工商户"这个法律概念及其相关法律现象尚未消失之前,既然允许个人独资企业或私营企业成为商事留置权的主体,则也应承认个体工商户的商事留置权主体资格。

如前所述,我国《物权法》第181条允许个体工商户享有浮动抵押权,根据"举重以明轻"的当然解释,个体工商户也可依《物权法》第231条享有商事留置

---

① 《上海市工商行政管理局关于个人独资企业登记管理的实施意见》(沪工商注〔2005〕11号)第9条规定:个体工商户利用原注册的经营场地作为企业住所申办个人独资企业的,应先对原个体工商户作注销登记,再作个人独资企业开业登记。个体工商户利用原注册经营场地以外的场地申办个人独资企业的,原个体工商户可保留,凭《个体工商户营业执照》及其他有关材料作个人独资企业开业登记。这表明,个体工商户与个人独资企业并无本质上的不同。

② 赵旭东:《企业与公司法纵论》,法律出版社2003年版,第357—358页。

权,否则将与第 181 条失衡。综观全国性的《个体工商户条例》《私营企业暂行条例》《物权法》以及地方性的《上海市工商行政管理局关于个人独资企业登记管理的实施意见》相关条文在法律体系上的关联性,承认个体工商户享有商事留置权,不违反其规范意旨。

由上可知,《物权法》第 231 条所指商事留置权的主体范围过于狭窄,应将其扩及一切商人,包括个体工商户、达到一定规模或经登记的农村承包经营户,而不限于企业。关于商事留置权主体,立法上"商人""经营者"或"企业"的语词选择,重点不在于宏大的理论叙事潮流中,商人比企业更具有中国社会结构认识论上的宪政意义,[①]而在于具体的实践操作层面上,在适当的范围内,实事求是地承认更多类型的主体享有商事留置权,更具有实用价值和现实意义。

二、商事留置权的客体范围

商事留置权的客体,即商事留置权的标的物、商事留置物。依《德国商法典》第 369 条第 1 款,商事留置权的客体是动产和有价证券;依《日本商法典》第 521 条和《韩国商法》58 条,[②]商事留置权的客体是物或有价证券;依《瑞士民法典》第 895 条第 1 款,商事留置权的客体是财产或有价证券。因此,以动产为商事留置权的客体是各国立法的共性,我国《物权法》第 231 条的规定亦同,[③]但理解中尚存疑义,有待澄清。

(一) 有价证券与当然解释

上述国外立法都明定有价证券为商事留置权的客体,但我国《物权法》第 231 条以及台湾地区"民法"第 928 条只涉及"动产",对"有价证券"未明文规定。[④] 从动产与不动产的二元区分来看,动产是在一定空间中进行物理移动而无损于其用途和价值的财产。有价证券代表一定的金钱债权,并且可以任意移动而不致损害其用途和价值,无疑应属动产范畴。我国台湾地区"民法物权编修

[①] 参见蒋大兴:《商人,抑或企业?——制定〈商法通则〉的前提性疑问》,载《清华法学》2008 年第 4 期。

[②] 参见《韩国商法》,吴日焕译,中国政法大学出版社 1999 年版,第 14 页。另外,《韩国民法典》第 320 条第 1 款规定的留置权客体亦为物或有价证券。参见易继明主编:《私法》(第 3 辑第 2 卷),北京大学出版社 2004 年版,第 167 页。

[③] 理论上,我国有学者认为,《合同法》第 286 条规定的是不动产留置权。但是,通常认为,不动产不是留置权的客体。

[④] 《深圳经济特区商事条例》第 62 条规定"货物或有价证券"为代理商商事留置权的客体,值得赞同。

正案"(2010年2月3日修正)关于第928条的立法理由指出,该条"所称'动产',解释上当然包括有价证券在内,不待明文。"①

但是,有学者认为,留置证券与债权很难成立牵连关系;也可能不符合比例原则,构成留置权的滥用;同时,债权人此时只能通过民事自助制度获得救济,故对证券不得适用留置。② 暂且不说有的国家对商事留置权没有课以牵连关系和比例原则之限制(见下文),在权利证券化相当普遍、使用票据进行支付或融资日益频繁的现代社会,对成立牵连关系且符合比例原则的证券留置行为,一律否认其正当性,将极大程度限制商事留置权的适用范围。而自助行为只是暂时保全债权,不能产生某种担保物权以使自助行为人的债权获得优先受偿。③ 商事留置权的本质属性即为法定担保物权,非自助行为所能替代,二者并行不悖。上述完全禁止留置有价证券的观点难以成立。

另有不少学者在明确承认有价证券是商事留置权的客体之时,旋即改变立场,又否定记名有价证券能被留置。此种部分禁止留置有价证券观点的理由在于:首先,仅无记名证券、指示证券与物具有同等地位,而记名证券适用规制权利的条款,故存折、抵押证书或土地债权证书(但无记名土地债权证书除外)不能成为商事留置权的客体。④ 其次,得为留置权标的物的有价证券,仍以无记名有价证券为限,盖因记名有价证券的转让,需以背书为之。⑤ 再次,以记名证券为留置物仅能发挥留置作用,债权人实际上难以行使优先受偿权。最后,将记名证券作为商事留置权的标的物,容易引起纷争,因为债务人可能通过其他方式恶意行使该记名证券上的权利。⑥ 对上述理由,笔者不敢苟同。

其一,无论记名有价证券,抑或无记名有价证券,均属动产范畴。一方面声称有价证券可以被留置,另一方面又否定记名有价证券能被留置,有违整体与部分之间的基本逻辑关系。不过,有价证券毕竟只是一种彰显财产权利的凭证,不同于财产本身,它是特殊的动产,所以在法律适用上,除了一般性地适用民法中的动产所有权制度,还需要适用《证券法》或《票据法》中关于权利设定、变更和转

---

① 转引自谢在全:《民法物权论》(修订第五版)(下册),中国政法大学出版社2011年版,第1428页。
② 参见 Philippe Simler et Philippe Delebeque, Droit civil, Les sûretés, La publicité foncière, Dalloz, 2000, p.440;王利明:《物权法研究》(修订版)(下卷),中国人民大学出版社2007年版,第649页。
③ 参见〔德〕迪特尔·梅迪库斯:《德国民法总论》,邵建东译,法律出版社2000年版,第133页。
④ 在德国,雅克比作为少数派的学者,认为记名有价证券能被留置。参见〔德〕C. W.卡纳里斯:《德国商法》,杨继译,法律出版社2006年版,第666—667页。
⑤ 参见谢在全:《民法物权论》(修订第五版)(下册),中国政法大学出版社2011年版,第1065页。
⑥ 参见王保树主编:《商事法论集》(2008年第1卷,总第14卷),法律出版社2008年版,第209—210页。

让的特别法规则。①

其二,如前所述,我国台湾地区相关立法理由将包括记名证券在内的有价证券整体解释为商事留置权的客体。该地区"票据法"第30条规定:"汇票依背书及交付而转让。无记名汇票得仅依交付转让之。"本票和支票准用此条规定。从该条文出发,证券能否被留置与证券应否背书转让,完全是两个不同的问题,不可混为一谈。② 留置权的主要作用在于留置标的物,以迫使债务人清偿债务;就留置物的交换价值"直接"受偿,仅为其次要作用,所以留置记名证券也足以发挥留置的威慑功效,"间接"达到债务清偿的目的。同时,留置权属于法定担保物权,权利人一般没有在事前为成立留置权而选择留置物的可能性,所以物权法上一般不要求留置物必须具有可让与性,③即使留置的是记名证券,也不违反商事留置权的客体要求。④ 正是在这个意义上,史尚宽先生认为,"无记名证券及处分证券(提单、仓单、载货证券)以外的有价证券,其证券的材料之纸片,为一个物,得成立留置权",只不过这种"纸片留置权"仅能发挥留置的权能而已,权利人就"纸片"本身无法优先受偿。⑤

其三,我国法律也要求以背书转让票据,但《票据法》第31条、《支付结算办法》第33条和《票据纠纷规定》第49条都认可以背书以外的方式转让票据,非经背书转让票据而持票人确为合法持票人的,应由持票人提供有效证据来证明其票据权利。背书不连续仅使票据不具有权利证明效力,需要其他证据来补证,但权利转移效力仍可发生。对合法持票人而言,不连续背书的后果仅限于影响持票人在形式上的合法资格,但不会影响其实质上的票据权利。⑥ 所以,在留置记名有价证券的场合,如果留置权人能证明其拥有实体权利,则可以无障碍地享有优先受偿权,相较于留置无记名有价证券而言,只是多了一个证明的环节而已。事实上,承认对记名有价证券的商事留置权,源于商事交易的现实需求。因为不背书而转让票据的现象,在市场交易领域屡见不鲜;要求票据必须背书转让,过于形式化,反而会戕害实质正义并影响交易安全。

其四,任何法律权利的行使都容易引起纠纷,但不能因噎废食,不承认该项

---

① 参见刘心稳:《票据法》,中国政法大学出版社2007年版,第23页。
② 参见赖源河主编:《商事法争议问题研究》,台湾五南图书出版公司2000年版,第200—204页。
③ 在立法上,只有《瑞士民法典》第896条第1款规定:"对性质上不能变卖的物,不得行使留置权。"其他国家或地区没有类似的禁止性规定。不过,无论如何,在认同留置物无须具有可让与性这一通说的同时,又提出作为留置物的有价证券必须能够背书转让,从而否定记名有价证券得为留置权的客体,这种解释逻辑无疑是自相矛盾的。
④ 参见谢在全:《民法物权论》(修订第五版)(下册),中国政法大学出版社2011年版,第1065页。
⑤ 参见史尚宽:《物权法论》,中国政法大学出版社2000年版,第495页。
⑥ 参见吕来明主编:《票据法前沿问题案例研究》,中国经济出版社2001年版,第258—259页。

权利。且证券是相关权利的凭证,较之于无记名证券,记名证券对权利人予以特定化的功能更强,债权人仅留置记名证券的纸片,而债务人早已通过其他方式行使了该证券上的权利。这纯属理论上的想象,恐无现实基础。

总之,动产当然包括有价证券,有价证券当然包括记名有价证券,它们都是商事留置权的客体。

(二) 留置物与被担保债权之间的牵连性与限缩解释

民事留置权和商事留置权均为担保债权的实现而设,但民事留置权基于公平原则,强调留置物与被担保债权的个别关联性,它们之间需要具有直接的牵连关系。例如,《德国民法典》第 273 条第 1 款要求二者处于同一法律关系,①《日本民法典》第 295 条限制留置物只能担保该物之上所生的债权。② 商事留置权,基于商事交易快捷和安全之要求,仅强调留置物与被担保债权的一般关联性,它们之间具有间接的牵连关系即可。③ 商事留置权的这一构造特点,为大陆法系的立法所公认。譬如,《德国商法典》第 369 条第 1 款只要求留置物是以债务人的意思,依商行为已归于债权人占有。《日本商法典》第 521 条、《瑞士民法典》第 895 条以及《韩国商法》第 58 条的规定也大致相同。概言之,商事留置旨在保全根据双方商行为产生的债权,因此留置物与被担保债权的牵连性本质上体现为商人之间商行为的牵连关系。"商行为"概念是认定留置物与被担保债权的牵连性的重要标准。

《担保法解释》第 109 条要求"债权人对动产的占有与其债权的发生有牵连关系",而未区分商事留置权和民事留置权作不同的规定。反观《物权法》第 231 条,由于采用但书的立法技术,使商事留置物免受"应该与债权属于同一法律关系"之限制。理论上认为,"同一法律关系"与"牵连关系"相比范围较窄,前者之下的留置物必须与被担保债权完全属于同一个法律关系,而后者只需要具有一定的牵连性即可。另外,"牵连关系"的概念比较模糊,法官难以确定裁判的标准,以"同一法律关系"取代"牵连关系"有助于司法的统一和法的安定性。④ 在实然法层面,我国现行法改而采取无因性的立场,即不要求商事留置物与被担保债权具有任何关系。由此产生的问题是,在应然法层面,舍牵连性而取无因性,是否合适?

---

① 参见《德国民法典》(第 2 版),陈卫佐译,法律出版社 2006 年版,第 91 页。
② 参见渠涛编译:《最新日本民法》,法律出版社 2006 年版,第 63 页。
③ 参见王保树:《商法总论》,清华大学出版社 2007 年版,第 251 页。
④ 参见王利明:《物权法研究》(修订版)(下卷),中国人民大学出版社 2007 年版,第 655—656 页;王胜明主编:《中华人民共和国物权法解读》,中国法制出版社 2007 年版,第 497 页。

有学者认为,商事留置权不受"同一法律关系"限制的意义在于:扩大留置权的适用范围,有助于保障企业之间债权的实现;促进资金的快速流转,有利于债务的及时清结,因为企业之间的相互交易非常频繁且常常维持相当长的一段时间,债权人其实难以逐一证明留置物与债权之间的法律关系;①加强商业交易中的信用,确保交易的安全。② 与此同时,由此引发的问题是:首先,由于留置权人对留置物享有优先受偿权,过分扩大留置权适用范围的直接后果,其实是以牺牲普通债权人的利益来优先保障留置权人的债权,有违债权平等的基本要求。其次,逐一证明法律关系,在操作上确实较为困难,而且徒增当事人的经营成本。尤其是在采取交互计算(或称"往来账")方式的情况下,商人之间原有的债权债务的独立性丧失了,其中差额之承认是一种抽象的(无因的)债权契约。③ 这种解释固然着眼于商人之间的继续交易,④但问题在于,难道个别交易中的商事留置权就不应予以肯定吗?显然,各国立法和法学理论都认可个别交易中的商事留置权,此时的法律关系是不难证明的。所以,简单、个别的交易关系中不宜采取无因性的立场。最后,一旦取消商事留置权中法律关系的限制,将加剧债权人对留置物资源的争夺。扩大留置权的适用范围,由于《物权法》第239条规定留置权优先于抵押权或质权,将增加留置物上形成权利冲突的可能性。可见,商事留置的无因性在维护当事人"此笔"交易的安全之际,却破坏了债务人与其他债权人之间"他笔"交易的安全。商事留置权在"大显身手"的同时,却也留下了过多的"血腥"。⑤

如此看来,我国对于商事留置权中留置物与被担保债权的牵连性一无所求,反而不利于相关当事人之间的利益平衡,⑥故我国应要求留置物与被担保债权之间具有微弱的、最低限度的牵连性,对无因性立场作必要的限制。对此,有的法官赞同上述各国的通行做法,采取"商行为"的认定标准,认为商事留置权只存在于商事主体从事双方商事行为的场合。⑦ 但是,多数学者认为,商事留置必须

---

① 参见王利明:《物权法研究》(修订版)(下卷),中国人民大学出版社2007年版,第674页;刘智慧主编:《中国物权法释解与应用》,人民法院出版社2007年版,第666页。
② 参见胡康生主编:《中华人民共和国物权法释义》,法律出版社2007年版,第499页。
③ 参见高鸿钧主编:《清华法治论衡》(第6辑),清华大学出版社2005年版,第47页。
④ 参见〔日〕近江幸治:《担保物权法》,祝娅等译,法律出版社2000年版,第19页。
⑤ 参见梁慧星主编:《民商法论丛》(第41卷),法律出版社2008年版,第176页。
⑥ 参见刘保玉:《留置权成立要件规定中的三个争议问题解析》,载《法学》2009年第5期。
⑦ 参见最高人民法院物权法研究小组编著:《〈中华人民共和国物权法〉条文理解与适用》,人民法院出版社2007年版,第678页。

是基于营业关系而占有他人的动产,留置物与被担保债权的牵连性体现为"营业关系"。① 其实,我国大陆多数学者的观点源于台湾地区"民法"第929条:"商人间因营业关系而占有之动产,与其因营业关系所生之债权,视为有牵连关系。"虽然营业关系本身也是从商行为的角度来认定的,②营业行为即商行为,上述两种观点没有本质差异,但由于我国采取"民商合一"的立法体制,商法的规范配置严重不足,致使商人和商行为的概念及其规范体系尚付阙如。在现阶段采用商行为标准来确定留置物与被担保债权的牵连性,对于法官而言,实际上未提供任何可资操作的裁判标准,可能会导致司法的任意;对于当事人而言,则无法可依,容易引发纠纷,不利于交易安全和商业诚信。

不过,长期以来我国惯于采用"营业"的立法表达,如"营业执照";《企业破产法》中14次使用"营业"的概念;《营业税暂行条例》第1、6条还率先对营业的内涵及营业范围作了规定,并通过《营业税暂行条例实施细则》第2、3、4条对应税营业进行了补充解释。因此,我国现行法律体系中不乏规制营业的规定,③可以参照适用,进而有效认定"营业关系"。

上述分析表明,由法律明确规定商行为的概念及其具体类型,据此认定商事留置权中留置物与被担保债权的牵连性,是最为理想的方案。同时,从我国立法及司法现状出发,以营业关系限制留置物与被担保债权之间的无因性,不失为一个切实可行的方案。

三、商事留置权的内容限度

(一) 商事留置权的不可分性与目的性限缩

商事留置权作为一种担保物权,应具有担保物权的代位性、不可分性等共性。所以,无论留置物的分割、部分灭失或毁损,还是债权的分割、转让或部分清偿,对商事留置权的行使都不发生影响。换言之,商事留置权的不可分性,与留置物是否可分及其所担保债权价值的高低无关,只要债权尚未获得完全清偿,留置权人就可以对全部的留置物行使权利。比较法上,《日本民法典》第296条规定:"留置权人,在其债权得到全部清偿以前,可以就留置物的全部行使其权利。"

---

① 参见梁慧星主编:《中国民法典草案建议稿附理由·物权编》,法律出版社2004年版,第402—403页;王利明:《物权法研究》(修订版)(下卷),中国人民大学出版社2007年版,第675页;王保树主编:《商事法论集》(2008年第1卷,总第14卷),法律出版社2008年版,第222页;孟强:《论我国〈物权法〉上的商事留置权》,载《政治与法律》2008年第10期。

② 参见刘智慧主编:《中国物权法释解与应用》,人民法院出版社2007年版,第668页。

③ 参见朱慈蕴:《营业规制在商法中的地位》,载《清华法学》2008年第4期。

由于《日本商法典》对此没有不同规定,故商事留置权一般适用、补充适用民法上的不可分性原则。在韩国,商事留置权也是一般适用、补充适用《韩国民法典》第321条的不可分性原则。

我国《担保法》第85条规定:"留置的财产为可分物的,留置物的价值应当相当于债务的金额",从而确立了留置物与债务的比例原则。虽然《担保法解释》第110条作了补充性解释,对不可分的留置物,"留置权人可以就其留置物的全部行使留置权",但由于此时留置物事实上不可分,所以没有从根本上缓和比例原则,只是对现实的屈从与认可。《物权法》第233条基本照搬了《担保法》第85条的规定,再次重申了比例原则,而放弃实行不可分性原则。

在承认留置权的不可分性的同时,又对留置权的比例原则进行普法式的宣传,这显然自相矛盾。① 有的学者为化解、弥合留置权的不可分性与比例原则之间的矛盾,②提出留置权的不可分性,相对于抵押权、质权而言,效力较弱,主要表现为:留置物为可分物的,实行比例原则;留置物为不可分物的,依反面解释,实行不可分性原则。如前所述,这种"不可分性"其实源于留置物而非留置权,或者说是留置物的不可分性决定了留置权的不可分性,这与留置权原本意义上的、无条件的不可分性相去甚远。但是,比例原则仍得到了一些学者的高度评价,认为这有利于债权人和债务人之间的利益平衡,防止出现债务和留置物的价值畸轻畸重的情况,同时也有利于促进物尽其用。③ 于立法目的上,实行比例原则旨在贯彻公平原则,兼顾债务人或第三人(留置物所有人、普通债权人或其他担保物权人)的权益,避免因过度的担保反失公允。如果说对民事留置权实行比例原则有一定的道理,④那么对商事留置权也实行比例原则恐为不妥,主要理由如下:

其一,民法首重公平原则,而商法更重效益与便捷,返还超额留置物不胜其烦,增加了返还的手续及其费用成本,会影响交易的效益与便捷。民事交易多为个别交易,而商事交易多为继续交易,具有持续性,商人之间债权债务的发生绵延不绝。尤其是采取交互计算方式的商人之间,债权债务日新月异,要求留置物价值与债务金额每时每刻相当,既无必要,也不可行。

其二,作为理性的经济人,商人是自身利益的最佳判断者,纵使是个别的商事交易,对价一般也相当,所以留置物价值过分高于债务金额的情形较少。即便

---

① 参见最高人民法院物权法研究小组编著:《〈中华人民共和国物权法〉条文理解与适用》,人民法院出版社2007年版,第676、680页。
② 参见高圣平:《物权法担保物权编》,中国人民大学出版社2007年版,第420页。
③ 参见王利明:《物权法研究》(修订版)(下卷),中国人民大学出版社2007年版,第663页。
④ 参见谢在全:《民法物权论》(修订第五版)(下册),中国政法大学出版社2011年版,第1080页。

是超额留置,债务人也并非无计可施。依我国《物权法》第237条,债务人可以请求留置权人及时行使留置权,以免遭受经济利益损失。

其三,准确判断留置物价值是否"相当于"债务金额,在实践操作中有一定的难度,因为留置物的市场价值虽然相对客观,但其本身也是变动不居的;若对留置物进行主观估价,更容易引起当事人的争端。可见,依据目的性限缩的法律解释方法,应将比例原则仅适用于民事留置权,而商事留置权的行使应贯彻不可分性原则。

(二) 商事留置权的紧急行使与目的解释

一般而言,债权已届清偿期,始成立留置权。债权未届清偿期的,债务人能否履行义务不得而知,如果此时承认债权人有留置权,无异于认可占有动产的债权人可以迟延履行其返还义务,并且可以强制债务人提前履行债务,这不可取。但是,不应以债权已届清偿期作为留置权成立的绝对条件。例如,对于债务人接受破产宣告时没有到期的债权,应视为债权已届清偿期,可以成立留置权。又如,在破产程序之外,债务人无支付能力的,"若仅仅因为债权未届期而否认债权人可以对其占有的债务人的财产行使留置权,不仅有悖于留置权担保债权受偿的立法宗旨,而且使债权人承担已经不能受完全清偿的确定风险,显失公平。"[1] 此时所成立的留置权,在学说上称为"紧急留置权",而"所谓无支付能力者,系依债务人之财产状况,包括其信用能力,已达不能清偿债务之情形而言,如仅一时之周转困难者,尚不包括在内。"[2] 立法上承认紧急留置权的,有《英国货物买卖法》第41条、我国台湾地区"民法"第931条、《瑞士民法典》第897条以及《德国商法典》第370条等。[3] 我国《担保法》没有规定紧急留置权,但《担保法解释》第112条首次确认了该项权利。

遗憾的是,目前在我国紧急留置权仅停留在司法解释的层面上,《物权法》中尚无明文规定。对此,学者中形成两种不同的观点。一种观点认为,作为原则的例外,如债务人无支付能力,即便债权未届清偿期,债权人也可享有紧急留置权,否则对于债权人的保护有失周到。[4] 另一种观点认为,《物权法》没有对此加以规定,有其合理性,理由有二:一是对于紧急留置权中的无支付能力问题,债权人难以作出准确的判断;二是我国《合同法》规定的不安抗辩权和预期违约制度等

---

[1] 梁慧星主编:《中国民法典草案建议稿附理由·物权编》,法律出版社2004年版,第410页。
[2] 谢在全:《民法物权论》(修订第五版)(下册),中国政法大学出版社2011年版,第1072页。
[3] 参见蒋新苗等:《留置权制度比较研究》,知识产权出版社2007年版,第86页。
[4] 参见梁慧星、陈华彬:《物权法》(第四版),法律出版社2007年版,第375页。

救济手段,足以保护债权人的债权在未来得到清偿。①

其实,"无支付能力"难以认定,并不等于我们就有充分的理由放弃该项证明责任,进而取消紧急留置权。即使适用不安抗辩权或预期违约制度,也要依《合同法》第68条证明债务人丧失或者可能丧失履行债务能力,或者是依《合同法》第108条证明债务人已明确表示或者以其行为表明不履行债务,此时债权人仍然要承担对方无支付能力的证明责任。同时,留置权具有优先受偿的效力,而不安抗辩权和预期违约制度无此效力,②后二者根本不足以周全保护债权人的债权。更重要的是,无支付能力问题,主要发生于商人之间的商事经营活动过程之中,所以紧急留置权多表现为商事留置权,而非民事留置权。基于确保债权人利益,更好地维护商事交易安全之目的,我国应肯定《担保法解释》第112条但书所体现的司法经验和智慧,并在立法的层面上承认商事留置权可以紧急行使。

四、结　　语

从立法技术方面来观察,我们难以为采取"民商合一"立法形式的商事留置权而欢呼鼓舞,它被笼罩、掩盖在民事留置权的巨大光环之下,致使其自身的独特价值难以彰显,规范体系也极不周全。如果说《物权法》第231条未要求商事留置物与被担保债权之间存在牵连性是"商法化过度"的表现,那么该法限制商事留置权的主体,未明确有价证券得否为商事留置权的客体,未规定商事留置权的不可分性和紧急行使,均为"商法化不足"的表现。为此,依法意解释、当然解释以及体系解释,商事留置权的主体可以是个体工商户、农村承包经营户;依当然解释,记名和不记名有价证券均可为商事留置权的客体;依限缩解释,商事留置物与被担保债权须具有营业关系的牵连性;依目的性限缩,应贯彻商事留置权的不可分性原则;依目的解释,商事留置权可以紧急行使。③ 我国商事留置权的主体、客体和内容都有赖于辗转复杂的解释论,才能予以理解和适用。可见,我国尚未构造出规则明晰、法理顺畅、功能健全的商事留置权制度。此种窘境的根源在于,立法者对于商事留置权与民事留置权在立法理念、价值目标上的差别未

---

① 参见王利明:《物权法研究》(修订版)(下卷),中国人民大学出版社2007年版,第657页。
② 参见王保树主编:《商事法论集》(2008年第1卷,总第14卷),法律出版社2008年版,第218页。
③ 法意解释与目的解释,均旨在阐明规范旨意,但前者是从历史沿革出发探求个别规定之法意,后者则着眼于整体的法律目的进行阐释。限缩解释,系因法律文义过于广泛,消极地将文义局限于其核心部分,以期正确适用法律;而目的性限缩,系将法律文义所涵盖的、不合规范旨意的部分积极地予以剔除,使其不在法律适用范围之列。参见杨仁寿:《法学方法论》,中国政法大学出版社1999年版,第128、152页。

有妥当的区隔,致使相应的制度定位不准确。实际上,对此二者采取"民商分立"的立法表达既有必要也可行。① 透过商事留置权这扇窗口可以发现,无原则地实行"民商合一"是有害的,容易导致以民法规范代替商法规范,以民法思维代替商法思维。我们应站在相对独立的商法原理层面,扬弃《物权法》条文的字面含义,综合运用多种法律解释方法,合理阐释商事留置权的基本构造,以满足丰富多彩的商事实践之需求。

---

① 现代的"民商分立",不是传统形式意义上的民法典与商法典分立,而是指通过任何形式得以区分民法与商法即可。据此,为商事留置权设置但书,也是"民商分立"的一种表现,或者说是实质意义上的"民商分立"。不过,作为商事留置权基石的商人概念、商行为概念及其规范体系,却是无法借助但书的立法技术予以充分表达的,我国于此尚任重道远。

第三章 商事担保的理念重塑

一、民事担保与商事担保的区分规制原理

我国《担保法》第 1 条开宗明义,规定:"为促进资金融通和商品流通,保障债权的实现,发展社会主义市场经济,制定本法。"同时,该法第 2 条规定设定担保的领域为"在借贷、买卖、货物运输、加工承揽等经济活动中"。《担保法解释》第 1 条规定设定担保的对象是"由民事关系产生的债权"。《物权法》第 171 条第 1 款规定:"债权人在借贷、买卖等民事活动中,为保障实现其债权,需要担保的,可以依照本法和其他法律的规定设立担保物权。"由上观之,我国担保立法一直以来主要基于民事交易进行制度设计,但这种"民商合一"的立法模式并未关注商事担保与民事担保的诸多不同。在比较法上,法国、德国和日本等国的商法规范对于商事担保的制度设计,无论是保证、抵押、质押,抑或留置,都有着明显不同于民事担保的规定,贯彻了对民事交易与商事交易进行区分规制的逻辑原理。详言之,对民事交易与商事交易中的担保进行区分规制的逻辑原理,其要点有二:

第一,民事交易与商事交易的差异,决定了其交易安全内容的不同。从功能来看,民事交易是为了满足个人和家庭的基本生活需求;而商事交易旨在建立一种合理利用有限资源的市场运行机制和社会经济秩序。[①] 如前文所述,交易安全一般包括"静的安全"和"动的安全"两方面,其中静的安全侧重于维护权利人,实行交易依照权利关系之实像的原则,承认个人财产应受重视,不得随便被侵夺,优先保护所有权;动的安全倾向于保护交易本身,当出现交易上的权利或意思之虚像时,乃以虚像代替实像,牺牲真正权利人之利益,以保护善意无过失者

---

① 参见顾功耘主编:《商法教程》(第二版),上海人民出版社、北京大学出版社 2006 年版,第 11—12 页。

的利益。① 静的安全保护既有利益,又称"享有的安全"或"所有的安全";动的安全则着眼于新利益之取得,避免获取新利益的交易动辄被归于无效。因民事领域首推所有权神圣,而商事领域力求交易便捷、有效,所以民事交易安全主要指静的安全,商事交易安全主要指动的安全。② 在商法学上,商事交易动的安全理论也称为"外观主义"或"信赖原理"。

第二,交易安全内容的不同,又决定了民事担保制度与商事担保制度所秉承的价值理念和人性关怀不同。民事担保制度以保护静的安全为一般原则,故首倡公平价值,侧重于保护债权人(即被担保人)的债权利益之实现。并且,民法上的人,是一种"弱而愚""在大企业面前是经济、社会力量弱小,仅靠个人的力量最终不能与之对抗而达到自己愿望"的形象。③ 所以,民事担保制度对于债权人之保护体现出一种法律父爱主义的色彩——主张政府在某些领域为了公民的利益,可以不顾其意志而限制其自由或自治,即国家为了保护公民利益免受伤害,通过立法进行强制性的限制和干预,是"政府对公民强制的爱"。④ 而商事担保制度以保护动的安全为一般原则,商事交易之动的安全乃商事担保制度的法理基础和价值追求,故首倡自由价值,寻求债务人或第三人(即担保人)与债权人(即被担保人)等各方经济利益的动态平衡,而不仅仅侧重于保护债权人(即被担保人)的债权利益之实现。另外,商法上的"人",是"强有力的智者",是模仿"始终追求和打算着利润的商人"形象而创造出的概念,是"受利益引导的""利己的、理性的、运动着的""自由而平等"的人。⑤ 所以,商事担保制度对于债权人之保护体现出一种法律自由主义的色彩。现实也表明,商事担保制度在物权法定的类型强制和内容强制的要求之外,更多地奉行契约自由精神;对于商事担保多元化需求之满足,更多地尊重商人自治,本能地排斥国家强制。由此,商人在商事担保领域的营业自由得以发挥得淋漓尽致。

进一步而言,在宏观上,担保法对民事交易与商事交易进行区分规制的逻辑原理,要求在立法技术上对民事担保与商事担保采取实质商法主义的"民商分

---

① 参见刘得宽:《民法诸问题与新展望》,中国政法大学出版社2002年版,第282页。
② 个别学者对交易安全作狭义理解,将交易安全直接等同于动的安全。参见江帆、孙鹏主编:《交易安全与中国民商法》,中国政法大学出版社1997年版,第5—8页;王泽鉴:《民法物权》(第二版),北京大学出版社2010年版,第453、457页。
③ 参见梁慧星主编:《民商法论丛》(第8卷),法律出版社1997年版,第188页。
④ 参见孙笑侠、郭春镇:《法律父爱主义在中国的适用》,载《中国社会科学》2006年第1期。
⑤ 参见梁慧星主编:《民商法论丛》(第8卷),法律出版社1997年版,第168—169页。

立"的二元化处理模式,①摒弃"民商合一"的一元化处理模式,避免以民法思维代替商法思维,以民事担保规则代替商事担保规则(此为"商法化不足"的表现),或者是以商事担保规则代替民事担保规则(此为"商法化过度"的表现)。下文拟从"民商分立"的视角出发,在微观的制度设计层面,系统地分析我国传统担保方式之完善和新型担保方式之确认。

二、实质"民商分立"视野下传统担保方式的完善

(一) 保证

1. 连带责任保证的两项推定

其一,依《担保法》第 12 条,同一债务有两个以上保证人,但没有约定保证份额的,保证人承担连带责任;《担保法解释》第 19 条进一步明确规定:"两个以上保证人对同一债务同时或者分别提供保证时,各保证人与债权人没有约定保证份额的,应当认定为连带共同保证。连带共同保证的保证人以其相互之间约定各自承担的份额对抗债权人的,人民法院不予支持。"实际上,共同保证分为有意思联络的和无意思联络的,并且保证分为无偿的和有偿的。对于数个有意思联络的民事主体而言,若其提供保证有先后,而清偿时不考虑顺序(即由先订立保证合同的保证人进行清偿,不足部分再由后一保证人承担),统一令其承担连带的保证责任,则对后序保证人有所不公,有违后序保证人的真实意志。② 同时,民事保证一般是无偿的,如果对保证人课以过重的保证责任,最终会戕害民事主体为他人提供保证的热情。所以,共同的民事保证以一般保证的方式为妥。而商事保证一般是有偿的(或者从社会学、经济学的角度来观察,在长期的营业活动中是有偿的,因为为他人提供保证能获取较好的商誉),并且商人对其责任范围具有清晰的注意能力,故而对共同的商事保证不妨推定为连带保证。

其二,《担保法》第 19 条规定:"当事人对保证方式没有约定或者约定不明确的,按照连带责任保证承担保证责任。"该条以连带保证为原则,而以一般保证为例外,并且此规定扩展适用于一切的民事主体,这显然过于严厉,会造成民事主

---

① "形式商法主义的民商分立以制定独立商法典为其立论的基础,并在此基础上实现民法与商法的彻底分立,而实质商法主义的民商分立则不以制定独立的商法典作为民商分立的基础,只是主张要承认商法的相对独立性,要促进我国商法的体系化进程,使之成为一个有特定的规范对象和适用范围的法律体系和法律部门。"石少侠:《我国应实行实质商法主义的民商分立——兼论我国的商事立法模式》,载《法制与社会发展》2003 年第 5 期。
② 参见李国光等:《最高人民法院〈关于适用〈中华人民共和国担保法〉若干问题的解释〉理解与适用》,吉林人民出版社 2000 年版,第 113 页。

体坠入不必要的责任陷阱。因此,应在民法中贯彻一般保证之原则。《澳门商法典》第 568 条规定:"商业债务之担保人,即使并非商业企业主,亦须与债务人负连带责任。"①《德国商法典》第 349 条规定:"保证对于保证人构成商行为的,保证人不享有先诉抗辩权。在所称的要件之下,对于因信用委任而作为保证人负责任的人,适用相同的规定。"②《日本商法典》第 511 条第 2 款规定:"存在保证人时,若该债务产生于主债务人的商行为或者保证为商行为,则即使主债务人及保证人以各自的行为负担了债务,仍应对该债务负连带责任。"③可见,商法中通行的做法是,以实行连带保证为原则,而以一般保证为例外。

2. 企业法人的分支机构与职能部门的保证能力

其一,依《担保法》第 10 条、第 29 条以及《担保法解释》第 17 条,企业法人的分支机构有法人书面授权的,可以在授权范围内提供保证;企业法人的分支机构未经法人书面授权或者超出授权范围与债权人订立保证合同的,该合同无效或者超出授权范围的部分无效;企业法人的分支机构经法人书面授权提供保证的,如果法人的书面授权范围不明,法人的分支机构应当对保证合同约定的全部债务承担保证责任。问题在于,企业法人的分支机构(如分厂、分店、分公司、分行等)领取了营业执照,可以在核准的范围内以自己的名义从事一定的独立经营活动。企业法人的分支机构作为非法人组织,具有相对独立的主体资格和经营资格。因此,企业法人的分支机构有无法人书面授权,以及法人的书面授权范围是否明确,均属企业法人与其分支机构的内部管理关系问题。而企业法人的分支机构与债权人订立保证合同,则属外部交易关系问题,需要遵循商法上动的交易安全原理来处理之,债权人既没有必要也没有兴趣知晓企业法人对其分支机构的授权实况,否则徒增债权人的调查义务和审查成本而无实益。此时,宜适用《合同法》第 50 条和《担保法解释》第 11 条,即企业法人的分支机构的负责人超越权限订立保证合同的,除债权人知道或者应当知道其超越权限的外,认定该保证合同有效,从而降低债权人的交易成本,维护债权人对商事交易外观的合理信赖。

其二,《担保法》第 10 条和《担保法解释》第 18 条规定,企业法人的职能部门提供保证的,保证合同无效;债权人知道或者应当知道保证人为企业法人的职能部门的,因此造成的损失由债权人自行承担;债权人不知保证人为企业法人的职能部门,因此造成的损失,可以参照《担保法》第 5 条第 2 款、第 29 条的规定处

---

① 赵秉志总编:《澳门商法典》,中国人民大学出版社 1999 年版,第 190 页。
② 《德国商法典》,杜景林、卢谌译,法律出版社 2010 年版,第 212 页。
③ 《日本最新商法典译注》,刘成杰译注,柳经纬审校,中国政法大学出版社 2012 年版,第 101 页。

理。诚然,企业法人的职能部门(如工厂的车间、班组,公司的部、处或科等)是企业法人的内设机构,不领取营业执照,也不得以自己的名义对外从事担保活动。但是,同样依据《合同法》第 50 条和《担保法解释》第 11 条之规定可以发现,保证合同有效抑或无效,其主体方面的构成要件不在于企业法人的分支机构抑或职能部门,而在于代表法人签订保证合同的保证人是否为该企业法人的法定代表人或负责人,并且在客观上存在使债权人合理地相信保证人具有代表权限之外观。"在经营涉及第三人利益时,如在组织以自己的名义对外进行交易后,应导致(至少是责任层面的)组织性规则的适用,以便保护第三人的合理期待。"① 简言之,认定企业法人的分支机构与职能部门的保证能力,应注意区分企业法人的内部关系与外部关系,坚持"内外有别"的处理策略,准确适用《合同法》第 50 条和《担保法解释》第 11 条,而不宜适用《担保法》第 10 条、第 29 条以及《担保法解释》第 17 条、第 18 条。

(二) 浮动抵押

1. 购买人不受追及规则与购买价金担保权

动产浮动抵押设立后,它与抵押财产范围内的某一特定动产上后设立的固定抵押的关系应如何处理？有学者指出,依据《物权法》第 189 条第 2 款的规定推定,付出相应对价而取得的固定财产抵押权应当优先于浮动抵押权。② 根据浮动抵押制度的旨趣,此种观点尚值斟酌。《物权法》第 189 条第 2 款规定的不得对抗的主体非常明确,即"买受人",而非"抵押权人"。因此,不应类推适用《物权法》第 189 条第 2 款,只需直接适用《物权法》第 189 条第 1 款和 199 条即可迎刃而解,按浮动抵押与固定抵押登记与否,依登记对抗主义定其优劣受偿次序。关于《物权法》第 189 条第 2 款所确立的"购买人不受追及规则",《美国统一商法典》第 9-320 条(a)款的"依商业正常交易中的购买人"(buyers in the ordinary course of business)不受追及规则与之类似,主要处理浮动抵押权对浮动抵押财产"流出物"的效力问题。但是,美国《统一商法典》第 9-324 条又确立了"购买价金担保权"(purchase money security interests,简称"PMSI")或"超级优先权"(super priority),用以解决在浮动抵押存续期间,浮动抵押财产"流入物"上的抵押权受偿次序问题。作为法律政策考量的产物,购买价金担保权是物权优先之"登记在先原则"的例外,它在我国浮动抵押制度中尚付阙如。为此,我国

---

① 许德风:《组织规则的本质与界限——以成员合同与商事组织的关系为重点》,载《法学研究》2011 年第 3 期。
② 参见刘保玉:《我国担保物权制度的立法改进与规则完善》,载《公民与法》(法学版)2012 年第 7 期。

第三章　商事担保的理念重塑

须借鉴他国经验予以完善,构建统一而明晰的动产担保物权受偿次序规则。①

2. 浮动抵押中的限制性条款

在国际上经常使用的融资浮动抵押担保合同中,存在一种表述如下的限制性条款:未经银行事先书面同意,担保人不得在浮动抵押担保财产上以任何方式设立任何担保权,不管这些担保权是和银行债权平等受偿的,还是优先于或次于银行债权受偿的。有学者提出,如果在浮动担保物上设立的后续固定担保权人知晓浮动担保中有限制性条款,那么其受偿序位后于浮动担保权人;反之,则优先于浮动担保权人。在浮动担保结晶前,限制性条款不能阻止第三人按照法院判决执行浮动担保物;而在浮动担保结晶转化为固定担保后,浮动担保权人比包括申请法院强制执行人在内的其他债权人享有优先受偿的权利。对限制性条款从严解释,旨在保证一定程度上照顾善意第三人的交易利益,同时也能保护担保人的日常经营活动能够最低程度受到浮动担保权人的限制,以维护浮动担保制度的优越性。② 不过,融资浮动担保中的限制性条款为贷款银行创设的,是合同权利,此种权利实际上具有物权化之对抗力,故在制度设计上应要求浮动抵押及其限制性条款一并予以登记,否则不得对抗善意第三人。

(三) 质押

1. 流质条款与流抵押条款的效力

在法国《第 2006-346 号关于担保的法令》(自 2006 年 3 月 25 日起生效)出台以前,③原《法国民法典》第 2078 条和第 2088 条只是明文禁止流质协议的订立,④未涉及流抵押协议的订立。法国法院判例曾表明的倾向是:《法国民法典》没有禁止流抵押协议,禁止流质的规定也不被类推适用于抵押领域。通过此次担保法改革,新修订的《法国民法典》第 2348 条第 1 款、第 2459 条明确承认了流质、流抵押协议都具有有效性。据此,即使被抵押的不动产不是债务人的主要住所,通过司法途径或者根据流抵押契约,抵押权人也可直接成为抵押财产的所有人(第 2458 条和第 2459 条)。与质权的实现相区别,无论是司法途径还是根据流抵押契约,专业鉴定评估都是必须进行的(第 2460 条)。⑤

我国《物权法》第 186 条和第 211 条分别禁止流抵押和流质条款的存在。但是,"流质条款并不必然损害担保人、担保人的其他债权人以及国家的利益,也并

---

① 参见董学立:《浮动抵押的财产变动与效力限制》,载《法学研究》2010 年第 1 期。
② 参见徐冬根、范锡琴:《融资浮动担保中的限制性条款研究》,载《政法论坛》2005 年第 3 期。
③ 参见李世刚:《法国担保法改革》,法律出版社 2011 年版,第 259 页。
④ 参见《法国民法典》(下册),罗结珍译,法律出版社 2005 年版,第 1507、1511 页。
⑤ 参见李世刚:《关于法国担保制度的改革》,载《政治与法律》2007 年第 3 期。

不违背担保物权的制度本旨。相反,其在弘扬私法自治、维系相关法律制度之协调以及降低担保物权的实行成本等方面能发挥积极的作用。我国立法不应简单地禁止流质条款,而应将其置于契约自由原则之下,并通过法律行为的效力规则对其进行个别化调整。"① 退一步而言,即使民法上禁止流质尚有一定的道理,对于商主体而言,流质条款也应被解禁(如《日本商法典》第 515 条和《韩国商法》第 59 条),以充分尊重商人的自治精神,利于商事交易的多样化和便捷。概言之,对于商事担保合同中的流质和流抵押条款,可以通过相关的法律制度控制其内容,但不能先验、绝对地否定流质和流抵押条款的效力。

2. 票据不完全质押背书的效力

针对不完全质押背书的效力问题,我国的法律适用规则屡有变更,先后有《担保法》第 76 条、《票据法》第 35 条第 2 款及《票据纠纷规定》第 55 条、《担保法解释》第 98 条、《物权法》第 224 条;相对应的实体规则也聚讼纷纭,依次为票据质押无须背书、票据质押必须背书、非经背书的票据不能对抗第三人、票据质押无须背书。由此,令人不无疑惑的是:不完全质押背书的效力,是导致票据质押无效,或者无对抗力,或者有效,抑或效力未定?对这一问题的回答,目前盛行的无效说、有效说及无对抗力说均有重大缺陷,而效力未定说理应成为解决票据不完全质押背书效力问题的最佳选择。② 因为商事交易是一个连续的动态过程,票据质押从着手设立、成立、有效到生效的各个阶段之间存在时间差,允许不完全质押背书的存在可以满足商事交易的多种需求,简化手续,便于应对未来的不确定事宜,使票据质权的设立具有灵活性、自主性和社会适应性。为兼顾交易自由和交易安全,在坚持《票据法》第 35 条第 2 款规定的要式性和文义性之基础上,《物权法》第 224 条规定的"质权自权利凭证交付质权人时设立"可以限缩解释为"票据质权自票据完全背书并将票据交付质权人时设立",并应承认不完全质押背书是效力未定之行为,即对不完全质押背书的票据,在进行补记之前,票据质权尚未完全成立;当事人在票据到期日或被担保债权履行期限届满之前进行补记的,票据质权有效成立。③

---

① 孙鹏、王勤劳:《流质条款效力论》,载《法学》2008 年第 1 期。
② 参见董翠香:《票据质权法律规定的理解与适用——以〈物权法〉与〈票据法〉的冲突与协调为视角》,载《法学论坛》2008 年第 5 期;中华人民共和国最高人民法院民事审判第二庭编:《经济审判指导与参考》(第 4 卷),法律出版社 2001 年版,第 83—86 页;王利明:《物权法研究》(修订版)(下卷),中国人民大学出版社 2007 年版,第 600 页。
③ 参见曾大鹏:《不完全质押背书的法律效力反思——基于立法论与解释论的双重视角》,载《华东政法大学学报》2010 年第 5 期。

三、实质"民商分立"视野下新型担保方式的确认

(一) 独立担保

独立担保是指担保人向债权人承诺,当被保证人(即主债务人)不能履行债务时,由担保人向债权人无条件地偿付所担保的债务,而不能享有传统担保中担保人的抗辩权之担保方式。[①] 独立担保的最大特征是,独立担保合同的效力与作为基础的主合同相分离,主合同无效、变更、转让或被撤销,均不影响担保人承担担保责任。《担保法》第5条规定:"担保合同是主合同的从合同,主合同无效,担保合同无效。担保合同另有约定的,按照约定。……"此条前句规定担保合同一般具有从属性,但书则承认了独立担保的法律地位,故依据但书可以作出如下的解释:担保合同可以被约定为非从属性的独立合同;主合同无效,担保合同仍然可以有效。但是,依《担保法解释》第6条第5项之规定,在对外担保的场合,主合同变更而未经担保人同意的,担保人不再承担担保责任,又表现出排斥独立担保的基本思路。《境内机构对外担保管理办法》(自1996年10月1日起施行)第2条虽然明确规定境内机构可以以备用信用证对外提供担保,但要求仅"当债务人未按照合同约定偿付债务时",担保人才履行偿付义务。该办法第13条还规定,担保人提供对外担保后,债权人与被担保人如果需要修改所担保的合同,必须取得担保人的同意,否则担保人的担保义务自行解除;担保人提供担保后,债权人未按照债务合同履行义务的,担保人的担保义务自行解除。备用信用证原本具有独立担保的性质,但该办法的规定实质上使其成为从属性担保。质言之,我国包括备用信用证在内的对外担保,依旧为传统的从属性担保,而非真正意义上的独立担保。

从实践情况来看,最高人民法院曾经提出,独立担保只能适用于涉外经济、贸易、金融等国际经济活动,而不能适用于国内经济活动;在国内担保活动中,对其范围应予限制,否则将给国内担保法律制度带来重大影响。[②] 笔者认为,第一,独立担保是适应国际商业界、金融界的商事实践和国际惯例而产生的一种新型担保方式,它在国际贸易或国际融资中已被广泛应用,大陆法系和英美法系国家的法院判例及学理都认可了这种具有独立性的担保。我国亦应全面确认独立担保制度,使之与从属性担保制度并驾齐驱。第二,中国人民银行对境内机构对

---

① 参见白彦:《独立担保制度探析》,载《北京大学学报》2003年第2期。
② 参见李国光等:《最高人民法院〈关于适用〈中华人民共和国担保法〉若干问题的解释〉理解与适用》,吉林人民出版社2000年版,第29—30页。

外独立担保以及最高人民法院对国内独立担保采否定态度,皆非所宜。全国有不少案件涉及独立担保,有些地方法院判决实际上已经承认独立担保在国内的有效性。所以,一概否认独立担保在国内的有效性,与经济发展的合理需求相脱节,且在事实上造成国内与国外的差别待遇,影响正常的经济交往。《最高人民法院关于审理独立保函纠纷案件若干问题的规定》(2016年7月11日通过,自2016年12月1日起施行,以下简称《独立保函规定》)第23条规定:"当事人约定在国内交易中适用独立保函,一方当事人以独立保函不具有涉外因素为由,主张保函独立性的约定无效的,人民法院不予支持。"此可谓顺应了经济发展的现实需求。第三,独立担保的效力不应"内外有别",但却应"民商有别"。即在民事交易领域,不宜设定独立担保。例如,法国立法者和司法判例都不赞成自然人设立独立担保,对于法国《消费法典》第L.313-10-1条所列出的信贷,禁止自然人设立独立担保。① 而商人基于营业自由,其设定独立担保则无类似的限制。第四,国际惯例和国外立法在承认独立担保对各方当事人具有强大约束力的同时,都规定了欺诈例外,不同的只是由谁认定欺诈事实的存在——是由担保人基于自身的判断认定欺诈事实的存在,并作出拒付决定;抑或须由法院作出欺诈认定并发出止付令,担保人才能拒付,即以法院的止付令作为担保人拒付的唯一根据,在收到该止付令之前,担保人没有权利也没有责任作出拒付决定。② 笔者赞成后一方案,它更能维护独立担保的严肃性和契约自由精神。

在实体效力方面,独立担保不享有基础交易项下的抗辩与抵销权,并构成担保义务单据化的基础。在程序效力方面,独立担保可排除基础交易的仲裁和诉讼管辖的约束,限制审理范围并促使案件迅捷处理,并可单独确定独立担保所适用的法律。根据《独立保函规定》第1条和第3条,独立保函是指银行或非银行金融机构作为开立人,以书面形式向受益人出具的,同意在受益人请求付款并提交符合保函要求的单据时,向其支付特定款项或在保函最高金额内付款的承诺。保函具有下列情形之一,当事人主张保函性质为独立保函的,人民法院应予支持,但保函未载明据以付款的单据和最高金额的除外:(1)保函载明见索即付;(2)保函载明适用国际商会《见索即付保函统一规则》等独立保函交易示范规则;(3)根据保函文本内容,开立人的付款义务独立于基础交易关系及保函申请法律关系,其仅承担相符交单的付款责任。在一定程度上,《独立保函规定》体现了独立担保的独立性效力,但相关条款仍需进一步解释。③

---

① 参见李世刚:《法国担保法改革》,法律出版社2011年版,第71页。
② 参见李国安:《我国独立担保的实践与立法完善》,载《厦门大学学报》(哲学社会科学版)2005年第1期。
③ 参见刘斌:《独立担保的独立性:法理内涵与制度效力——兼评最高人民法院独立保函司法解释》,载《比较法研究》2017年第5期。

（二）让与担保

让与担保是指债务人或第三人为担保债权人的债权,将担保标的物的权利转移给担保权人,在清偿债务后,标的物的所有权再返还给债务人或第三人;债务得不到清偿时,担保权人可以就标的物优先受偿的非典型担保。德国、日本对让与担保采取了十分积极的态度,在这两个国家让与担保作为一项重要的担保形态呈现出一派生机盎然的景象。① 我国《担保法》和《物权法》均未采纳这一制度,学理上对其存在价值一直争论不休。第一种意见认为,动产抵押与让与担保在功能、设立方法、公示方法和公示效力等方面完全相同,动产抵押制度本身即从让与担保制度演变而来,它不过是让与担保的变化形式。因此,应废除动产抵押制度,完全用让与担保制度取而代之。② 第二种意见认为,法律对于交易风险的阻却,需要以担保意思之公示作为操作平台。由于让与担保交易的公示困境,以及既有物权公示制度的存在,使得让与担保的这个操作平台无法建立或者无须建立。因此,让与担保交易的存在与实现,是在民法的一般规则下进行的,而不以物权法法典的特殊规定为条件;当事人的担保意思也不应被提升到制定法层面,而应在个案中予以关注。③ 第三种意见认为,不动产让与担保,由于办理了不动产过户手续,一般应承认其物权效力。而动产让与担保,在采取观念交付的场合,难以达到对抗第三人及优先受偿之目的;在采取现实交付的场合,则不如采取动产质这一物权法所认可的典型担保方式。④ 第四种意见认为,让与担保制度与动产抵押、权利质押制度在功能、设立方式、公示的方法和效力等方面基本重合,在我国的担保物权制度中应着力于完善已有的动产抵押权和权利质权制度,对让与担保则应予以舍弃。⑤

在笔者看来,其一,动产抵押与让与担保有本质的不同,前者通过在交换价值上设定"抵押权"这一典型担保权利的外观来实现,而后者直接取"所有权"这一权利标签。⑥ 二者在权利构造上完全不同。其二,不动产抵押仅需要办理抵

---

① 参见梁慧星、陈华彬:《物权法》(第四版),法律出版社 2007 年版,第 383—384 页。
② 参见贲寒:《动产抵押制度的再思考——兼评我国民法(草案)对动产抵押与让与担保制度之规定》,载《中国法学》2003 年第 2 期。
③ 参见张翔:《物权法典规定让与担保的可行性质疑——从让与担保的交易机制出发》,载《法商研究》2006 年第 2 期。
④ 参见刘贵祥:《〈物权法〉关于担保物权的创新及审判实务面临的问题(下)》,载《法律适用》2007 年第 9 期。
⑤ 参见刘保玉:《我国担保物权制度的立法改进与规则完善》,载《公民与法》(法学版)2012 年第 7 期。
⑥ 参见邸天利:《非典型担保共性解析》,载《政法论坛》2011 年第 1 期。

押登记,无须转移不动产的产权,而不动产让与担保则需要办理不动产产权过户登记手续方能成立。同时,让与担保的标的物不限于动产和不动产,只要具有让与性的权利或财产,均可用来设定让与担保,故适用于动产和不动产的抵押制度不能代替让与担保制度。而动产质权和权利质权的运行机理与让与担保也不相同,质权制度同样不能代替让与担保制度。其三,现行法律对财产及权利的转移已有明确的规则体系,《物权法》上的物权公示制度基本上运行流畅,在此基础上构建让与担保制度并不存在操作障碍。其四,最初的让与担保有规避被禁止的流质和流抵押之嫌,但是当前的流质和流抵押至少在商法上已经普获解禁,不足为虑。同时,让与担保的实施方法,无论是处分清算型(又称"变价受偿型"),还是归属清算型(又称"估价受偿型"),均不同于依据流质或流抵押条款,无法直接取得担保物所有权。换言之,商法上承认流质和流抵押的有效性,依据"举重以明轻"的原理,商事交易领域中让与担保的效力亦应被认可。

(三)营业质权和营业抵押权

我国《物权法》与《典当管理办法》存在不协调之处。就动产典当而言,它以移转占有为特征,类似于动产质权。然而,因《物权法》第 211 条禁止流质条款之规定,从物权法定主义出发,绝当之时典当行取得当物所有权的条款即因违反上述规定而无效。① 就房地产抵押典当而言,一方面,依据《典当管理办法》第 42 条之规定,典当行办理房地产抵押典当业务,应当和当户依法到有关部门先行完成抵押登记,再办理抵押典当手续。这其实是把房屋典当定性为房屋抵押贷款。若承认房地产典当与房地产抵押大同小异,则《典当管理办法》岂不是重复规定,多此一举?而若认为房地产典当与房地产抵押迥然不同,则房地产典当何以能够办理房地产抵押呢?这岂不是混淆概念?另一方面,《物权法》第 186 条有禁止流抵押条款之规定。如此,则房地产典当业务的合法性颇值怀疑。

然而,动产典当为营业质权,房地产抵押典当为营业抵押权。理论上,营业质权是当铺营业人对于出当人移转占有的动产,在出当人不能如期返还从当铺营业人处所借的款项时,就该动产或者其变价优先受偿;在出当人归还当价并支付利息和其他费用时,当铺营业人返还当物的制度。营业质权是一种特殊的质权,它具有目的上的营利性和融资性、主体上的特许性、设立和内容上的特殊性、标的物为依法可以流通的动产等特征。② 在立法过程中,梁慧星教授主编的《中国民法典草案建议稿附理由·物权编》、徐国栋教授主编的《绿色民法典草案》、

---

① 参见汪琼枝、高圣平:《典当立法中若干争议问题探究》,载《武汉金融》2010 年第 6 期。
② 参见屈茂辉、戴谋富:《论营业质权》,载《法学评论》2001 年第 6 期。

王利明教授主编的《中国民法典学者建议稿及立法理由·物权编》均引入了营业质权制度。① 营业质权的立法选择问题,实则为典当立法的模式选择问题。虽然不少学者建议在民法典物权法编中规定营业质权,但笔者认为应制定单行的《典当法》,在《典当法》中规定营业质权和营业抵押权,并对典当行业进行集中规范,主要理由在于:(1) 单行法不仅规定典当行的组织形式,还规定典当行的经营范围和经营行为规则,如此则实现典当立法的组织法与行为法之有机结合;(2) 单行法不仅规定主管机关对典当行的监管,还规定典当行与当户之间的权利义务关系,改变目前《典当管理办法》的"管理法"之单一定位,实现从管理法到行业法的转变,可以有效地规制典当的发展;(3) 以单行法的形式制定《典当法》,可以有效地协调典当立法与民法典物权编的关系,充分尊重典当行业经营的灵活性,从而促进资金融通,提高社会经济效益。

另外,《典当管理办法》第43条以3万元为界限,区分担保与绝当的两种当物处理方案。这忽视了当物拍卖的程序成本和当物价值的大额化趋势,进而否定了流质和流抵押条款的合理性。笔者认为,与其将着眼点放在事后救济上,不如致力于事前控制,允许典当成立之后以流质或流抵押的方式绝当,承认营业质权和营业抵押权的基本原理。规制的重心是当物估价程序的公开化和折当比例的公平化,否则当户可以显失公平为由主张撤销典当行为。

四、余论:《担保法》的去法典化与民法典的编纂

"为债权的担保而奋斗是市场经济的必然现象。"② 我国《担保法》颁行于1995年,其后2000年的《担保法解释》作了不少扩充性解释,并为2007年《物权法》的出台进行了大幅增删改动,形式意义上的《担保法》法典已是面目全非,去法典化成了不可逆转的趋势。由此可见,为适应民商事交易和市场经济发展的需要,我国担保法律制度经历了一个艰难的建设和健全过程。即便如此,目前实质意义上的担保法仍然存在"商法化不足"和"商法化过度"两种不良倾向,难以有效、合理地应对商事交易领域中的诸多商事担保纠纷。在民法典编纂的背景下,为真正实现"民商合一",担保立法迫切需要积极寻求契约自由与物权法定之间的平衡,将商事担保制度的理念、规则和概念有机统合于民法典之中。

---

① 参见梁慧星主编:《中国民法典草案建议稿附理由·物权编》,法律出版社2004年版,第391—394页;徐国栋主编:《绿色民法典草案》,社会科学文献出版社2004年版,第390页;王利明主编:《中国民法典学者建议稿及立法理由·物权编》,法律出版社2005年版,第484—494页。

② 梁慧星主编:《民商法论丛》(第2卷),法律出版社1994年版,第97页。

第四章　土地经营权抵押的法律困境与现实出路

关于农村土地承包经营权能否抵押以及如何抵押问题,①长期以来,我国法律采取一分为二的态度:依《担保法》第34条、《物权法》第180条以及《农村土地承包法》第49条,"四荒"土地的承包经营权可予抵押;而依《担保法》第37条和《物权法》第184条,耕地、自留山、自留地等土地的承包经营权则一般禁止抵押。2013年11月12日党的十八届三中全会通过的《中共中央关于全面深化改革若干重大问题的决定》提出:"赋予农民对承包地占有、使用、收益、流转及承包经营权抵押、担保权能。"2014年4月20日国务院公布的《开展农村土地承包经营权抵押贷款试点的通知》指出,要"创新农村抵(质)押担保方式","制定农村土地承包经营权抵押贷款试点管理办法,在经批准的地区开展试点"。2015年2月1日发布的中央一号文件《关于加大改革创新力度加快农业现代化建设的若干意见》进一步要求"推进农村金融体制改革","做好承包土地的经营权和农民住房财产权抵押担保贷款试点工作"。但是,这三个政策文件都只是笼统、宏观地提出要赋予农民对土地承包经营权抵押、担保权能。2015年8月10日国务院发布的《关于开展农村承包土地的经营权和农民住房财产权抵押贷款试点的指导意见》则明确、具体地指出,要"做好农村承包土地(指耕地)的经营权和农民住房财产权(以下统称'两权')抵押贷款试点工作";"按照所有权、承包权、经营权三权分置和经营权流转有关要求,以落实农村土地的用益物权,赋予农民更多财产权利为出发点,深化农村金融改革创新,稳妥有序开展'两权'抵押贷款业务"。与此同时,为了有效缓解农民融资难问题,我国各地的土地承包经营权抵押实践

---

① 按照该"三权分置"的改革方案,用于抵押的是"土地经营权"。笔者也认为"土地承包经营权抵押"的本质含义同于"土地经营权抵押"。但是,由于我国相关立法尚未进行相应的修改,并且法学界对此有不同的意见,故本书仍然主要采取"土地承包经营权抵押"的提法。

探索及立法相当活跃,区域性的土地承包经营权抵押贷款活动已如火如荼地展开。①

但是,相关的政策文件及试点工作明显突破了当前《担保法》和《物权法》的规定。自2015年12月28日至2017年12月31日,根据《全国人大常委会关于授权国务院在北京市大兴区等232个试点县(市、区)、天津市蓟县等59个试点县(市、区)行政区域分别暂时调整实施有关法律规定的决定》,在部分地区暂时调整实施《物权法》《担保法》关于集体所有的耕地使用权不得抵押的规定。不过,试点区域有限,调整时间有限。令人不无困惑的是,对参与土地承包经营权抵押的主体资格应否有所限制?在耕地之上能否设立抵押?抵押将会引起何种物权变动的效果?这些问题亟待在解释论或立法论层面提供契合法律精神和现实需求的解答。2016年10月30日,中共中央办公厅、国务院办公厅印发《关于完善农村土地所有权承包权经营权分置办法的意见》,着重从立法的角度提出要"完善'三权分置'法律法规。积极开展土地承包权有偿退出、土地经营权抵押贷款、土地经营权入股农业产业化经营等试点,总结形成可推广、可复制的做法和经验,在此基础上完善法律制度。"因此,下文将基于自由、平等、效率及秩序等多元价值目标的体系化考量,探讨土地承包经营权抵押在主体、客体、变动三方面的重点和难点问题,为构造全国统一、长期有效、科学合理的土地承包经营权抵押制度提供参考和借鉴。

一、尊重私人自治:
还原土地经营权抵押关系的主体地位

一般而言,抵押法律关系的主体包括抵押人和抵押权人。在土地承包经营权抵押中,还存在对抵押人和抵押权人的资格予以特别限定问题,对发包方的同意权和集体成员的优先权也尚有存废之争。

---

① 其中,省级城市的文件有:2010年《辽宁省农村信用社土地承包经营权抵押贷款管理暂行办法》、2011年《海南省农村土地承包经营权抵押融资管理办法》、2011年《重庆市人民政府办公厅关于开展农村土地承包经营权居民房屋和林权抵押贷款及农户小额信用贷款工作的实施意见(试行)》、2014年《云南省农村信用社农村土地承包经营权抵押贷款管理办法(试行)》、2014年《黑龙江省农村土地经营权抵押贷款暂行办法》、2014年《甘肃省农村土地承包经营权抵押贷款管理办法(试行)》、2015年《安徽省人民政府关于开展农村承包土地的经营权和农民住房财产权抵押贷款试点的实施意见》和2015年《上海市农村土地经营权抵押贷款试点实施办法》等。另据笔者调查、检索,更小的行政区域,如浙江省湖州市、山东省济宁市、安徽省铜陵市和长丰县、福建省清流县、江苏省常州市、云南省砚山县、湖南省永兴县等地,也先后出台了关于农村土地承包经营权抵押的地方性法律文件,共计50多个。

（一）抵押人的范围

关于土地承包经营权抵押人范围的具体所指，无论是《担保法》第34条、第37条，还是《物权法》第133条、第180条和第184条，抑或《农村土地承包法》第49条，均无明确规定，故只能通过认定土地承包经营权人来确定土地承包经营权的抵押人的范围。关于土地承包经营权人，一种观点认为，我国农村家庭承包制实行"人人有份，按户承包"的原则，农户承包的土地数量因农户成员数量的不同而异，依据《农村土地承包法》第5条之规定，土地承包经营权是赋予"农户成员"而非"农户"的一种权利。[①] 还有学者指出："'农户'不具有私法上的主体意义，《民法通则》第27条、《农村土地承包法》第15条虽然使用'农户'之表达，但依体系解释之方法，土地承包经营权的主体为集体经济组织之成员。"[②]依此见解，土地承包经营权的抵押人为"农户成员"（即集体经济组织成员）。另一种观点则认为，根据《农村土地承包法》第15条之规定，因土地承包经营权人是农户，故抵押人只能是农户，而非农户内的家庭成员。[③]

在实然法上，透过语义解释、体系解释及目的解释可以发现：

首先，我国农村承包经营户（即农户）的民事主体地位，最初由《民法通则》第27条所肯定。然而，一方面，《民法通则》第二章第四节把农村承包经营户作为特殊的自然人（即个体），其中第27条借助"属加种差"的定义方式，将一定范围内的农村集体经济组织"成员"定义为农村承包经营户。另一方面，依据《民法通则》第29条、《最高人民法院关于贯彻执行〈中华人民共和国民法通则〉若干问题的意见（试行）》第42条至第44条，农村承包经营户可以个人名义经营，亦可以家庭名义经营；以家庭名义经营的，则以家庭共有财产承担家庭债务。可见，《民法通则》所规定的土地承包经营权主体实际是"农户成员"，而家庭内的数个农户成员之间构成按份共有或共同共有法律关系。现行《民法总则》第55条和第56条无论是在体系结构上，还是在概念界定及责任分担规则方面，均沿袭了《民法通则》的立法技术。

其次，在《农村土地承包法》的全部法条中，虽然交替使用了"农户"与"成员"二词，但"农户"仅在第15条、第27条和第41条中共出现4次；而"成员"在第5条、第18条、第19条、第27条、第33条、第46条至第48条共八个法条中频频

[①] 参见吴义茂：《土地承包经营权入股有限责任公司法律问题研究》，法律出版社2012年版，第14—16页。

[②] 刘敏：《土地承包经营权继承的解释论——兼评〈最高人民法院公报〉所载"李维祥诉李格梅继承权案"》，载《政治与法律》2014年第11期。

[③] 参见房绍坤：《论土地承包经营权抵押的制度构建》，载《法学家》2014年第2期。

出现,共计 14 次。在内容上,《农村土地承包法》第 15 条、第 27 条和第 41 条主要是规范农村土地经营管理主体的产生、变更和终止事宜的规定,而非关于土地承包经营权人的直接规定;上述出现"成员"的八个法条,则系统地规定了集体经济组织成员对于农地的实体性权利和程序性权利,为确定土地承包经营权人的基本规定。

最后,更为根本的法律依据是《物权法》第 59 条第 1 款"农民集体所有的不动产和动产,属于本集体成员集体所有"之规定。其中,"集体成员集体所有",意指集体所有权是以集体成员的成员权为基础的私法权利。① 因土地是农村最基本的生产资料和生活资料,为实现集体成员基本权利之立法目的,农村集体土地的承包经营权必须由集体成员享有,而不得归属于超越集体成员的农户。②

由上观之,土地承包经营权人应为"农户成员",故土地承包经营权的抵押人是"农户成员"。但是,上述抵押人范围的讨论,是在土地承包经营权的原始取得主体意义上展开的。随着农村土地承包经营权流转市场的开放,通过出租、转包、折价入股合作社或农业公司等流转方式而继受取得土地承包经营权的主体,是否也可以将土地承包经营权抵押呢?③ 笔者认为,为实现土地承包经营权流转的市场化和公开化,提高土地、资金及技术等资源的配置效率,土地承包经营权的继受取得主体(如专业大户、家庭农场、农民合作社、农业企业等)亦有权将其土地承包经营权予以抵押。

还有的学者主张:"农村土地承包经营权人有稳定的非农职业或稳定的收入来源者,方得将其土地承包经营权(使用权)抵押。"④此种观点既无法律依据,亦不符合现实需求。因为我国《农村土地承包法》第 41 条关于"承包方有稳定的非农职业或者有稳定的收入来源"之规定,仅是对土地承包经营权转让人的要求,且该法中无明确的参照适用规则,故不得张冠李戴,误用于土地承包经营权的抵押人。另外,一般而言,无稳定的非农职业和收入来源的抵押人,更迫切需要以土地承包经营权抵押融资。对抵押权人而言,抵押人的职业及其收入状况,仅为其是否接受抵押的商业判断的参考因素,而不应先入为主将其作为一个法律判断的前提条件。

---

① 参见王利明、周友军:《论我国农村土地权利制度的完善》,载《中国法学》2012 年第 1 期。
② 参见朱广新:《论土地承包经营权的主体、期限和继承》,载《吉林大学社会科学学报》2014 年第 4 期。
③ 参见唐薇、吴越:《土地承包经营权抵押的制度"瓶颈"与制度创新》,载《河北法学》2012 年第 2 期。
④ 王冠玺、李仁莹:《土地承包经营权抵押范围的再探索》,载《山东大学学报(哲学社会科学版)》2010 年第 4 期。

(二) 抵押权人的范围

关于土地承包经营权抵押中抵押权人的范围大小,存在不同的理论见解和实践做法。有学者提出,为保证小土地生产者的融资渠道,可设立合作性质的农村土地金融机构来经营土地承包经营权抵押贷款业务。① 另有学者建议引入土地银行制度,通过开展农地抵押贷款等农地金融业务,破解我国农村资金匮乏和农地资源利用不充分之困局。② 在我国各地的土地承包经营权抵押实践中,有的把抵押权人限定为金融机构;③有的仅限定为农村信用社;④还有的仅限定为农商行。⑤ 而《农村承包土地的经营权抵押贷款试点暂行办法》(2016年3月15日发布并施行)第2条限定的贷款人为银行业金融机构。

从"民商分立"的视角来观察,如果土地承包经营权抵押只是一项偶然为之的民事法律行为,抵押人抵押借款的目的是治疗疾病、筹集学费或清偿债务等,⑥则对抵押权人的范围无须特别限制,一般的自然人、法人或其他组织均可。但是,如果土地承包经营权抵押是一项具有持续性和营业性的金融商事行为,则将抵押权人限制为金融机构较为妥当,便于国家主管部门进行投融资监管并避免私下变相的土地买卖。根据抵押权人的不同,可将土地承包经营权抵押分为民间抵押和金融抵押两类。在金融抵押实践中,金融机构对土地承包经营权除了采取直接抵押模式,还会采取反担保抵押模式或联合抵押模式,借此降低金融机构的经营风险并满足农民对土地承包经营权抵押流转的强烈期盼。⑦ 不过,将抵押权人限制为某一特定种类的金融机构或者要求抵押权人获得经营土地承包经营权抵押业务的专门资质,则无此必要。因为当前的现实毕竟是土地承包经营权人"融资难、融资贵",过多的限制会致使土地承包经营权抵押名存实亡。我们需要鼓励、促进而非限制金融机构接受土地承包经营权抵押。

---

① 参见刘胜红:《论家庭承包取得的土地承包经营权抵押》,载《贵州警官职业学院学报》2007年第1期。
② 参见朱大旗、李蕊:《论我国土地银行制度的构建》,载《法学杂志》2016年第7期。
③ 参见《海南省农村土地承包经营权抵押融资管理办法》第4条。
④ 参见《辽宁省农村信用社土地承包经营权抵押贷款管理暂行办法》第3条。
⑤ 参见《重庆市人民政府办公厅关于开展农村土地承包经营权居民房屋和林权抵押贷款及农户小额信用贷款工作的实施意见(试行)》第4条第3款。
⑥ 经调查发现,在具有土地承包经营权抵押贷款需求意愿的农户中,46.4%的农户希望把所获贷款投入到农业生产中,27.3%的农户希望把贷款用于个人创业,26.3%的农户希望把贷款用于子女上学、家庭医疗、购买房产、生活消费等。这表明农户的土地承包经营权抵押贷款需求并非仅限于农业生产性需求刺激。参见惠献波:《农户土地承包经营权抵押贷款潜在需求及其影响因素研究——基于河南省四个试点县的实证分析》,载《农业经济问题》2013年第2期。
⑦ 参见郭继:《土地承包经营权抵押的实践困境与现实出路——基于法社会学的分析》,载《法商研究》2010年第5页。

（三）发包方与本集体成员的主体地位之争

《担保法》第 34 条第 1 款第 5 项要求，抵押人抵押土地承包经营权的，须经发包方同意。但是，《物权法》第 180 条第 1 款第 3 项无此要求。《物权法》第 178 条规定："担保法与本法的规定不一致的，适用本法"，事实上取消了发包方在设立抵押时的同意权。在解释论意义上，虽然《农村土地承包法》未赋予发包方对于设立抵押的同意权，但在实现抵押之时，对该法第 37 条关于"采取转让方式流转的，应当经发包方同意"之规定仍应尊重。否则，抵押人会以"抵押"之名行"转让"之实，构成"以合法形式掩盖非法目的"的脱法行为。由此产生的问题是，如何认识《物权法》与《农村土地承包法》的立法冲突？赋予发包方在设立或实现抵押时的同意权是否合理？对此，有必要指出的是：

其一，赋予发包方同意权与《物权法》的立法精神相悖。依《物权法》第 2 条，作为承包方的抵押人，其享有的土地承包经营权是一项直接支配的、排他性的物权。而"发包方同意"在实质上剥夺了抵押人作为独立的物权主体根据自身能力追求利益最大化的自由，限制了承包方的抵押、担保权能。

其二，赋予发包方同意权与《农村土地承包法》的相关规定矛盾。《农村土地承包法》第 34 条明确规定："土地承包经营权流转的主体是承包方。承包方有权依法自主决定土地承包经营权是否流转和流转的方式。"一旦受发包方的喜好、利益甚或情绪等法外因素的影响，发包方不同意，享有同意权的发包方就成了土地承包经营权抵押的"终极幕后主体"而凌驾于承包方之上，承包方对土地承包经营权抵押的自主决定权就可能完全落空。实际上，作为集体经济组织的发包方既难以成为名副其实的物权主体，[①] 也不应是土地承包经营权抵押中的主体之一。因此，应彻底取消发包方同意权。

其三，依据《农村土地承包法》第 33 条第 5 项，土地承包经营权流转中，"在同等条件下，本集体经济组织成员享有优先权"。在实现对土地承包经营权的抵押时，是否也应该承认本集体其他成员的优先权呢？对此，肯定的观点认为，在现阶段农村社会保障薄弱的情况下，一旦集体成员不能享有优先权，让外来人员加入竞争，这对处于弱势地位的农民而言无疑是一种威胁。赋予集体成员优先权，是在保障公平的条件下对农民利益的特殊保护，体现了"公平优先，兼顾效率"的指导思想。[②] 否定的观点指出，集体成员优先权在实践中无法操作，取消

---

① 参见尹田：《物权主体论纲》，载《现代法学》2006 年第 2 期。
② 参见蒋晓玲等：《农村土地使用权流转法律问题研究》，法律出版社 2011 年版，第 37 页。

优先权不会损害其他集体成员的合法利益。① 相比而言,否定的观点更为准确、合理。我国的集体成员优先权规定过于简单而难以操作,法律没有规定承包方就拟受让的非集体成员出价向其他集体成员及时通知的义务,没有规定集体成员优先权的行使期限,也没有规定"同等条件"的具体标准;同时,它与《农村土地承包法》第 33 条第 1 项所规定的"平等协商、自愿"原则相冲突,故应予取消。非集体成员在承包期内受让农地,虽然排除了其他集体成员利用该农地的可能,但并未因此影响他们既有的生存利益。同理,在以拍卖、变卖方式实现土地承包经营权抵押时,也没有必要将受让方限制为同一集体经济组织的成员。

二、促进物尽其用:
突破土地经营权抵押客体的不当限制

按照《国务院关于开展农村承包土地的经营权和农民住房财产权抵押贷款试点的指导意见》明确提出的"所有权、承包权、经营权三权分置"的运作模式,在抽象的法律关系中,土地承包经营权抵押的客体是被承包土地的经营权,此种抵押的性质是权利抵押,而非实物抵押。② 在具体层面上,土地承包经营权抵押的标的物表现为农地。因农地是特殊标的物,故对法律允许抵押和执行的客体范围应予准确界定。

(一)抵押标的物农地的界定标准

关于抵押标的物农地的界定标准,首先须解决的是"实质标准"问题,即在何种类型的农地之上可设立土地承包经营权抵押。对此,我国相关法律中的区分标准并非始终如一。无论是《担保法》第 34 条第 5 项与第 37 条第 2 项分别规定,"四荒"土地可以抵押,而非"四荒"土地不得抵押;还是《物权法》第 133 条"通过招标、拍卖、公开协商等方式承包荒地等农村土地",第 180 条"以招标、拍卖、公开协商等方式取得的荒地等土地",③都给法律理解带来新的困惑:界定抵押标的物农地的实质标准到底是土地承包经营权的取得方式之不同,还是土地性质为"四荒"之不同?因为根据语义解释,上述法条中的"等方式"还包括通过家

---

① 参见温世扬、兰晓为:《土地承包经营权流转中的利益冲突与立法选择》,载《法学评论》2010 年第 1 期。

② 在 2011 年《慈溪市农村土地承包经营权质押和林权抵押贷款管理办法(试行)》、2012 年《阜宁县农村土地承包经营权质押贷款管理办法》等地方立法中,其中的"质押"一词应为"抵押"之误。

③ 2016 年 1 月 1 日国土资源部颁行的《不动产登记暂行条例实施细则》第 65 条第 1 款第 4 项,照搬了《物权法》第 180 条第 1 款第 3 项的表述。

庭承包取得的方式,"荒地等农村土地"或者"荒地等土地"还包括非"四荒"土地。可见,《物权法》的迂回立法反而模糊了抵押标的物农地的界定标准,并且这一弊端同样存在于《农村土地承包法》第44条和第49条之中。笔者认为,准确的认识是:

第一,虽然中外的土地所有制有差异,但我国土地承包经营权与比较法上的永佃权较为相似,我国应借鉴永佃权抵押的法制经验,承认土地承包经营权可抵押。早在查士丁尼时期,罗马法就创设了物权关系意义上的永佃权,永佃权人可以在永佃权的范围和期限之内,于永佃物之上设定抵押权;①《日本民法典》第369条、②我国台湾地区"民法"第882条都允许永佃权作为抵押权的标的;《德国民法典》第1113条也规定了以土地设定抵押。③ 实践中,德国、美国、日本、南非、印度、菲律宾以及我国台湾地区的农地抵押融资运行模式各具特色、各有千秋。④ 在我国,抵押与转让、转包、出租、互换、入股等一样,都是土地承包经营权的流转形式,属于《物权法》第128条规定的流转的"等方式"范畴。权威的法律解释也指出,现行《物权法》对于土地承包经营权流转所作的只是"留有余地"的"原则性规定",并未绝对、永久地禁止抵押。⑤ 依"举重以明轻"的当然解释,既然法律放开了限制程度较重的土地承包经营权之转让,自应解禁限制程度较轻的土地承包经营权之抵押。⑥

第二,对"四荒"的界定并非一成不变,其实质是一种官方的、历史性的行政界定。最初的《国家土地管理局关于土地使用权抵押登记有关问题的通知》(国土籍字〔1997〕2号)并未对抵押标的物"四荒"的承包方式加以限制。而依据《国务院办公厅关于进一步做好治理开发农村"四荒"资源工作的通知》(国办发〔1999〕102号),"四荒"是农村集体经济组织所有的、未利用的土地;"四荒"的界定必须通过政府组织土地行政主管部门会同有关部门,编制土地分类和划定土地利用区规划。在承包期或抵押期内,"四荒"经耕种后,即在事实上转变为非"四荒"甚至优质良田——对此,我国也无变更或终止土地承包经营权及抵押权

---

① 参见周枏:《罗马法原论》(上册),商务印书馆1994年版,第385、387页。
② 参见渠涛编译:《最新日本民法》,法律出版社2006年版,第77页。
③ 参见杜景林、卢谌:《德国民法典评注:总则·债法·物权》,法律出版社2011年版,第562页。
④ 参见罗剑朝、庸晖、庞玺成:《农地抵押融资运行模式国际比较及其启示》,载《中国农村经济》2015年第3期。
⑤ 参见全国人民代表大会常务委员会法制工作委员会民法室编著:《物权法立法背景与观点全集》,法律出版社2007年版,第9页;全国人民代表大会常务委员会法制工作委员会编:《中华人民共和国物权法释义》,法律出版社2007年版,第292页。
⑥ 参见崔建远:《物权:规范与学说——以中国物权法的解释论为中心》(下册),清华大学出版社2011年版,第527页。

的后续法律规定。

第三,依常理,基于土地可能的产出效益,非"四荒"易于抵押,而"四荒"难以抵押。相关立法若一意孤行,强制推行"四荒"抵押,聪明的抵押权人岂会接受赔本的生意？最后的结局多为抵押人的抵押借款意愿得不到满足。因此,为了使土地承包经营权抵押制度切实可行,不论集体土地在被抵押之前是否属于荒地,①也不考虑抵押人是否系通过招标、拍卖、公开协商等方式取得承包经营权,法律均应允许就该土地承包经营权设置抵押。

最后,关于抵押土地的"数量标准",一种观点认为,因目前土地承包经营权尚未褪去社会保障性,故在土地承包经营权抵押时应该预留抵押人生存保障所需的用地面积。参照联合国粮农组织划定的标准,只有抵押人多于0.8亩的承包地才可设立抵押。② 另一种观点认为,农村土地承包经营权抵押不应设定抵押土地面积的上下限。③ 笔者赞成后一种观点。如果抵押的土地面积太小,则因其担保能力不够充分,成功设立抵押的概率将大大降低；即使成功设立,在土地承包经营权因实现抵押权而被迫转让之时,将导致承包土地分割、细化经营现象,这与现代农业所追求的规模经营目标相悖。而若按经济发展程度分区域确定可用于抵押的承包土地最大面积,在立法技术上不可行,在具体实践中也难以统一操作。

(二) 抵押的效力是否及于地上农作物

对于土地承包经营权抵押的效力是否及于地上农作物问题,我国《担保法》《物权法》和《农村土地承包法》均无明文规定,相关地方立法、法官与学者之间的见解则迥然不同。相关地方立法基本上持肯定观点,规定农村土地承包经营权抵押时,其地上附着物一并抵押。④ 最高人民法院的法官持折中观点,认为土地的抵押及于地上尚未分离的出产物,但当事人有特别约定的,从其约定。⑤ 有学者则持否定观点,认为土地承包经营权抵押的效力不及于地上农作物,依据《担

---

① 在"温宿县财政局和新疆思源果业有限公司金融不良债权转让合同纠纷案"中,法院认可对耕地承包经营权设定抵押。参见新疆维吾尔自治区阿克苏地区中级人民法院(2014)阿中民二初字第15号民事判决书。

② 参见陈小君等:《田野、实证与法理——中国农村土地制度体系构建》,北京大学出版社2012年版,第88页。

③ 参见韦福:《农村土地承包经营权抵押三个法律问题的思考》,载《农村经济》2012年第6期。

④ 参见《海南省农村土地承包经营权抵押融资管理办法》第11条、《云南省农村信用社农村土地承包经营权抵押贷款管理办法(试行)》第5条。

⑤ 参见最高人民法院物权法研究小组编著:《〈中华人民共和国物权法〉条文理解与适用》,人民法院出版社2007年版,第534—536页。

保法解释》第 52 条之规定,应强调对抵押人利益的保护。① 笔者赞同折中观点,具体理由如下:

第一,在我国法律中,土地与地上建筑物及其他土地附着物相互独立,各自独立进入交易机制,此种土地与地上附着物二元权利结构的理论,奠定了可对地上农作物独立设定抵押的理论基础。② 因此,基于抽象的权利观念,当事人可以进行特别约定,分别就土地承包经营权、地上农作物设立抵押。

第二,土地与地上附着物可以分别作为权利标的物,并不影响二者一并抵押。当事人仅就土地承包经营权设立抵押的,基于地上农作物与土地不可分离这一物理事实,土地承包经营权抵押的效力及于地上农作物。③ 若不承认土地承包经营权抵押的效力及于地上农作物,则在实现抵押权时,抵押人须提前将农作物出土,此举既降低了农作物待到成熟时应有的交换价值,也损害了抵押权人的担保权益;尤其是在以"四荒"土地经营权抵押的场合,"四荒"土地经营权本身的市场交换价值就低,如果进一步否定地上农作物的抵押效力,则抵押权人的债权清偿庶几无保;倘若抵押人不愿意提前将农作物出土,他对农作物的弃权还会构成对新的土地承包经营权人的妨碍行为。

第三,依据《担保法解释》第 62 条而非第 52 条,土地承包经营权抵押的效力及于地上农作物。《担保法解释》第 62 条关于"抵押权的效力及于附合物"之规定,契合大陆法系中物权法的一贯传统,④值得肯定。而《担保法解释》第 52 条规定:"当事人以农作物和与其尚未分离的土地使用权同时抵押的,土地使用权部分的抵押无效。"该条所处理的问题为:以农作物抵押的效力能否及于其占有范围内的集体所有的土地使用权?由于当时《担保法》第 37 条禁止以集体所有的土地使用权抵押,故《担保法解释》第 52 条禁止农作物抵押的效力及于其占有范围内的集体所有的土地使用权。⑤ 在目前放开土地承包经营权抵押的背景下,不得依据《担保法解释》第 52 条倒推"土地承包经营权抵押的效力不及于地

---

① 参见崔建远:《土地上的权利群研究》,法律出版社 2004 年版,第 262 页。
② 参见刘生国:《破解农民融资难题——农作物与农产品抵押》,载《法学家》2008 年第 3 期。
③ 在"农商行与张某金融借款合同纠纷案"与"贵州丰泰担保有限责任公司与龚某某、官某某、龚明某及王某某追偿权纠纷案"中,法院判决土地承包经营权抵押的客体效力及于地上附着物。参见辽宁省瓦房店市人民法院(2014)瓦民初字第 35 号民事判决书、贵州省开阳县人民法院(2014)开民初字第 1188 号民事判决书。
④ 参见〔日〕近江幸治:《担保物权法》,祝娅等译,法律出版社 2001 年版,第 113 页;〔德〕鲍尔·施蒂尔纳:《德国物权法》(下册),申卫星、王洪亮译,法律出版社 2006 年版,第 142 页;〔法〕弗朗索瓦·泰雷、菲利普·森勒尔:《法国财产法》,罗结珍译,中国法制出版社 2008 年版,第 1210 页;谢在全:《民法物权论》(修订第五版)(中册),中国政法大学出版社 2011 年版,第 667 页。
⑤ 参见李国光等:《最高人民法院〈关于适用〈中华人民共和国担保法〉若干问题的解释〉理解与适用》,吉林人民出版社 2000 年版,第 202 页。

上农作物"。否则,这种倒推的方法及其结论既不符合形式逻辑,也不符合法律逻辑。

三、保障财产秩序:厘清土地经营权抵押的物权变动规则

土地承包经营权抵押的变动即土地承包经营权抵押的设立、变更和实现。在土地承包经营权抵押的设立、变更和实现过程中,登记会产生何种物权变动的效力?折价、拍卖和变卖的实现方式可否适用于土地承包经营权抵押?如何适用?这些问题在立法和实务上颇值探讨。

(一) 抵押登记的物权变动效力

依据《物权法》第129条和《农村土地承包法》第38条,土地承包经营权互换、转让的,其物权变动模式采取登记对抗主义,即当事人并非必须登记,但未经登记的,不得对抗善意第三人。由于互换、转让土地承包经营权涉及物权变动,抵押亦然,基于类推适用的法律技术,似乎土地承包经营权抵押也应采取登记对抗主义。不过,依据《物权法》第187条和《农村土地承包法》第49条,土地承包经营权抵押的,应当办理抵押登记,此处采取登记生效主义。[①] 可见,在规范意旨上,上述立法存在不协调之处。那么,在应然法上,土地承包经营权抵押的物权变动中,究竟应采取登记对抗主义抑或登记生效主义呢?

《物权法》第129条采取登记对抗主义的主要理由在于,一是因人力、财力、物力的限制,目前要求对土地承包经营权的变动必须登记,不太现实;二是土地流转对象大部分是附近的农民,相互比较熟悉,权属清楚,故而登记的必要性不大;三是采取登记生效主义,必然发生登记费用,会增加农民的负担。[②] 但是,不能由于现实的困境和工作的难度而放弃对农村土地承包经营权的统一登记工作,否则有因噎废食之嫌;土地承包经营权的继受取得主体并不局限于同一集体经济组织成员,向非集体经济组织的外来成员流转的现象越来越多,对此有必要采取登记方式,赋予物权公示力和公信力,避免发生权属纠纷;缴纳合理、合法的登记费用,是当事人的义务,并非额外的负担,除非国家收取的登记费用本身过

[①] 在"新疆沙湾县农村商业银行股份有限公司与李某、蔡甲、蔡乙、刘某借款合同纠纷案"和"张家口市融鑫投资担保有限公司诉张家口市地源房地产开发有限公司担保合同纠纷案"中,法院判决土地承包经营权抵押采取登记生效主义。参见新疆维吾尔自治区伊犁哈萨克自治州塔城地区中级人民法院(2014)塔民二终字第233号民事判决书、河北省张家口市桥东区人民法院(2014)东商初字第299号民事判决书。

[②] 参见全国人民代表大会常务委员会法制工作委员会编:《中华人民共和国物权法释义》,法律出版社2007年版,第293页。

高——果如此,适度减免登记费用,问题即可迎刃而解,而非要取消登记本身。为建立明晰的财产秩序,无论土地承包经营权抵押的设立、变更或实现,统一采取登记生效主义更为妥当。

(二) 折价方式的存废之争

我国《物权法》第 195 条规定的抵押权实现方式有三,即以抵押财产折价或者拍卖、变卖抵押财产。20 世纪末,就有学者提出,在实现土地承包经营权抵押时,不能允许抵押权人将承包经营权折价归己。其主要理由是,基于公平确定土地承包经营权价值,保护当事人的合法权益;实现土地资源的有效利用,防止土地闲置;加强土地承包经营权流转的法律控制,维护地产市场的正常秩序。① 这种否定折价方式的观点沿袭至今,仍然得到一些学者的支持。② 另有学者主张,原则上,土地承包经营权之抵押权的实现方式应排斥协议折价,以防止银行等不从事农业经营的金融机构取得土地承包经营权。但是,在抵押权人为承包户和其他农业经营者的情形下,应允许协议折价。③ 还有学者认为,土地承包经营权抵押的实现并无特殊之处,上述三种方式均可适用。④

笔者认为,一方面,为了维护契约自由的基本精神,应当允许当事人在实现土地承包经营权抵押时采取折价方式。与拍卖、变卖的实现方式相较而言,折价的实现方式简便易行,可以节省大量时间及经济成本。当然,在设立土地承包经营权抵押时,不允许直接约定采取折价方式,否则即因违反流押禁止条款而无效。另一方面,在实践中,抵押权人并非都是银行等金融机构,禁止折价方式毫无道理。即便银行等金融机构通过折价方式取得土地承包经营权,只要坚持土地集体所有的性质并严格执行土地用途管制制度,银行等金融机构须将其土地承包经营权再行流转出去,银行等金融机构"待价而沽"或"拥土自重"等现象就难以产生。⑤ 更何况,"从已有的试点情况来看,银行处置土地,并未成其为一个问题……现在我们很多争议,都还是一种理论预测。"⑥ 避免产生折价不公等后

---

① 参见王卫国:《中国土地权利研究》,中国政法大学出版社 1997 年版,第 247 页。
② 参见高圣平:《农地金融化的法律困境及出路》,载《中国社会科学》2014 年第 8 期。
③ 参见季秀平:《论土地承包经营权抵押制度的改革与完善》,载《南京社会科学》2009 年第 1 期。
④ 参见王轶主编:《物权法解读与应用》,人民出版社 2007 年版,第 314—317 页;徐涤宇主编:《物权法热点问题讲座》,中国法制出版社 2007 年版,第 299 页。
⑤ 在"锦州市太和区农村信用合作联社诉王某、苗某某、韩某、于某某借款合同纠纷案"和"某某农村信用合作联社与白某某、王某某、田某、张某甲、李某某金融借款合同纠纷案"中,法院认为三种实现方式均可适用。参见辽宁省锦州市太和区人民法院(2014)太民二初字第 00045 号民事判决书,辽宁省义县人民法院(2015)义民一初字第 00206 号民事判决书。
⑥ 唐勇林:《新一轮土改暗流涌动 耕地抵押贷款试点成潮》,载《南方周末》2009 年 5 月 14 日第 C16 版。

果的策略,不在于废弃折价方式本身,而在于对折价方式的实体内容和程序运作进行控制。依《物权法》第 195 条,在实体上,抵押财产折价的,应当参照市场价格;在程序上,折价协议损害其他债权人利益的,其他债权人可以在知道或者应当知道撤销事由之日起一年内请求人民法院撤销该协议。如果折价协议本身存在欺诈、胁迫或显失公平等因素的,当事人还可依《合同法》的相关规定进行救济。可见,我国现行法律对折价不公的预防和救济规则的规定较为严密,足堪实用,并无废弃折价方式之必要。

(三) 拍卖、变卖的实现程序

关于土地承包经营权的抵押权人实现抵押权的拍卖、变卖程序,《担保法》第 53 条第 1 款规定为"向人民法院提起诉讼",现已由《物权法》第 195 条第 2 款修正为"请求人民法院拍卖、变卖抵押财产"。但是,对如何理解"请求人民法院拍卖、变卖抵押财产"的具体程序模式,尚有争议。第一种观点为诉讼裁判模式论,认为只要向人民法院请求就必定是诉讼,因为法院要作出是否拍卖、变卖的裁定。① 第二种观点为申请拍卖模式论,认为应将抵押权登记证书作为执行依据,抵押权人可据此直接申请强制执行。② 第三种观点为非诉裁判模式论,认为抵押权人有权请求法院通过裁定的方式直接实现抵押权,而无须通过诉讼程序进行实体判决来实现抵押权。③《担保法解释》第 130 条明确规定:"在主合同纠纷案件中,对担保合同未经审判,人民法院不应当依据对主合同当事人所作出的判决或者裁定,直接执行担保人的财产。"但是,《物权法》上拍卖、变卖的实现程序有了本质的改变,已经从诉讼程序改革为非诉程序。此种革新节约了诉讼成本,更为便捷高效,也体现了土地承包经营权抵押登记的公示、公信效力。因此,上述第三种观点才契合《物权法》的立法精神。

依《物权法》第 195 条第 1 款,当事人可以协议形式实现土地承包经营权抵押,其中既包括协议折价,也包括协议拍卖、变卖。而《物权法》第 195 条第 2 款规定:"抵押权人与抵押人未就抵押权实现方式达成协议的,抵押权人可以请求人民法院拍卖、变卖抵押财产。"由此,在体系解释中,产生了两个问题:

其一,协商实现土地承包经营权抵押,是否为抵押权人向人民法院申请非诉程序的前置程序? 在抵押权实现的法理上,有自救主义和司法保护主义之分。前者允许抵押人和抵押权人协商实现抵押权,国家通常不予干预;后者则不允许

---

① 参见江平主编:《物权法教程》,中国政法大学出版社 2007 年版,第 238 页。
② 参见尹伟民:《抵押权公力实现的程序保障》,载《烟台大学学报(哲学社会科学版)》2009 年第 2 期。
③ 参见王利明:《物权法研究》(修订版)(下卷),中国人民大学出版社 2013 年版,第 1263 页。

当事人私自实现抵押权,抵押权人要实现抵押权,须有法院等国家机关的裁定或判决。结合《物权法》第 195 条第 1 款和第 2 款,我国当属"司法保护下的自救主义",而非"彻底的自救主义"。① 在语义上,第 195 条第 2 款所谓的"未达成协议",既包括经过协商过程但最终未达成一致协议的情形,也包括抵押权人或抵押人根本无意与对方协商的情形。因此,先行协商不是抵押权人提起非诉程序的前提条件。另外,为贯彻自救主义的基本法理,在拍卖、变卖的非诉程序中,法院不能强制对土地承包经营权进行折价而归于抵押权人,以抵销抵押人的债权。根据 2012 年《民事诉讼法》第 197 条,法院只能裁定拍卖、变卖土地承包经营权,当事人须依据该裁定向法院申请执行。

其二,是否只有土地承包经营权的抵押权人有权提起拍卖、变卖的非诉程序?依《物权法》第 195 条第 2 款,拍卖、变卖的非诉程序的申请主体仅为"抵押权人"。而《民事诉讼法》第 196 条规定的实现担保物权的申请主体,还包括"其他有权请求实现担保物权的人"。2015 年《最高人民法院关于适用〈中华人民共和国民事诉讼法〉的解释》第 361 条则明确将抵押人列为拍卖、变卖非诉程序的申请主体之一,而不限于抵押权人,其理由是:"赋予抵押人实现担保物权的申请人资格并不表明其是担保物权人,而是赋予其通过该程序保障权益的权利。"② 可见,拍卖、变卖的实现程序经历了从《担保法》到《物权法》,再到《民事诉讼法》的立法变迁。按照"新法优于旧法"原则,《民事诉讼法》及其司法解释所规定的"实现担保物权案件"特别规则,体现了程序法与实体法的有机衔接,有利于充分发挥抵押担保制度的功能。

四、结　　语

我国土地承包经营抵押在政策上已获放开,但在法律上尚有不少风险。譬如,地方立法及实践各行其是、抵押自由受到发包方与集体成员的干扰、抵押客体的界限模糊、抵押的变动规则不明晰等。因此,当前急需更新价值理念与规则设计,全面统一、完善土地承包经营权抵押法律制度。

一方面,在宏观的价值理念上,既有土地承包经营权制度倡导集体优于个体、客体优于主体。现尤须转变法律父爱主义思维,从奉行国家主义改而尊重私人自治,确立农户成员的物权主体地位,不对土地承包经营权抵押作过多的约

---

① 参见最高人民法院物权法研究小组编著:《〈中华人民共和国物权法〉条文理解与适用》,人民法院出版社 2007 年版,第 582—584 页。
② 参见沈德咏主编:《最高人民法院民事诉讼法司法解释理解与适用》,人民法院出版社 2015 年版,第 958 页。

束。相关地方立法应摒弃文件名称中的"管理"二字,并力求名副其实,实现从管理到服务、从限制到促进的政府工作模式创新,通过对土地承包经营权抵押的程序性控制而非实体控制,确保农地抵押贷款的机会公平而非结果公平。其中,需要建立土地承包经营权的价值评估机制及评估规则;完善农村土地承包经营权抵押登记制度,并依托农村产权流转交易市场建立统一规范的操作流程;废弃土地承包经营权抵押中的发包方同意权和本集体成员优先权。

另一方面,在微观的规则设计中,要消除矛盾,协调《担保法》《物权法》《农村土地承包法》《民事诉讼法》及相关司法解释的规定,还原土地承包经营权为一项切实可行的用益物权,[①]确保对土地承包经营权的抵押权为一项行之有效的担保物权。其中,农户成员作为土地承包经营权的抵押人,无须具有稳定的非农职业或稳定的收入来源;对抵押权人应加以民商区分,当土地承包经营权抵押是金融商事行为时,抵押权人应为金融机构;无论土地是否属于荒地,也不考虑抵押人是否系通过招标、拍卖、公开协商等方式取得承包经营权,均应允许就土地承包经营权设置抵押,且通常情况下抵押的效力及于地上农作物,对抵押土地的面积不设置上下限;土地承包经营权抵押的物权变动宜采登记生效主义;可以折价方式实现抵押权,并坚持拍卖、变卖实现程序的非诉裁判模式。

[①] 参见赵万一、汪青松:《土地承包经营权的功能转型及权能实现——基于农村社会管理创新的视角》,载《法学研究》2014年第1期。

第五章 显失公平的构成要件与体系定位

一、问题的提出

自从我国《民法通则》第59条规定"显失公平"以来,围绕显失公平的构成要件和如何确定显失公平在整个私法体系中的地位等问题,一直聚讼纷纭,进而影响到司法裁判。即使后来又有了《合同法》第54条等规定,这些问题亦未得到根本性的改善,遂成为不容回避的难题。下文先叙案例二则,然后对相关疑点问题详加研讨。

案例一 1997年3月24日,某国际进出口公司来人与李某协商,欲以9.7元/公斤的价格购买一批生猪。当时生猪市场价约为8元/公斤,故在公司业务员起草协议后,沉浸在发财梦中的李某不假思索就在协议上签字,却未注意协议上的价格是2.4元/公斤。然后,李某向王某说明了情况,二人认为有钱可赚,于是迅速收购生猪共计9336公斤,随即送至公司。公司验收后,拿出载明生猪2.4元/公斤的协议结账,李某和王某不同意,之后诉至法院。法院认为,原、被告所签协议中生猪价格为2.4元/公斤,显失公平,应予撤销。原告主张9.7元/公斤的价格,查无实据,不能认定。故判决撤销原协议,被告按生猪当时市场价7.6元/公斤支付价款。[1] 本案是否构成显失公平?有无衡量显失公平的具体数量标准?

案例二 2009年1月,甲公司与乙公司签订融资租赁合同,主要约定如下:由甲公司进口一套5000万元的设备出租给乙公司,若乙公司每月按期支付租金给甲公司,则在2010年12月31日的租期届满之时,整套设备归乙公司所有。2010年6月,乙公司认为继续使用该套设备生产已无赢利

---

[1] 参见马强:《合同法新问题判解研究》,人民法院出版社2005年版,第152页。

空间,遂停产并停付租金。甲公司于是向某仲裁委提起仲裁,要求乙公司承担违约责任并返还该套设备(折旧价值约180万元)。经两次开庭审理,仲裁庭一致认为,双方当事人对设备的归属有明文约定,故应支持甲公司对设备的返还请求权。但是,有学者认为,要求乙公司返还设备构成显失公平。本案中,甲、乙公司均为商事主体,对它们有无适用显失公平规则予以救济之必要?《合同法》第243条、第249条和第250条之间是否维持了法律体系内部的协调与均衡?

欲寻求上述两个案件的妥当处理方案,首先要解决的是显失公平的构成要件问题。然而,对于如何科学、合理地界定显失公平的构成要件,至今仍是见仁见智,论争激烈。

二、显失公平的构成要件:
单一要件说与二重要件说的论争

(一) 单一要件说

单一要件说(亦称"客观要件说")认为,《民法通则》把乘人之危和显失公平分开,作为两种独立的行为,因而显失公平只需一个客观要件便可成立,即行为的内容依行为成立或效力实现时的一般情势衡量,明显地有失公允;至于产生这种后果的主观原因如何,则不必过问。① 1998年9月4日全国人大常委会办公厅公布的《中华人民共和国合同法(草案)》(征求意见稿)第54条承袭了《民法通则》第59条,对显失公平的主观和客观要件未作任何具体的规定。此后正式颁行的《合同法》第54条亦然,学理上认为它采客观要件说。有学者指出,上述规定有其合理性,在市场经济条件下可以更好地发挥保护消费者利益和规制交易中的违反公序良俗行为的作用。传统暴利行为依《民法通则》应属于乘人之危行为,而德日判例学说所谓准暴利行为或新型暴利行为应属显失公平行为。②

修正的单一要件说认为,显失公平在总体上不要求具备主观要件,但个别类型得以"当事人急迫、轻率或无经验"为构成要件,其理由之一为:《最高人民法院关于贯彻执行〈中华人民共和国民法通则〉若干问题的意见(试行)》(以下简称《民法通则意见》)第72条的规定是对显失公平类型的列举,而非定义。换言之,对显失公平的构成要件在整体上不要求具有主观因素,但不妨碍具体的显失公

---

① 参见佟柔主编:《中国民法学·民法总则》,中国人民公安大学出版社1990年版,第233—234页。
② 参见梁慧星:《民法学说判例与立法研究(二)》,国家行政学院出版社1999年版,第20页。

平案件存在着主观因素。①

(二) 二重要件说

二重要件说(亦称"双重要件说""主客观统一说")与单一要件说针锋相对,认为显失公平的构成要件包括两个方面:一是客观要件,即客观上当事人之间的利益严重失衡;二是主观要件,即一方具有利用优势或另一方的轻率、无经验之故意。只有符合上述主客观两方面的要件,才能构成显失公平。②

修正的二重要件说认为,应以主客观要件同时具备作为认定显失公平的一般规则,而以只具备客观要件作为认定显失公平的例外,即在特定情形下,因法律有明确规定或按照诚实信用、公序良俗等基本原则的要求,只需满足客观要件,也可构成显失公平。③

(三) 笔者的见解

虽然修正的二重要件说与单一要件说彼此正在向对方"靠拢",但不能忽视单一要件说中存在的漏洞。

第一,单一要件说认为显失公平制度旨在保护消费者的利益,此为以偏概全。譬如,案例一中的李某和王某、案例二中的乙公司均非消费者,难道仅凭此就可以彻底否认显失公平制度之适用?显然不是。其实,显失公平制度之保护对象,既可能是消费者,也可能是经营者(对此下文再议)。另外,在个案中,即使采取双重要件说认定显失公平,也未必就会削弱对消费者之保护。可见,在论证逻辑上,依据"保护消费者利益"这一点,既不能证成单一要件说,也不能驳倒二重要件说。

第二,单一要件说认为显失公平制度旨在规制违反公序良俗的行为,此种认识是对显失公平制度正当性之误解。最早的合同法理论和立法精神把契约自由奉若圭臬,但契约自由不是绝对的,其本身包含对公平正义的追求,过度的自由有可能会戕害公平正义,故后来显失公平法律规则日渐发达、完整,成为合同法上公平原则的补充,此乃合同法寻求实质意义上公平的具体体现。显失公平制度虽在一定程度上限制了契约自由,但却是契约自由与社会公平之间冲突与协

---

① 参见崔建远主编:《合同法》(第四版),法律出版社 2007 年版,第 109—110 页(崔建远执笔)。
② 参见孔祥俊:《合同法教程》,中国人民公安大学出版社 1999 年版,第 273—275 页;王利明:《合同法研究》(第一卷),中国人民大学出版社 2002 年版,第 696—699 页;李永军:《合同法》,法律出版社 2005 年版,第 410—414 页。
③ 参见崔建远主编:《新合同法原理与案例评释》(上),吉林大学出版社 1999 年版,第 208 页(杨明刚执笔)。

调的产物,它主要是公平原则的派生物,而非公序良俗原则的直接产物。

第三,单一要件说自称承袭最新理论,并以德、日等国民法为其范例,此与比较法上的事实并不完全相符。在罗马帝政后期,社会经济秩序失常,仗势强迫他人出卖财产等现象屡见不鲜。为了保护"土地出卖人"的利益,国家规定如果价金不足市价的 1/2,出卖人可不管对方有无欺诈和胁迫,而以蒙受"非常损失"(laesio enormis)为由解除契约。优帝一世将此规则扩大适用于所有的买卖,有些注释家还主张将其扩充适用于买受人。① 在《德国民法典》制定之时,人们曾讨论过是否将"非常损失规则"纳入其中,但立法者放弃了这一规则。按照立法理由书,立法者当时的主要考虑是,"非常损失规则"采纯客观主义,容易危及交易安全,而且一律以"两倍"或"一半"作为判断依据,难免会削足适履。② 关于暴利行为(即显失公平行为),《德国民法典》第 138 条第 2 款规定:"某人利用他人处于窘迫情势、欠缺经验、缺乏判断力或者意志显著薄弱,以法律行为使该他人就某项给付向自己或第三人约定或给与该项给付明显不相当的财产利益的,该法律行为尤其无效。"德国通说及联邦最高法院判例认为此规定采二重要件说,其中客观要件是给付与对待给付之间存在明显的不对称关系,主观要件是该不对称关系因一方肆意利用另一方的"窘迫情势、欠缺经验、缺乏判断力或者意志显著薄弱"。因此,仅有客观要件而无主观要件,并不构成暴利行为。③《日本民法典》第 90 条虽然几乎照搬了《德国民法典》第 138 条第 1 款"违反善良风俗的法律行为无效"之规定,但对《德国民法典》第 138 条第 2 款却"选择性地遗忘",就暴利行为并无明文规定,④致使鸠山秀夫、晔道文艺、穗积重远等学者对暴利行为的构成要件及其法律效力见解不一,⑤无法达成共识。

笔者赞同二重要件说,主要理由如下:

(1) 强调显失公平的主观要件,有利于维护交易安全和经济秩序的稳定。倘若只符合客观要件当事人即可以主张变更或撤销合同,而不考虑其主观因素,则大量已经成立、正在履行甚至履行完毕的合同将会被推翻,引起经济运行链条的中断;同时,这可能会为当事人的投机性行为制造便利,容易诱使当事人借口显失公平而终止履行合同。

---

① 参见周柟:《罗马法原论》(下册),商务印书馆 2005 年版,第 748—749 页。
② 参见许德风:《论利息的法律管制——兼议私法中的社会化考量》,载《北大法律评论》2010 年第 1 期。
③ 参见〔德〕迪特尔·梅迪库斯:《德国民法总论》,邵建东译,法律出版社 2001 年版,第 538—545 页;〔德〕卡尔·拉伦茨:《德国民法通论》(下册),王晓晔等译,法律出版社 2003 年版,第 622—625 页;〔德〕迪特尔·施瓦布:《民法导论》(上册),郑冲译,法律出版社 2006 年版,第 478—482 页。
④ 参见渠涛编译:《最新日本民法》,法律出版社 2006 年,第 24 页。
⑤ 参见胡长清:《中国民法总论》,中国政法大学出版社 1997 年版,第 204 页。

(2) 强调显失公平的主观要件,符合比较法的发展趋势。如前所述,德国民法反对罗马法的"非常损失规则",单纯的权利义务失衡不能成为否定合同的理由,必须附加主观要件。这种理论在《瑞士债务法》第 21 条(因一方占有押扣物、缺乏经验或者不顾对方的需要等,致使合同双方当事人之对待交付明显不公平的,受有损害的一方可以在一年内请求撤销合同,并可以要求返还已经支付的对价)和《意大利民法典》第 1448 条(如果一方与他方的给付是不均衡的,并且这一不均衡是在一方利用相对方的需要乘机牟取利益的情况下发生,则遭受损害的一方得请求废除契约)中得到确认和很好的发展。尽管法国对合同损害(la lésion,即显失公平行为)存在主观解释(损失构成意思表示的瑕疵)和客观解释(损失构成标的的瑕疵)两种不同理论,但不能依据《法国民法典》第 887 条"如共同继承人中的一人证明其分配份较其应得数量少 1/4 以上时,亦得请求取消",第 1674 条"如出卖人因低价所受损失超过不动产价金 7/12 时,有权请求取消买卖,即使出卖人在契约中有放弃取消买卖的请求权的明白表示且已声明赠与此项超过价金的价值者,亦同"等规定,认为法国对合同损害采客观损失说。法国理论界多赞成合同损害的主观解释,韦尔、里倍尔等现代学者重新确认了对合同损害的认定要件:一是一方当事人处于不利地位;二是另一方当事人利用对方的危难、轻率或无经验而牟取暴利。① 我国台湾地区"民法"第 74 条规定:"法律行为,系乘他人之急迫、轻率或无经验,使其为财产上之给付或为给付之约定,依当时情形显失公平者,法院得因利害关系人之声请,撤销其法律行为或减轻其给付。"同时,通说也认为显失公平需同时具备主客观两方面的要件。② 英国的合同法理论一开始就着重强调程序公平——合同订立中的公平,"在早期使用的术语中,不公平是一个程序正义问题,而非实质正义问题",以确保当事人基于自由、自愿订立合同。立法上,英国《1977 年不公平合同条款法》是第一个概括地处理不公平合同的制定法,该法重视主观因素,明确规定需要考虑顾客是否受到引诱而同意免责条款,并要求调查当事人在谈判中的相对地位。③ 美国现代意义上的显失公平制度由《统一商法典》第 2-302 条正式创制。随着司法实践和学术理论的发展,美国就"显失公平"(unconscionability)的构成要件确立了两个基本因素:一是实质性显失公平,即合同的条件不合理地有利于一方而不利于另一方;二是程序性显失公平,即另一方在订立合同时没有作出"有意义的选择"

---

① 参见尹田:《法国现代合同法》,法律出版社 1995 年版,第 113 页。
② 参见史尚宽:《民法总论》,中国政法大学出版社 2000 年版,第 344—345 页;王泽鉴:《民法总则》,北京大学出版社 2009 年版,第 240 页。
③ 参见〔英〕P. S. 阿蒂亚:《合同法导论》,赵旭东等译,法律出版社 2002 年版,第 320、324 页。

(meaningful choice)。① 其中,前者为客观要件,后者为主观要件。显然,承认主观要件是大陆法系和英美法系认定显失公平的共同趋势。

(3)强调显失公平的主观要件,符合我国立法及司法的本意。我国《民法通则意见》第72条规定:"一方当事人利用优势或者利用对方没有经验,致使双方的权利与义务明显违反公平、等价有偿原则的,可以认定为显失公平。"该条明确要求显失公平应具备主观要件,并为各级法院所遵从。在立法过程中,1996年6月7日的《合同法(草案)》(第三稿)第39条规定:"一方利用优势或对方没有经验致使双方权利义务显失公平的,另一方可以撤销。"该条对显失公平增加了主观要件的限制。虽然我国现行《合同法》第54条未明示显失公平的主观要件,但最高立法机关认可法院在司法实践中采取二重要件说的做法,明确指出:"在考察是否构成显失公平制度时,就必须把主观要件和客观要件结合起来考虑。"② 有单一要件说支持者认为,最高人民法院关于显失公平的构成及认定的司法解释属于"良性违宪"行为。③ 此种观点难以成立,因为显失公平的主观要件在我国其实表现为一种"活法""实践中的法律",而非"纸面上的法律"。当然,为避免理论阐释及法律适用的紊乱,未来宜修法明确规定显失公平的主客观要件。

三、显失公平的体系定位:原则与规则的识别

准确界定显失公平在整个私法体系中的位置,需要运用体系解释的方法,首先在私法理念层面追根溯源,分析显失公平与法律基本原则的关系;其次在"合同的效力"框架下,分析显失公平与乘人之危的立法安排;最后需厘清认定显失公平的具体规则(或称"完全法条")之间的关系。

(一) 显失公平与法律基本原则的关系

如前所述,单一要件说认为,显失公平制度可以规制违反公序良俗的行为;而修正的二重要件说认为,按照诚实信用、公序良俗等基本原则的要求,仅满足客观要件也可构成显失公平。梁慧星先生把显失公平作为暴利行为的类型之一,置于公序良俗原则之下进行讨论。④ 有的学者直接将我国的显失公

---

① 参见〔美〕弗里德里奇·凯斯勒·格兰特·吉尔摩·安东尼·T. 克朗曼:《合同法:案例与材料》(上),屈广清等译,中国政法大学出版社2005年版,第516—518页;王军编著:《美国合同法》,对外经济贸易大学出版社2004年版,第205—213页。
② 全国人民代表大会常务委员会法制工作委员会编:《中华人民共和国合同法释义》,法律出版社2009年版,第98页。
③ 参见韩世远:《合同法总论》,法律出版社2008年版,第174页。
④ 参见梁慧星:《民法总论》(第三版),法律出版社2007年版,第208—209页。

第五章 显失公平的构成要件与体系定位

平立法称为"显失公平原则"。① 由此产生的疑问是,显失公平是诚实信用原则或公序良俗原则的产物,还是已俨然成为一项独立的法律原则?笔者认为:

第一,诚实信用原则虽是私法上的"帝王条款",是司法者据以解释、补充、协调法律的授权规范,但它具有较强的弹性,依此认定显失公平容易形成"向一般条款逃避"的不良现象。同时,在我国,由于公平原则的确立和存在,②诚实信用原则的解释范围应排除公平范畴部分,而注重对活动或行为本身是否衡平合理进行判断。③

第二,纵观近现代的总体趋势,显失公平制度不再"委身"于公序良俗原则之下,并非公序良俗原则的产物。立法体例上,《法国民法典》第1118条将显失公平列入意思表示的瑕疵,而未直接将其置于第6条公序良俗原则的范围之内。虽然《德国民法典》第138条在体系上将显失公平归入违反公序良俗,但此种做法为其他国家(如《瑞士债务法》第21条、《意大利民法典》第1448条)所抛弃。同时,德国民法视显失公平为一种典型或严重的违反公序良俗的行为,因而将其归于无效,此举也被后世立法修正。例如,我国台湾地区"民法"在第72条的公序良俗原则之外,另于第74条单独规定显失公平,明确规定显失公平行为得被撤销或减轻给付,这与违反公序良俗之无效行为明显有别。依梅仲协先生之见,④显失公平虽与违反公序良俗的相似,但却不是一种特殊的违反公序良俗行为,二者是各自独立的法律制度。

第三,显失公平规则不是一项独立的法律原则,而是公平原则的具体化。作为"实质的法律思想",法律原则往往被描述为正面的指示标准和法律的正当化决定,它是法理念在该当历史发展阶段中的特殊表现,并借助立法和司法(特别是司法)不断具体化。⑤ 在形式上,法律原则是"不完全法条",须经过多层次的

---

① 参见彭真明、葛同山:《论合同显失公平原则》,载《法学评论》1999年第1期。另参见冯庆元:《截然相反的判决——从一起建筑工程价款纠纷案分析"显失公平原则"的适用》,载《中国招标》2009年第6期。该建筑工程价款纠纷案的概况如下:A公司为建厂房进行招标,其中B公司的投标价是16158038元,但为了顺利中标,先后减价为15381697元、12500000元,最终中标。在施工过程中,B公司认为12500000元的合同价低于成本价,且因A公司指定材料供应商增加了成本,遂要求提高合同价,但未获得A公司同意。于是,B公司起诉,要求判令A公司补偿其工程价款2567575元。一审法院认为,B公司一再减价至12500000万元,明显低于工程招标范围内的成本造价。双方的合同条款违背民事活动应当遵循的公平、等价有偿原则,显失公平,依法应予撤销,故判决A公司向B公司支付合同价与成本价之间差额2567575元。但是,二审法院认为,双方签订的合同不构成显失公平,B公司主张变更合同价款的诉讼请求不能成立,遂撤销一审判决。
② 因我国合同类型尚包括无偿合同,故《合同法》第5条只规定了公平原则,而未规定等价有偿原则。在理解上,可认为公平原则的含义更为宽泛,涵盖了等价有偿的基本要求。
③ 参见龙卫球:《民法总论》(第二版),中国法制出版社2002年版,第62页。
④ 参见梅仲协:《民法要义》,中国政法大学出版社1998年版,第119—120页。
⑤ 参见〔德〕卡尔·拉伦茨:《法学方法论》,陈爱娥译,商务印书馆2003年版,第348页。

具体化并最终表现为区分构成要件及法律效果的"完全法条"(即严格意义上的"规则"),从而得以执行和落实,以免沦为摆设或空洞说教。在私法体系中,公平是一项重要的法律基本原则,而显失公平规则(如我国《民法通则》第59条、《合同法》第54条、《民法总则》第151条)是公平原则的反面规定和具体化形态,尚不具备法律基本原则的重要地位。

(二) 显失公平与乘人之危的关系

我国《合同法》第54条把显失公平与乘人之危共置于"合同的效力"之下。值得追问的是,区分显失公平与乘人之危有无必要?对此,学者们分歧较大,其中代表性观点如下:

第一种观点认为,乘人之危和利用对方的无经验、轻率一样,都只是显失公平主观构成要件的具体表现形式而已,其核心问题仍然在于客观上导致了合同内容的显失公平。据此,乘人之危没有必要作为单独的可撤销行为的原因而存在,仅为显失公平的一种具体类型,完全可以合并规定于显失公平之中。①

第二种观点与前述观点截然相反,认为我国立法同时规定乘人之危和显失公平是没有必要的,在对显失公平的认定以程序性不公平为标准的前提下,乘人之危完全可以包含显失公平,显失公平制度不应独立成为合同可变更可撤销的理由。②

第三种观点认为,规定显失公平弊大于利,而且显失公平规定完全可以纳入其他的相关规定,即显失公平中"一方当事人利用优势"的情形与乘人之危完全可以进行合并,将其规定为乘人之危行为之一;而将"一方当事人利用对方没有经验"的显失公平情形认定为欺诈,用欺诈行为代替之。③

第四种观点认为,《合同法》把欺诈、胁迫、乘人之危作为显失公平的原因,纠正了《民法通则》中对原因的处理(无效)重于对结果的处理之立法缺陷,把显失公平的原因和结果的立法处理统一在可撤销的基点上。乘人之危立法只是对显失公平的原因的立法,它是显失公平的具体形式。④

对比我国《民法通则意见》第70条、第72条可以发现,在主观方面,"一方当事人利用优势"所导致的显失公平与乘人之危有共通之处;而要构成乘人之危,

---

① 参见徐涤宇:《非常损失规则的比较研究——兼评中国民事法律行为制度中的乘人之危和显失公平》,载《法律科学》2001年第3期。
② 参见颜炜:《显失公平立法探讨》,载《华东政法学院学报》2002年第4期。
③ 参见段文泽:《显失公平制度的立法思考》,载《兰州商学院学报》2008年第3期。
④ 参见徐国栋:《民法总论》,高等教育出版社2007年版,第364页。

一方当事人须严重损害对方的利益,即"以行为结果显失公平为要件",[1]这与显失公平所要求的双方权利义务明显失衡之客观要件无本质差异——也说明乘人之危立法不是纯粹的原因立法,其中涵摄结果要件。如此看来,一旦承认显失公平的二重要件说,则"显失公平涵盖了乘人之危"为顺理成章的逻辑结论。另外,"一方当事人利用对方没有经验"的显失公平行为,主要表现为一种消极行为,而欺诈则表现为积极的故意行为,并且构成欺诈无须一方当事人遭受重大损失,故不能用欺诈立法代替显失公平立法。可见,上述第一种观点较为妥当,并为现行《民法总则》第151条所采纳。

(三)显失公平与其他完全法条的关系

单纯依据我国《合同法》第54条及《民法通则意见》第72条来判断行为是否显失公平,殊非易事,尚需配合其他更为具体化的完全条文,方可避免司法实践的任意性。这是因为,此种完全法条承载着"显失公平的类型化"重任。当前理论上和实务中亟待解决的问题是:如何全面评价、协调与显失公平有关的具体规则?如何合理设置认定显失公平的具体数量标准?如何将更多典型的显失公平情形予以类型化?

1. 格式条款的显失公平

我国《合同法》第39条规定,格式条款提供方应遵循公平原则确定当事人之间的权利和义务,并应向对方提示和说明免除或者限制其责任的条款;第40条规定,格式条款提供方免除其责任、加重对方责任、排除对方主要权利的,该条款无效。问题在于,既然第40条规定免责的格式条款绝对无效,第39条又何必规定提供方的提示和说明义务?此恐有画蛇添足之嫌。第39条与第40条之间的矛盾在《最高人民法院关于适用〈中华人民共和国合同法〉若干问题的解释(二)》(以下简称《合同法解释(二)》)中表现得更为淋漓尽致:依该解释第9条,格式条款提供方违反提示和说明义务,导致对方没有注意"免除"或者"限制"其责任条款的,对方当事人可以申请"撤销"该格式条款;依该解释第10条,格式条款提供方违反《合同法》第39条第1款的规定,并具有《合同法》第40条规定的情形之一的,该格式条款"无效"。笔者认为,公平是规制格式条款的首要原则,应根据格式条款违反公平原则的程度确定其效力。格式条款提供方免除其责任、排除对方主要权利的,即使提供方尽到了提示和说明义务,该格式条款因处于一种绝对无法容忍的、无以复加的严重不公平状态,也应为自始、当然无效;格式条款提供方只是限制其责任或加重对方责任,且未尽提示和说明义务的,应适用《合同

---

[1] 参见尹田:《乘人之危与显失公平行为的性质及其立法安排》,载《绍兴文理学院学报》2009年2期。

法》第 54 条规定的显失公平一般规则,允许对方申请变更或撤销该格式条款。①

2. 违约责任的显失公平

我国《合同法》第 114 条第 2 款设置了"违约金调整规则",允许对约定数额过高的违约金进行调整,以免过度的合同自由危及公平正义,阻止违约金条款异化为压榨工具。事实上,法院和仲裁机构的司法能动性应受限制,不宜干预认知和交涉能力基本相当的商人之间约定的违约金条款。所以,违约金调整规则应主要适用于民事交易领域。为强化商人的谨慎义务和履约预期,明确违约成本,节省因调整违约金所产生的司法成本,商人对其约定的违约金一般不应享有增减请求权。另外,依据我国《合同法解释(二)》第 29 条第 2 款,当事人约定的违约金超过实际损失 30%的,即可认定为"过分高于造成的损失"。这种简单地采取固定比例的认定方式容易导致"一刀切",忽视对个案案情的综合考量,反而会因机械司法造成实质的不公平结果;而当守约方的实际损失无法准确核定时,30%的比例将沦为无稽之谈。②

3. 融资租赁合同的显失公平

我国《合同法》第 249 条规定:"当事人约定租赁期间届满租赁物归承租人所有,承租人已经支付大部分租金,但无力支付剩余租金,出租人因此解除合同收回租赁物的,收回的租赁物的价值超过承租人欠付的租金以及其他费用的,承租人可以要求部分返还。"此条是融资租赁合同显失公平的具体化规则,但它要求衡量租金与租赁物之价值,与第 243 条及第 250 条明显矛盾。一方面,第 243 条规定:"融资租赁合同的租金,除当事人另有约定的以外,应当根据购买租赁物的大部分或者全部成本以及出租人的合理利润确定。"据此,融资租赁合同中的约定租金条款应优先适用,不宜调整或返还租金。"这就从法律上排除了出租人以融资租赁合同的租金标准高于传统租赁合同的标准而导致显失公平的理由主张撤销的可能性。"③另一方面,第 250 条规定:"出租人和承租人可以约定租赁期间届满租赁物的归属。对租赁物的归属没有约定或者约定不明确,依照本法第六十一条的规定仍不能确定的,租赁物的所有权归出租人。"融资租赁合同中的约定租赁物归属条款也应优先适用,一旦当事人有约定,则从其约定,不存在要求返还租赁物而构成显失公平的情形。因此,前述案例二中认为要求乙公司返

---

① 《上海市合同格式条款监督条例》(上海市人大常委会 2000 年 7 月 13 日通过)第 6 条、第 7 条、第 8 条分别列举了"免除提供方责任""加重消费者责任""排除消费者主要权利"的具体情形,可资参考。
② 在这个意义上,适用《合同法》第 114 条第 2 款、《合同法解释(二)》第 29 条及《上海市高级人民法院关于商事审判中规范违约金调整问题的意见》(沪高法民二〔2009〕13 号)时,应贯彻"少用、慎用"违约金调整规则之精神。
③ 隋彭生:《合同法要义》,中国政法大学出版社 2005 年版,第 508 页。

还设备构成显失公平的观点,并不妥当。在立法论上,为克服《合同法》第249条与第243条、第250条之间的矛盾,保证法律的协调与均衡,应否认融资租赁合同的显失公平,删除第249条。

4. 借款合同的显失公平

有关利息的管制规则,实际上是确定借款合同是否构成显失公平的客观参考标准。《最高人民法院关于审理民间借贷案件适用法律若干问题的规定》(自2015年9月1日起施行)第26条规定:"借贷双方约定的利率未超过年利率24%,出借人请求借款人按照约定的利率支付利息的,人民法院应予支持。借贷双方约定的利率超过年利率36%,超过部分的利息约定无效。借款人请求出借人返还已支付的超过年利率36%部分的利息的,人民法院应予支持。"第29条规定:"借贷双方对逾期利率有约定的,从其约定,但以不超过年利率24%为限。未约定逾期利率或者约定不明的,人民法院可以区分不同情况处理:(一)既未约定借期内的利率,也未约定逾期利率,出借人主张借款人自逾期还款之日起按照年利率6%支付资金占用期间利息的,人民法院应予支持;(二)约定了借期内的利率但未约定逾期利率,出借人主张借款人自逾期还款之日起按照借期内的利率支付资金占用期间利息的,人民法院应予支持。"第30条规定:"出借人与借款人既约定了逾期利率,又约定了违约金或者其他费用,出借人可以选择主张逾期利息、违约金或者其他费用,也可以一并主张,但总计超过年利率24%的部分,人民法院不予支持。"我国贷款利率以中国人民银行的基准利率为基础,经适当浮动而确定。从2012年6月8日起,中国人民银行下调金融机构人民币存贷款基准利率,同时调整存贷款利率浮动区间。其中,一年期贷款利率由原来的6.56%下调至6.31%,下调0.25个百分点;其他各档次贷款利率相应调整;放宽金融机构贷款利率浮动区间,贷款利率下限由基准利率的0.9倍调整为0.8倍。综合起来看,我国的利息管制较为宽松。在比较法上,通常是消费信贷利息受管制较严,而商业信贷的利息管制较少。美国各州高利贷法大多设定一个基本利率,通常在6%至16%之间;德国则区分消费者信贷和企业信贷分别管制,消费者信贷的年利率超过30%(在利率较低的年代为18.6%)即构成暴利,而企业借贷的年利率为94%甚至180%时,也不当然被认为构成暴利。《德国商法典》第352条规定商行为的法定利率为每年5%,《日本商法典》第514条规定商行为所生债务的法定利率为每年6%。相比而言,我国实行统一的利息管制规则,消费信贷的上限过高,而对企业又成了无谓的负担。[①]

---

① 参见许德风:《论利息的法律管制——兼议私法中的社会化考量》,载《北大法律评论》2010年第1期。

综上,完整的显失公平制度"三位一体",由三个层级的法条构成,首先表现为不完全法条的公平原则(《合同法》第 5 条),其次具体化为显失公平的效力规则(《合同法》第 54 条),最后具体化为其他完全法条(如《合同法》第 114 条第 2 款),从而发挥体系化的规范功能。其中,《合同法》第 54 条是处理显失公平的一般规则,处于中枢位置,为法院和仲裁机构对显失公平的自由裁量提供抽象的法律依据;为防止司法权的过度干预或滥用,其他完全法条针对典型的显失公平情形,①重点规定了客观要件中的具体数量标准,借此可推定其中存在主观要件。如此看来,修正的二重要件说认为在特定情形下,因法律有明确规定,只需满足客观要件便可构成显失公平,此种见解并不妥当。因为《合同法》实际上采取了过错推定的技术,已蕴含显失公平的主观要件。

四、逻辑延伸:对两个流行命题的反思

(一) 显失公平的合同类型仅为双务合同吗?

我国有学者认为:"显失公平的法律行为限于合同,而且是合同双方都承担给付义务,一方之所以承担给付义务正是为了使对方也承担给付义务之双务合同。其他法律行为,如单方法律行为,自无显失公平之谓。"②有的法官认为,合同当事人利益显著不均衡是构成显失公平的客观条件,而当事人的利益是否均衡主要是从当事人互为给付的对价关系中加以认定的,故显失公平主要适用于双务合同;无偿的单务合同根本不存在对待给付问题,也就无从认定当事人利益均衡与否。③ 法国也有学者认为:"合同损害是因当事人之间对待给付价值上的不对等而为一方所造成的损失,故合同损害仅存在于双务合同。"④

其实,显失公平不仅可以存在于双务合同,而且可以存在于单务合同。例如,自然人之间的有息借款合同为有偿的单务合同,贷款人向借款人交付借款不是合同义务,而是借款合同的成立及生效要件(《合同法》第 21 条),故此类合同中只有借款人的还本付息义务,贷款人没有相应的义务。但是,倘若双方约定的利息过高,突破了法律管制的合法范围,就会构成前述的借款合同显失公平情形。

---

① 至于其他类型的显失公平,如《最高人民法院关于审理涉及农村土地承包纠纷案件适用法律问题的解释》第 16 条规定的流转价款或者费用显失公平情形,此处暂不讨论。
② 邵建东:《论可撤销之法律行为——中德民法比较研究》,载《法律科学》1994 年第 5 期。
③ 参见张懋主编:《合同法条文案例释解》,人民出版社 1999 年版,第 140 页。
④ 转引自尹田:《法国现代合同法》,法律出版社 1995 年版,第 110 页。

(二) 显失公平制度的救济对象仅为消费者吗？

前述单一要件说认为显失公平制度的救济对象为消费者。在美国,大多数成功援用显失公平规则的当事人是消费者,虽然这一规则也曾经被加油站经营者以及其他特许经营权人援用,但许多法院并不赞同这种对待特许经营权人的态度。一般来说,美国法院不轻易适用显失公平规则来保护商人和类似的专业人员,会拒绝以有利于成熟老练的公司的方式来适用该规则。[①] 依据《德国民法典》第 309 条和第 310 条第 1 款,格式条款(或称"一般交易条款")的显失公平规则主要适用于涉及消费者的合同,对商事交易中的经营者并不适用。《阿根廷民法典》第 954 条规定了显失公平制度,但其起草人萨尔斯菲尔德认为:"在商法典中,不存在因重大损失或非常损失而撤销买卖。"[②]《德国商法典》第 348 条则明确规定:"一个商人在自己的商事营利事业的经营中所允诺的违约金,不得依《民法典》第 343 条的规定减少。"

目前,在我国"民商合一"的立法体制之下,把显失公平制度全面适用于商事交易活动是无法想象的。为了防止滥用,显失公平制度应主要用于规制一般民事主体之间的合同(体现为双方民事行为)、经营者与消费者之间的合同(体现为单方商行为),一般不适用于商事主体之间的合同(体现为双方商行为)。但是,若两个商人在交易经验、谈判能力和法律常识等方面过分悬殊,可根据具体情况"少用、慎用"显失公平制度。由此观之,前述案例一中的李某和王某虽为经营者,但充其量是商事交易习惯上的"小商人",而该国际进出口公司则为"大商人",二者交易能力差距甚大;同时,2.4 元/公斤的价格与市场价 7.6 元/公斤相差三倍多,符合显失公平的主客观要件,故该协议应予变更。但是,法院在该判决中以"撤销"之名行"变更"之实,明显不妥。案例二中的甲、乙公司均为专门从事融资租赁交易的职业商人,双方都有充分的交易自由,不存在一方利用了优势或利用对方没有经验的主观要件,不应适用显失公平制度。

总之,较之于显失公平的单一要件说,采取二重要件说更有利于维护交易安全,符合比较法的发展趋势和我国立法及司法的本意。依体系解释可知,显失公平制度由三个层级的法条构成。在逻辑上,"显失公平的合同类型仅为双务合同"和"显失公平制度的救济对象仅为消费者"这两个流行命题难以成立。

---

① 参见〔美〕E.艾伦·范斯沃思:《美国合同法》,葛云松、丁春艳译,中国政法大学出版社 2004 年版,第 312 页。

② 转引自徐涤宇:《非常损失规则的比较研究——兼评中国民事法律行为制度中的乘人之危和显失公平》,载《法律科学》2001 年第 3 期。

第六章　商铺租赁的权利与义务配置

基于标的物的不同用途,房屋租赁分为住房租赁和商铺租赁,前者是指承租人将房屋用于居住生活,后者是指承租人将房屋用于工商经营。广义的商铺租赁形态多样,包括店面租赁、厂房租赁、办公楼租赁、写字间租赁等;狭义的商铺租赁仅指店面租赁。在我国,针对商铺租赁的法律规制存在以下两个方面的突出问题:

第一,《城市房地产管理法》第 55 条规定:"住宅用房的租赁,应当执行国家和房屋所在城市人民政府规定的租赁政策。租用房屋从事生产、经营活动的,由租赁双方协商议定租金和其他租赁条款。"该条前后两句明确了区分规制住房租赁与商铺租赁,即对住房租赁采国家管制的立场,而对商铺租赁持私人自治的态度。不无疑问的是,商铺租赁中只应任凭私人自治,而毫无国家管制的空间吗?

第二,《合同法》第 13 章"租赁合同"及《商品房屋租赁管理办法》的相关规范既适用于住房租赁,亦适用于商铺租赁,却放弃了住房租赁与商铺租赁的区分规制。在比较法上,法国、德国、瑞士、美国及英国等均对商铺租赁适用特别法规则。由此,我国对房屋租赁实行"民商合一"立法且一体适用是否妥当,尚待商榷。

下文将以店面租赁为主,论证对商铺租赁以"实质意义上的商法"予以特别规制的必要性和可行性,[①]并在衡量私人自治与国家管制之基础上,探讨如何配

[①] "形式意义上的商法"以独立的商法典为其存在的载体,并在此基础上实现民法与商法的彻底分立。"实质意义上的商法"不限于或者根本不以独立的商法典作为其表现形式,而是大量地存在于民法、行政法以及其他法律、法规和判例之中。实质主义的商法观强调商法的相对独立性,主张一种有特定的规范对象和适用范围的法律体系,反对漠视商法规范构成和实施方式特性的、被绝对化的"民商合一"。参见范健、王建文:《商法总论》,法律出版社 2011 年版,第 11 页。

置商铺租赁中的营业权、转让权、续租权、租金调整权、竞业禁止义务、连续经营义务、减损义务及登记义务等方面的具体规则。

一、商铺承租人的营业权

营业权也称"经营权",是指商事主体基于平等的营业机会和独立的主体资格,自主地选择特定商事领域进行投资、从事以营利为目的的营业活动,不受国家法律不合理限制和其他主体干预的权利。[①] 住房租赁的出发点是将承租房用于居住,故无所谓营业权的问题。而商铺承租人的租赁目的,恰在于从事生产经营活动。

(一) 商铺承租人的营业权与出租人的解除权之间的冲突及协调

我国《合同法》第217条规定:"承租人应当按照约定的方法使用租赁物。对租赁物的使用方法没有约定或者约定不明确,依照本法第六十一条的规定仍不能确定的,应当按照租赁物的性质使用。"第219条规定:"承租人未按照约定的方法或者租赁物的性质使用租赁物,致使租赁物受到损失的,出租人可以解除合同并要求赔偿损失。"租赁合同对商铺的使用方法之约定,其实就是对承租人在该商铺内从事经营活动范围的限定。因此,如果当事人对于商铺的使用方法无约定或约定不明,依照《合同法》第61条进行协议补充、体系解释或习惯解释仍不能确定的,基于商铺的商业用途之属性,此时承租人有权在商铺内从事任何合法的经营活动,出租人皆无合同解除权。但是,若当事人对商铺的使用方法有约定,那么商铺承租人可否突破约定,从事租赁合同或所属商厦管理规约未予认可的经营活动?此时出租人是否享有合同解除权?对这些问题,下文分两种案型展开讨论。

1. 有双方约定且承租人为一人的案型

在约定商铺的使用方法时,精明的出租人往往会规避《合同法》第219条规定的"致使租赁物受到损失"这一条件,在租赁合同中明确约定:承租人只能在约定的经营范围内使用商铺(如经销唱片),一旦承租人变更(如原来经销唱片,现

---

① 参见肖海军:《营业权论》,法律出版社2007年版,第41页。有必要说明的是,商法上的营业权与通常的民事权利有所不同,前者的内容主要体现为一种抵御国家或他人不当干预的消极权能,其本质为营业自由;而后者的内容则主要体现为一种可以直接向他人主张或自行实现的积极权能。另外,我国理论与实务界尚未普遍认可"营业权",本书立足于商铺租赁这一特定、具体的商事交易领域运用此概念,权作引玉之砖。我国其他学者关于营业权或营业自由的探讨,参见王保树主编:《商事法论集》(总第22卷),法律出版社2012年版,第20—30页;宋华琳:《营业自由及其限制——以药店距离限制事件为楔子》,载《华东政法大学学报》2008年第2期。

在改设图书商店)或扩张(如原来经销唱片,现在增设咖啡厅)约定的经营范围,出租人便享有解除权。对此约定,依据《城市房地产管理法》第 55 条、《合同法》第 219 条会得出不同的结论:前者实行私人自治,出租人的解除权可获支持;而后者采取从严管制,必须达到"致使租赁物受到损失"的程度方可解除合同。由此,出现了法律适用上的分歧。

承租人从事经营活动应事先具有计划性,且应在一定时期内维持其稳定性。但是,"计划往往跟不上变化",承租人的经营活动不可能也没必要因循守旧、抱残守缺。若商铺经营状况良好,则有扩张经营范围之需求;若商铺经营状况恶化,则有变更经营范围之需求,此为经营规律的基本表现。如果承租人变更或扩张其经营范围均须事先征得出租人的同意,承租人的经营活动就难以灵活、有效地展开,承租人的营业自由也沦为空谈,有悖市场经济中的效率优先原理;任由出租人解除合同,还会造成社会财富的浪费和商业机会的流失。因此,出租人约定排除成就解除权所必需的损害结果要件,难谓合理。

在司法实务中,以下两个案件的判决明确体现了对商铺承租人营业权(经营自由)的优先保护,承租人无须严格遵守关于商铺用途的约定。例如,在"陈某某与马某某租赁合同纠纷上诉案"中,陈某某拥有所有权的房屋的房产权证上记载的用途为商业服务业,合同约定的是饮食服务业。但是,马某某利用承租房屋从事休闲、娱乐、餐饮、客房等经营项目。对此,一审判决指出:"陈某某认为马某某未按约定的方法使用租赁的楼房,但马某某经营的亦是服务业,未超出该楼房房屋权证上记载的用途范围,且陈某某未能提供租赁物由此受到损耗的相关依据,所以陈某某以此主张解除合同同样不能支持。"二审法院维持原判。① 又如,在"高某某与刘某租赁合同纠纷上诉案"中,合同约定租房用途为经营彩票,事实上刘某将租赁房屋隔出一半由其本人另外开设房屋中介所。对此,二审判决认为:"双方当事人在合同中虽然约定承租房屋的用途为经营彩票,而刘某在租赁期间又另行经营房屋中介事项,但是刘某的行为对该租赁房屋并未造成影响及损害,并未侵害高某某在租赁房屋中应享有的利益。"二审法院维持原判,对高某某要求解除房屋租赁合同的诉讼请求不予支持。②

针对上述第一种案型,基于便利承租人从事商业经营的考量,应对《合同法》第 217 条前段"承租人应当按照约定的方法使用租赁物"之规定作从宽解释。相应地,依据合同法规范配置的基本原理,③当事人不得自由改变《合同法》第 219

---

① 参见海南省三亚市中级人民法院(2007)三亚民一终字第 61 号民事判决书。
② 参见黑龙江省齐齐哈尔市中级人民法院(2011)齐民二终字第 277 号民事判决书。
③ 参见王轶:《论倡导性规范——以合同法为背景的分析》,载《清华法学》2007 年第 1 期。

条所规定的构成要件和法律效果。因此,《合同法》第 219 条所涉解除权,非为当事人私人自治的事项。出租人依据该条只能享有法定解除权,排除损害结果要件的约定解除权不得成立;而商铺承租人依法享有独立自主的营业权,其营业权的效力足以抗辩、否定出租人的约定解除权。

2. 有商厦管理规约且承租人为两人以上的案型

若商厦内的某一承租人违反商厦管理规约从事经营活动,则该违约承租人与出租人、其他守约承租人之间的关系应如何处理?显然,《合同法》第 219 条意义上的租赁合同体现为一种双方法律行为,只约束特定的出租人和承租人,不涉及商铺承租人之间的相互关系。即使通过《最高人民法院关于审理物业服务纠纷案件具体应用法律若干问题的解释》第 4 条和第 12 条进行体系解释,也只能处理物业服务企业与商铺承租人之间的关系,而无法调整违约承租人与出租人、其他守约承租人之间的关系。可见,我国对商铺承租人违反商厦管理规约问题缺乏专门规范,呈现出一个开放的法律漏洞,且无可供攀附援引之具体规定。对此,须根据法理念及事理,为拟处理案件进行超越法律规定之外的续造。在一般的场合,商铺的性质天然地决定了该房屋的商业性用途,一旦出租人愿意将商铺提供给承租人使用,则承租人在该商铺内基于商业目的的一切合法经营活动均应受法律保护。但是,商厦管理规约与通常的商铺租赁合同不同,它体现为一种共同法律行为,对商厦的区分所有权人及其继受人(如受让人、承租人、借用人)均具有约束力。① 这是因为,商厦管理规约通过规范商铺的使用秩序,合理分享顾客资源,具有增进商铺使用效率之功能,此功能正是商厦管理规约的目的和价值所在,若欠缺,则有悖于商厦管理规约的存在价值,进而丧失拘束一切承租人(包括商厦管理规约生效后才承租商铺的不特定人)之效力。

在这方面,法国树立了先例。法国最高法院 1976 年 12 月 14 日判决和巴黎法院 1986 年 12 月 5 日判决均认为,在有组织的商业中心,禁止竞业条款是有效的,只是即使订立了这样的条款,消费者仍然能够在同一场所内找到适合他们基本需要的商业项目;若商人无视共同的纪律,扩张其经营范围,将会引起侵权责任。② 另外,为示慎重,《法国民法典》第 1729 条、③《德国民法典》第 541 条、④我国台湾地区"民法"第 438 条还设置了出租人行使法定解除权的特别程序;在承

---

① 参见陈华彬:《建筑物区分所有权研究》,法律出版社 2007 年版,第 271 页。
② 参见〔法〕伊夫·居荣:《法国商法》(第 1 卷),罗结珍、赵海峰译,法律出版社 2004 年版,第 728—729 页、第 933 页。
③ 参见《法国民法典》(下册),罗结珍译,法律出版社 2005 年版,第 1305—1306 页。需说明的是,本章所涉此法典条文,均源自同一出处,为行文简便,只注明一次。
④ 参见《德国民法典》(第 3 版),陈卫佐译注,法律出版社 2010 年版,第 187 页。

租人违反约定使用租赁物时,经出租人的催告或阻止程序而承租人继续不当使用的,出租人享有合同解除权;同时,法国和德国还要求出租人必须通过诉讼程序确认其解除权。此等立法例严格限制出租人行使解除权,颇具参考借鉴意义。

相比而言,我国《合同法》第219条着眼于对物的直接损害,其实只是第218条的反面规则,但对竞业禁止问题尚付阙如,忽略了对人的间接损害,在商铺出租人、违约承租人、守约承租人和消费者之间的利益平衡方面未臻圆满。有鉴于此,应根据商铺承租人的经营范围判断其违反竞业禁止义务行为之效力。详言之,若承租人故意(明知)违反商厦管理规约中的竞业禁止义务,变更或扩张其经营范围,已经或将要使有利害关系的其他承租人的合理利益受到损失,则承租人应承担赔偿责任,且出租人有合同解除权。因为商厦管理规约关涉守约承租人、消费者所分别代表的第三人利益和公共利益,故须舍弃《合同法》第219条所规定解除权的"对物的损害结果"要件。当然,这并不排斥当事人依据《合同法》第94条第4项后段主张一般解除权。

例如,在"陈某与罗某某铺面转让合同纠纷上诉案"中,陈某与出租人、商场管理人共同签订《广西国际贸易中心(商铺)租赁及商业管理合同》,约定由陈某承租位于广西国贸中心(商场)三层C区×××号铺面,使用范围为经营男装。其后,陈某擅自将该商铺的营业权转让给罗某某经营女装。由此,商场管理人向诉争铺面出具《整改通知书》,以该铺面未按合同约定经营个性化男装、擅自更改经营女装为由,要求整改。透过该案的一审判决和二审判决可以发现,因陈某与罗某某违反了商铺租赁及商业管理合同中约定的经营男装的义务,构成对其他女装合法经营者(守约承租人)的不正当竞争,故法院支持商场管理人的整改请求,否定陈某的转租行为和变更经营行为,并未考虑《合同法》第219条所规定的"对物的损害结果"要件。[①]

在第二种案型中,为避免无谓的同业竞争,守约承租人的营业权之效力高于违约承租人的营业权。同时,须肯定守约承租人的损害赔偿请求权的竞合关系,守约承租人既可主张违约责任,也可主张侵权责任。[②] 为确保法律规范适用的可预见性和稳定性,追究违反商厦管理规约的承租人之侵权责任,须符合如下构成要件:商厦管理规约的公开性、经营范围约定的限制性、违约承租人(责任人)

---

① 参见广西壮族自治区南宁市中级人民法院(2011)南市民一终字第1681号民事判决书。
② 法国对违约责任与侵权责任采取禁止竞合的态度,只承认对违反商厦管理规约的侵权责任请求权。而我国《合同法》第122条则允许竞合和选择请求权。参见蔡耀忠主编:《中国房地产法研究》(第1卷),法律出版社2002年版,第288—291页。

的主观故意、守约承租人（权利人）的经济利益损失（利益衡量）。① 如此，商厦管理规约中对商铺用途的约定具有强制效力，此时《合同法》第 217 条第一句被理解为强制性规范。

综上可知，在有双方约定且商铺承租人为一人的案型中，承租人的营业权优于出租人的解除权，除非该解除权具备"对物的损害结果"要件；而在有商厦管理规约且商铺承租人为两人以上的案型中，承租人负有竞业禁止义务，其中守约出租人的营业权优于违约承租人的营业权，且出租人享有的解除权无须具备"对物的损害结果"要件。

（二）商铺承租人的连续经营义务

既然商铺承租人有自主营业权，那么他有无停业不经营的自由呢？对此，我国台湾地区法院的裁判之间存在争议；②美国相关判例作出否定的回答，认为商铺承租人负有明示或默示的连续经营义务（duty of continuous operation）。明示的连续经营义务之认定，有赖于出租人与承租人在租赁合同中作出明确的约定，此种认定方法较为简便易行。对于如何判断租赁合同中是否存在连续经营义务的默示约定，美国判例逐渐发展出一系列的法律见解。

1955 年的"李普曼诉西尔斯·罗布克公司案"是关于默示的连续经营义务的主要判例之一。该判例认为，只有在合同中没有关于这个问题的明确条款，要实现当事人的意图必须进行推定，以及当事人显然清楚地想到此种约定以至于他们认为没有必要写入合同中之时，才能认定合同中存在此种默示约定。③

1989 年的"合恩伍德诉史密斯第一食品王案"指出了"台柱承租人"（anchor tenant）概念在商铺运作中所蕴含的法律意义。④ 在购物中心，台柱承租人就像磁铁一样吸引着顾客，同时这些顾客也会在其他的小零售承租人那里购物。台柱承租人对购物中心的成功经营具有关键的影响，具有为出租人获取融资、吸引卫星承租人（satellite tenant）、为其他承租人保证足够的客流量等能力。如果台

---

① 营业权作为侵权行为客体的相关理论及实务见解，肇始于德国最高法院判例，并为日本大审院判例所继受。参见史尚宽：《债法总论》，中国政法大学出版社 2000 年版，第 139—140 页。由于我国现行法尚未明确规定营业权，故营业权为一项应然权利而非实然权利，但这无碍将其作为一种财产权益纳入《侵权责任法》第 2 条的保护范围。

② 我国台湾地区"最高法院"1975 年度台上字第 1122 号判例指出："（我国台湾地区）'民法'第四百三十八条所谓违反约定使用方法，系指不依约定方法使用，并积极地为约定以外方法之使用者而言，如仅消极地不为使用，应不在违反约定使用方法之列。原审以上诉人不再经营瓦窑，已弃置不用（按租约所定使用方法为经营砖瓦窑之用），为违反约定使用方法，所持法律上之见解，不无违误。"参见林诚二：《民法债编各论（上）》，中国人民大学出版社 2007 年版，第 260 页。

③ See Lippman v. Sears, Roebuck & Co., 44 Cal. 2d 136, 280 P. 2d 775(1955).

④ See Hornwood v. Smith's Food King No.1, 105 Nev. 188, 772 P. 2d 1284(1989).

柱承租人停止商业经营,来购物中心的顾客人数将会减少,从而对其他承租人产生消极影响,降低他们的营业收入,进而降低出租人的百分比租金(percentage rent)收入。① 因此,基于出租人、台柱承租人以及其他小零售承租人在经济利益上的相互依赖性,无论如何,台柱承租人应负有默示的连续经营义务。

在1991年的"汤姆逊开发公司诉克罗格公司案"中,西弗吉尼亚州最高法院认为,确定租赁合同是否包含默示的连续经营义务时应考虑四个因素:(1)租赁合同是否包含不一致的、数额巨大的固定基本租金(base rent)的明确条款;(2)合同是否包含给予承租人自由转让租赁权的权利条款;(3)合同是否为各方积极谈判达成的;(4)合同是否包含非竞争条款。② 据此,如果对于上述第(1)(2)项因素是否定的,而对于第(3)(4)项因素是肯定的,则可推定当事人有意识地承认了连续经营义务,承租人一般负有默示的连续经营义务。

认可连续经营义务的意义在于,通过提高商铺承租人的义务限度和违约成本,促使承租人谨慎投资、勤劳致富,避免机会主义行为,进而在各个零售商铺得以"物尽其用"的基础上,维系整个商厦及大商业圈的生机与活力,同时保障出租人获取相应的百分比租金。目前,商铺承租人连续经营义务的法理获得了美国法院和学者们的一致赞同。③ 反观我国《合同法》和《商品房屋租赁管理办法》,对此问题欠缺规范。在实践中,有的购物中心的商铺承租人停止所有零售业务,将商铺闲置或者只是单纯地用作仓库,给出租人及其他承租人造成了间接损失,却无须承担任何责任。譬如,某人在某广场承租了一间商铺,租期一年,租赁合同约定:承租人不得擅自停止营业,若连续关门3天或当月累计关门满5天,将受到100元/天的处罚;在租期的后几个月,承租人一直未开门营业。④ 对于该案,如果否认承租人负有明示的连续经营义务,则直接背离意思自治和契约严守原则。为此,我国有必要根据具体情况认定商铺承租人有明示或默示的连续经营义务,违反义务则应向出租人承担违约责任或损害赔偿责任,从而对商铺承租人的营业权构成积极的限制。

---

① 百分比租金是指承租人按其销售总额的某个百分比支付的一项租金。与之相对应的是基本租金,是指承租人须固定支付的最低额度的租金。

② See Thompson Development, Inc. v. Kroger Co., 186 W. Va. 482, 413 S. E. 2d 137(1991).

③ See Patrick A. Randolph, Jr., Commercial Leasing: A Comparative View: US and China, http://crel.law.pku.edu.cn/article_view.asp?id=449&menuid=2004624836126&menuname, last visited on Dec. 6th, 2015.

④ 本案例来源于找法网,http://china.findlaw.cn/ask/question_1856060.html,2015年12月6日访问。

二、商铺承租人的转让权

(一) 商铺承租人转让权的类型区分

商铺承租人转让权的具体表现类型有三：一是转租，二是租赁权让与，三是租赁让与。转租是承租人将租来的商铺出租给第三人，从而形成出租人与承租人之间、承租人与次承租人之间两个独立的租赁关系；租赁权让与实为债权让与，承租人并未退出原有的租赁关系，只是将租赁关系中的债权转移给第三人，自己仍负有租赁关系中的债务，并对受让人所致商铺的毁损、灭失负同一责任；而租赁让与是合同地位的让与，在性质上属于合同债权债务的转让，承租人退出原有租赁关系，由第三人继受承租人的法律地位，债权让与和债务承担同时发生。

令人遗憾的是，我国《合同法》对承租人转让权的具体类型未作全面、清晰的区分，只有第224条对转租问题进行了规定，致使在理论上和实践中往往将转租、租赁权让与、租赁让与相混淆。例如，有人认为，承租人不得擅自将租赁房屋转让、转租、转借或者调换使用；承租人如需为上述行为，须征得出租人同意。[①] 此观点将《合同法》第224条关于转租的限制性规定扩张适用于租赁权让与(即转借)的场合，这对于民事租赁有一定的合理性，但在商铺租赁中恐为不妥，因为会对承租人造成过度的限制。当商铺承租人将其租赁权转让给第三人时，应适用《合同法》第80条之规定，仅通知出租人即可生效，而无须出租人同意。此时法律对商铺承租人的转让权采一种宽松的态度，并没有赋予出租人同意权或解除权。又如，全国人大法工委主张："经出租人同意的转租是有效的，……虽然次承租人与出租人之间没有合同关系，次承租人可以直接向出租人支付租金。"[②] 此观点混淆了转租与租赁让与的差异，因为只有在租赁让与时，第三人才对出租人负有支付租金的义务；在转租、租赁权让与中，第三人无此义务。

(二) 商铺承租人的转让权的立法模式

根据承租人行使转让权的自由度之不同，可将相关立法模式区分为三种：

一是自由主义模式，除当事人有明确的禁止性约定以外，承租人可以自由行使转让权，无须征得出租人的同意，如《法国民法典》第1717条、《瑞士债法典》第

---

① 参见蓝宝主编：《租赁合同》，中国民主法制出版社2003年版，第122、137页。
② 全国人民代表大会常务委员会法制工作委员会编：《中华人民共和国合同法释义》，法律出版社2009年版，第333页。

264条。① 此种立法模式的理由是,承租人转租、让与租赁权或租约,并不必然损及出租人的所有权和收益权,却有物尽其用的功效,故应实行私人自治。

二是限制主义模式,除非经出租人同意,承租人不得处分其租赁权或租赁物,②如《日本民法典》第612条第1款。③ 其主要理由在于,承租人对租赁物的使用、收益权为具有相对性的债权,而非具有绝对性的物权,即在承租人方面呈现出一定的人格性或人身特定性,④故原则上转租或让与租赁权在限制之列。

三是区别主义模式,若租赁物为动产,采限制主义;若租赁物为不动产,则采自由主义,如《意大利民法典》第1594条、⑤我国台湾地区"民法"第443条。该模式的理由是,动产有流动性,如允许承租人自由处分,则出租人难以了解和控制租赁物,交易风险会因此增大;而不动产不能移动,出租人对第三人使用不动产的情况能够进行有效监督,故无须出租人同意。

从《合同法》第224条观察,我国立法对转租问题采限制主义模式。⑥《最高人民法院关于审理城镇房屋租赁合同纠纷案件具体应用法律若干问题的解释》第15条、《商品房屋租赁管理办法》第11条延续了这一立法模式之精神。民事租赁尤其是住房租赁,具有一定的人身信任关系,此说基本成立。但是,商铺租赁的本质属性是营利性和营业性:对出租人而言,首要的是实现商铺的财产收益权,只要其经济利益有足够的保障,则该商铺的具体使用人为何人,实际上无关旨趣;对承租人而言,商铺租赁权构成营业资产的重要部分。因此,如果承租人再行转租须以出租人同意为前提,则会阻碍承租人自由处分其营业资产,使其难以迅速摆脱无力继续经营之苦;若能允许承租人自行引进具有经营能力和支付能力的次承租人,出租人的租金收益实际上更有保障。当承租人就是以"先包租,后分租"的方式赢利时,更没有必要由出租人来定夺承租人所选择的每一个次承租人,否则徒增交易成本而无实益。所以,我国对商铺转租问题应改采自由主义模式。同理,对商铺的租赁让与、租赁权让与亦应采自由主义模式。

---

① 参见《瑞士债法典》,吴兆祥等译,法律出版社2002年版,第64页。
② 《德国民法典》第549条第1款限定了第540条第1款的适用范围,故德国对住房租赁采限制主义模式,而对包括商铺租赁在内的其他租赁关系采自由主义模式。参见杜景林、卢谌:《德国民法典评注:总则·债法·物权》,法律出版社2011年版,第274页。
③ 参见渠涛编译:《最新日本民法》,法律出版社2006年版,第133页。
④ 租赁的人格性意指租赁关系重当事人之间的信任关系,承租人人格之良窳是出租人为租赁承诺的重要前提,而且出租人的人格属性对于其保管租赁物是否尽责、是否会按期支付租金、是否会届期返还租赁物等事项均有重大关系。参见邱聪智:《新订债法各论(上)》,中国人民大学出版社2006年版,第228页。
⑤ 参见《意大利民法典》,费安玲等译,中国政法大学出版社2004年版,第386页。
⑥ 参见苏号朋:《转租的法律结构分析——兼评〈合同法〉第224条之不足》,载《浙江社会科学》2007年第2期。

（三）商铺出租人的减轻损失义务：对转让权的代位行使

在承租人闲置商铺时，如何救济出租人？如前所述，出租人可以追究承租人的连续经营责任。除此之外，在1965年之前，美国多数州规定，出租人有权继续要求承租人支付租金，而无减轻损失的义务（duty to mitigate the damage）。俄勒冈州即赞成此种做法，其理由在于，租赁合同是一种转让不动产权益的行为，出租人没有必要为承租人放弃其财产而担心。但是，在1965年的"莱特诉鲍曼案"中，上述观点发生了彻底的变化，法庭认为：现代商业租赁合同的约定，尤其是在只承租一幢建筑中的一部分空间时，基本上只和对该空间的使用有关。同时，出租人的义务并没有随着租赁合同的签订而结束。从某种意义上说，租赁合同是一种持续而未完成的合同，是出租人和承租人之间持续地交换价值的合同，而非一次性购买房产的一定使用期限或产权。该案判决认定房产租赁交易实质上是一种合同行为而不是一种转让行为，并课以出租人减轻损失的义务。① 此后，美国不少州的立法及法院判决开始强制出租人必须尽量寻找新的承租人以减轻损失。

我国未专门规定承租人闲置商铺时出租人的具体救济措施，但出租人可援引《合同法》第119条防止损失扩大，此为减轻损失规则在商铺租赁场合的具体运用，体现了我国立法与美国最新立法及判例的相通之处。接下来的问题是，出租人的再出租行为（relet）在效果上是否为一种代理行为？美国有的学者持肯定意见，认为出租人是以承租人的代理人之身份再出租房产。② 此种观点的不妥之处在于，出租人与承租人之间根本没有代理关系，出租人一般是以自己的名义行事，而无须事先获得承租人的委托授权；如果认定出租人是承租人的代理人，则当出租人以高于原租金的价格再行出租商铺时，出租人须将超额租金返还给原承租人，这将弱化其减轻损失的积极性。出租人的再出租行为，其实是对商铺承租人转让权的代位行使，而非代理行为。在逻辑上，此时承租人的租赁权继续存在，但其义务只限于支付找到新承租人之前的应付租金，或是补足新承租人支付较低租金时形成的租金差额。不过，法律不应允许出租人以低于当时合理出租价值之价格再出租商铺，否则容易导致出租人滥用权利，随意处置商铺，进而侵犯承租人的利益并产生新的纠纷。简言之，当承租人闲置商铺时，若出现新的高价承租人，则出租人有义务代位出租；而对新的低价承租人，出租人无此义务，

---

① See John E. Cribbet, Property: Cases and Materials, The Foundation Press Inc., 1996, pp. 502—504.
② 参见〔美〕罗杰·H.伯恩哈特、安·M.伯克哈特：《不动产》（第4版）（影印本），法律出版社2004年版，第149页。

仍由原承租人决定是否行使转让权。承租人的连续经营义务与出租人的减轻损失义务在时间序列上可谓"前仆后继",二者衔接紧密、运行通畅。

三、商铺承租人的续租权

(一) 约定续租权的实际效用

我国《合同法》第 214 条第 1、2 款分别规定:"租赁期限不得超过二十年。超过二十年的,超过部分无效。""租赁期间届满,当事人可以续订租赁合同,但约定的租赁期限自续订之日起不得超过二十年。"例如,因商铺租赁承租人嫌 20 年租期过短,当事人为规避法律而在租赁合同中约定:"本租赁协议的初始租期为 20 年。承租人有权在本租赁协议的初始租期届满时续租 5 年,但承租人行使续租权以连续 5 次为限。"依严格的体系解释及目的解释,这实际上是一个为期 45 (20+5×5)年的租约。由此产生的问题是,当事人事先约定的续租权有效吗?显然,正是由于《合同法》第 214 条管制太严、缺乏弹性,才导致当事人的合理需求落空,故亟待完善。具体而言,《合同法》第 214 条的缺陷主要体现在以下两个方面:

第一,《合同法》第 214 条第 1 款将最长租期定为 20 年,主要是从动产租赁和民事租赁的角度考虑的,虽有利于避免租期过长而导致出租人所有权被"虚化"或"掏空",但忽视了生产经营活动对更长租期之客观需求。商铺的不动产属性客观上能够满足承租人在该场所内长期稳定营业的主观愿望,并且出租人往往也愿意一劳永逸地将商铺出租给某个承租人。因此,对商铺租赁期限,我国实践中诸多当事人约定为 30 年,[①]有的约定为 40 年,[②]还有的约定为 70 年,[③]甚至有的约定为永久使用,[④]并为此引发诉讼。《德国民法典》第 544 条、《意大利民法典》第 1573 条和《澳门民法典》第 973 条规定,商铺租赁的最长租期为 30 年;

[①] 如"成都市武侯区运福物资仓储有限公司与曾某某租赁合同纠纷上诉案",四川省成都市中级人民法院(2007)成民终字第 1231 号民事判决书;"昆明市官渡区金马街道办事处凉亭村股份合作社诉昆明金马木业有限公司租赁合同纠纷案",云南省昆明市中级人民法院(2006)昆民一初字第 4 号民事判决书;"山东省石油集团东营总公司与东营市金利工贸有限责任公司租赁合同纠纷上诉案",山东省东营市中级人民法院(2005)东民三终字第 110 号民事判决书。

[②] 如"陈某某与某某街道办事处房屋租赁合同纠纷再审案",浙江省绍兴市中级人民法院(2011)浙绍民提字第 1 号民事判决书。

[③] 如"昆明市长春农村信用合作社诉云南瑞坤房地产有限责任公司租赁合同纠纷案",云南省昆明市中级人民法院(2005)昆民一初字第 131 号民事判决书。

[④] 如"中国银行股份有限公司绍兴市分行诉越都大酒店有限公司租赁合同纠纷案",浙江省绍兴市中级人民法院(2005)绍中民一初字第 89 号民事判决书。

第六章 商铺租赁的权利与义务配置

日本《借地借房法》第 3 条规定,房屋租期为 30 年,但契约规定超过 30 年的,从其所定;①法国《农村法典》规定,长期租约的最长期限为 99 年。② 目前,我国将房屋最长租期统一定为 20 年,相比而言较短,未来至少应将商铺租赁的租期延长为 30 年。

第二,《合同法》第 214 条第 2 款赋予当事人期满后的续租权(续租自由),但从操作效果而言,实际上形同虚设,沦为具文。这是因为,一方面,此种续租权的主体是原租赁合同的双方当事人;另一方面,此种续租权的行使时间是在原租赁期间届满之时。当商铺承租人提出续租时,出租人完全可以单方面予以拒绝;而商铺出租人要求续租的,承租人亦可拒绝之。如此,因欠缺对方的配合义务,续租权可能会有名无实,难以实现。在租赁期间届满时,当事人才能进入续订程序,这与其说是"续约",毋宁称为"重新签约"更为准确。为使续租权具有实际效用,续租权的主体应只限于承租人,且应在租赁期间届满之前即以期待权的方式存在。因此,我国《合同法》第 214 条关于"租赁期间届满,当事人可以续订租赁合同"之规定,宜修正为"当事人可以约定,承租人有权在租赁期间届满时续订租赁合同"。据此,赋予承租人单方享有约定续租权,而出租人一方负有续租义务,约定续租权的属性由双方的自由权利变更为单方权利,从而最大限度地满足当事人的合理需求,灵活地克服 20 年租期之限制,保障承租人长期租赁商铺的法律预期。但是,"预约权利人只能请求对方履行订立本约的义务,不得直接依预定的本约内容请求履行。"③若出租人违反预约,拒绝将商铺续租给承租人,则须对未缔结本约行为承担实际履行和损害赔偿责任。④

就前文所述续租案例而言,应将续租之约定视为独立的预约。即为尽量维持合同关系的有效性,从独立而非整体的视角出发,可认定该案例中存在 1 个本约、5 个预约;若认为其中存在一个为期 25(5×5)年的预约,该预约将罹于部分无效。

---

① 参见《日本民法典》,王书江译,中国人民公安大学出版社 1999 年版,第 316 页。
② 参见〔法〕弗朗索瓦·泰雷、菲利普·森勒尔:《法国财产法》,罗结珍译,中国法制出版社 2008 年版,第 1081 页。
③ 崔建远主编:《合同法》(第五版),法律出版社 2010 年版,第 38 页。
④ 关于预约的表现形式及其构成要件、法律效果等问题,我国尚存在不同的见解。参见许德风:《意向书的法律效力问题》,载《法学》2007 年第 10 期;王利明:《预约合同若干问题研究——我国司法解释相关规定述评》,载《法商研究》2014 年第 1 期;汤文平:《论预约在法教义学体系中的地位——以类型序列之建构为基础》,载《中外法学》2014 年第 4 期。当然,预约作为意思表示的载体,欠缺正式合同内容的确定性、要素的完整性和刚性的约束力。在一般意义上,预约与形成权的法律构造并不相同,但这并不妨碍当事人采取单务预约的形式约定承租人续租权之类的内容,由此承租人享有形成权。

(二) 法定续租权的运行机理及其存在价值

法定续租取决于法律的明文规定,这与源自当事人合意的约定续租有别。综观各种范式立法,法定续租制度的内容有三:一是默示续租,[①]即租赁合同到期后,承租人继续使用租赁物而出租人无异议的,法律推定租赁合同继续有效,如《日本民法典》第 619 条和我国台湾地区"民法"第 451 条。二是司法续租,即在承租人要求续租而出租人意图终止租赁时,由法院裁决租赁合同延期。如《瑞士债法典》第 267 条规定,搬出房屋造成承租人经营困难的,在向出租人支付到期利益后也不能证明是合理的,此时标的物所在地的法院对商务用房租赁关系可以裁决延长不超过 2 年;在租赁合同延续期间,虽采取所需的合理努力消除困难,但未能成功的,法院可以在相同条件下再次延长商务用房租赁关系不超过 3 年。三是法定续租权,即由立法直接赋予承租人续租权,无论出租人有无异议,亦非必须借助司法进行个案认定。关于商铺承租人的法定续租权,法国和英国的立法源远流长,殊值重视。

法国的承租人续租权(或称"商事租约续展权""商用场所租约延展权",le droit au renouvellement du bail commercial)首创于 1926 年 6 月 30 日通过的法律;1953 年法令使之系统化;2000 年修改的《法国商法典》第 4 编第 5 章的"商事租赁"节吸纳了 1953 年法令的多数条文,使之法典化;2012 年 3 月 22 日第 2012-387 号法律、2014 年 6 月 18 日第 2014-626 号法律进一步修改了《法国商法典》第 L145-8 条、第 L145-9 条、第 L145-10 条、第 L145-12 条,使之现代化。[②] 在法国,承租人享有续租权的条件是:(1) 须有房屋不动产或场所存在。"不动产"一词必须理解为"有建筑的不动产","活动建筑"与"可拆卸建筑"不在此列。(2) 须有"独立的商业经营"。具体而言,承租人要有商人资格,须将场所用于商业经营,且该经营应具有独立性。(3) 须有租赁合同。该商事租赁合同的期限不得少于 9 年。(4) 承租人本人或出租人须有特定的资格。如果承租人是外国商人或协会,则一般排除其享有商用场所租约延展权;如果出租人是无行为能力

[①] 在法教义学的归类上,我国《合同法》第 236 条之规定被归为"法定更新"(又称"默示更新"),与之对应的范畴是《合同法》第 214 条规定的"约定更新"(又称"明示更新")。参见全国人民代表大会常务委员会法制工作委员会编:《中华人民共和国合同法释义》,法律出版社 2009 年版,第 319、347—348 页;孔祥俊:《合同法教程》,中国人民公安大学出版社 1999 年版,第 601—602 页;陈小君主编:《合同法学》,高等教育出版社 2009 年版,第 351 页。我国台湾地区的相关规定与理论见解亦基本相同。参见史尚宽:《债法各论》,中国政法大学出版社 2000 年版,第 229 页。由于默示续租的成立是基于法律对当事人意思表示的推定,故本书将默示续租认定为法定续租的表现形式之一。

[②] 关于最新《法国商法典》条文及其立法沿革,参见 http://www.legifrance.gouv.fr/affichCode.do? cidTexte=LEGITEXT000005634379,2017 年 10 月 26 日访问。

人或用益权人,则承租人一般也不能享有商用场所租约延展权。① 除非有正当理由(如回收自用、承租人有开设赌馆或妓院之类的过错行为、商铺本身有危险),出租人不能拒绝承租人的租约延展请求,否则承租人有权要求"追夺"赔偿(indemnité d'éviction)。② 学术上,商事承租人的此种续租权和赔偿请求权统称为"商业所有权"(propriété commerciale)或"准物权"(droit quasi-réel)。③

为了保护商业租赁的承租人在租赁物所在地因经营所建立起来的商誉,英国1954年《出租人与承租人法令》第二部分赋予商业租赁的承租人续租权(或称"更新权",the right of renewal)。根据此法令,在实体方面,承租人享有续租权需要符合以下构成要件:(1) 须为商业目的而使用租赁物。以居住或娱乐为目的使用租赁物的,排除在外。(2) 承租人必须为商业目的而实际使用租赁物。使用租赁物,必须构成商业上实质的和主要的行为,而非次要的或辅助的行为。(3) 对租赁物的占有和使用,须持续12个月以上。短期租赁或者不定期租赁的承租人不享有续租权。④ 在程序方面,当租期届满时,无论是承租人向出租人提出续租请求,还是出租人向承租人发出续租通知,对方均应在2个月内作出是否同意的答复;若对方拒绝的,须在第一次通知发出后的2—4个月内申请法院裁决。⑤ 而英国1980年《出租人与承租人法令(修正案)》(又于1994年修正)和2008年《民法(其他规定)》则规定,已经占用租赁物满5年的承租人才享有法定续租权,且新的租期不得超过4年9个月(租金为季付)或者4年11月(租金为月付)。⑥

我国《合同法》第236条承认了默示续租规则,但无司法续租和法定续租权规则。在司法实践中,当承租人要求续租旺铺时,出租人常会借机哄抬租金,压榨承租人。⑦ 当前,全国性立法针对此类现象根本无能为力,存在管制盲区,故某些地方立法另辟蹊径予以解决。例如,《上海市房屋租赁条例》第44条规定"房屋在租赁期满后继续出租的,承租人在同等条件下享有优先承租权",通过赋

---

① 参见〔法〕伊夫·居荣:《法国商法》(第1卷),罗结珍、赵海峰译,法律出版社2004年版,第711—725页。
② 参见尹田:《法国物权法》,法律出版社1998年版,第46—47页。
③ 参见〔法〕伊夫·居荣:《法国商法》(第1卷),罗结珍、赵海峰译,法律出版社2004年版,第4页。
④ 参见戚兆岳:《不动产租赁法律制度研究》,法律出版社2009年版,第54—57页。
⑤ 〔英〕玛格丽特·威尔基、戈弗雷·科尔:《不动产租赁法》(第四版)(影印本),法律出版社2003年版,第222—232页。需补充说明的是,虽然法定续租权的实现也可能需要法院的介入,但法定续租权的构成要件在事前由法律所明定,承租人符合这些一般性规则即可获得法院的支持。而司法续租则赋予法院自由裁量权,法院对于承租人能否进行续租,须在事后进行个案认定。两者的运行机制有所不同。
⑥ See Gabriel Brennan, Landlord & Tenant Law, Oxford University Press, 2010, pp. 225—226.
⑦ 参见马永健、王展:《代价10%,旺铺续租的无奈》,《私人理财》2007年第1期;梁永建、孙涛:《旺铺租约即将到期,女商户为求续租割腕自杀》,载《南方都市报》2007年8月9日。

予优先承租权的方式,变通性地保护承租人得以续租。但是,该规定的缺陷有二:其一,依据《立法法》第8条和第73条第2款,民事基本制度和基本经济制度需要由基本法律来确定。优先承租权作为一项基本的民商事权利,地方性法规无权设定。其二,优先承租权与司法续租、法定续租权的操作机理明显不同。该规定失之简略,在实践中难以有效运行,因为"优先承租权的规定极易诱发出租人与第三人订立虚假租约,以骗取不合理加租或者阻碍优先承租权行使的道德风险"①;"优先承租权对承租人的保护力度欠缺,尤其在商铺租赁中,没有相应的补偿制度作为后续。"②

　　设置内容完整、功能健全的法定续租制度,有利于严格控制出租人解约的可能性,减少承租人另寻商铺的交易成本;有利于承租人从事投资回报周期较长的经营活动,在相对固定的场所日益拓展商业和吸引顾客。默示续租规则的合理性和必要性不言而喻,兹不赘述。但是,对于司法续租和法定续租权,则存在立法选择问题。在立法论上,一方面,为有效保障商铺租赁法律关系的稳定性和延续性,我国可以借鉴比较法上的成熟经验,详细规定承租人的法定续租权,而不采司法续租规则,不强制所有的续租案件均须诉诸法院,以免诉累。另一方面,需要协调法定续租权与租金调整权的关系。③ 在赋予承租人法定续租权之同时,基于租赁市场的供需变化及经济形势的发展,出租人应有权调整租金,以确保获取正常、合理的租金收益。对此,《法国商法典》第L145-35条可供借鉴,即当事人对新的租金数额未能取得一致意见的,可向一个由人数相等的出租人和承租人,再加上其他适格人士组成的调解委员会申请裁决。

四、商铺租赁中的租金调整权

　　租金之高低,与租期之长短一样,对当事人利益攸关。在美国,各地往往颁行租金控制法令,直接采取行政手段进行强制性的租金干预,旨在倾斜保护承租人,但适用范围多限于住房租赁,州政府或市政府很少愿意去干涉商业租赁。④为彻底取缔不当的高额租金,德国甚至采取重刑主义的做法,通过《刑法典》第291条对恶性的出租人课以刑罚。⑤ 而以私法手段对商事租赁进行租金调整,则

---

① 金伏海:《续租权与铺底权之比较》,载《比较法研究》2006年第4期。
② 王保树主编:《商事法论集》(总第15卷),法律出版社2009年版,第185—186页。
③ 《上海市居住房屋租赁管理办法》第15条规定的租金调整权规则在立法技术上较为科学合理,对商铺租赁的立法及实务操作颇具借鉴意义。
④ 参见许德风:《住房租赁合同的社会控制》,载《中国社会科学》2009年第3期;马新彦:《美国财产法与判例研究》,法律出版社2001年版,第198页。
⑤ 参见《德国刑法典》,徐久生、庄敬华译,中国方正出版社2004年版,第141—142页。

第六章　商铺租赁的权利与义务配置

是为了兼顾出租人与承租人之间的公平及分配正义。法国、德国、日本所规定的租金调整权制度最具代表性。此种租金调整权,亦称"租金增减请求权",包括出租人的增额请求权和承租人的减额请求权两个方面。

(一) 法国:法定租金调整权的具体化

法国具体规定了租金调整的法定期限、法定标准以及争议解决方式,具有实践操作性。在商铺租赁合同有效期内,双方当事人如果认为租金过高或过低,均可在每3年的期限内向对方提出调整租金的请求;如果租赁期限届满后承租人希望续展租赁合同,承租人可以在第9年内提出调整租金的请求。① 原则上,调整租金的目标或标准是要使租金数额与租赁价值相适应,并且上调租金的幅度不得超过建筑费用指数的变动。确定租赁价值应考虑的要素有:所涉及场所的特征和用途、各方当事人的义务、当地的各种商业因素、邻近地区通常所执行的价格。在实践中,承租人也可以对租金上调数额封顶。若当事人对新的租金数额未能达成一致意见,则可提交不动产所在地的大审法院院长审理,或者由他们指定鉴定人来确定新的租金数额。②

(二) 德国:约定租金调整权与法定租金调整权的体系化

针对租金问题,《德国民法典》的规则设置体系清晰、严密。第549条第2款指出,关于提高使用租金额的规定(第557条至第561条),不适用于某些特定情形下的住房租赁关系,故租金调整规则更多地适用于商事租赁。德国的租金调整权分为约定租金调整权和法定租金调整权两大类,其中约定租金调整权通过约定分级租金或指数租金两种方式来实现,法定租金调整权则通过将租金提高到当地通常的对比性租金的水平或在现代化的情形下提高租金两种方式来实现。分级租金是就某一特定时段,按不同数额缴纳的租金。分级租金必须每次至少保持1年不变,且在实行分级租金有效期内不得请求第558条至第559b条所规定的法定租金调整权(第557a条)。指数租金是根据联邦统计局所算出的在德国的所有私人家计的生活费用的价格指数而确定的租金。执行指数租金的,一般必须每次至少保持1年不变,出租人不得主张第558条规定的法定租金调整权,但可主张第559条规定的法定租金调整权和第560条规定的运行费用变更权(第557b条)。应提高租金而租金已15个月不变的,出租人可请求将租

---

① 参见张民安、龚赛红:《商事经营场所租赁权研究》,载《当代法学》2006年第4期。
② 参见〔法〕伊夫·居荣:《法国商法》(第1卷),罗结珍、赵海峰译,法律出版社2004年版,第733、735页。

金提高到当地通常的对比性租金的水平,但该请求最早在上一次提高租金1年后得以执行,且排斥第559、第560条之适用;不得在3年以内将租金提高20%(第558条)。若租金的提高未被约定排除,或该项排除非由情势而得出,商铺出租人可参照适用第559条,在现代化的情形下提高租金(第557条第3款、第559条)。

(三) 日本:法定租金调整权的原则化

日本《借地借房法》第32条第1款规定:"建筑物的租金因对土地或建筑物的征税及其他负担的增减、土地或建筑物的价格的上升或下降及因其他经济情事发生变动或比照邻近同类建筑物的租金为不相当时,当事人可以不拘契约条件,请求将来建筑物租金的增减。但是,有在一定期间内不增加建筑物租金的特约时,从其所定。"可见,日本只是原则性地规定了法定租金调整请求权,其法理基础是情势变更原则。日本在20世纪90年代前后处于泡沫经济的顶峰,随之而来的不动产价格暴跌致使租金诉讼大量出现。1995年1月23日至1999年7月26日,仅东京地方法院就处理了14起商业性包租契约案件,多数判决都以适用《借地借房法》第32条为依据认可了租金的减额请求,认为承租人的减额请求权不得被租金的"自动增额条款"或"上涨率变更条额"排除。① 我国台湾地区"民法"第442条"租赁物为不动产者,因价值之升降,当事人得申请法院增减其租金。但其租赁定有期限者,不在此限"之规定,与日本大同小异。在两个判例中,我国台湾地区上诉法院还指出:只能增减租金数额,不能变更租金种类;未申请法院增减前,原约定之租金额,仍有效力。②

我国《合同法》第227条规定:"承租人无正当理由未支付或者迟延支付租金的,出租人可以要求承租人在合理期限内支付。承租人逾期不支付的,出租人可以解除合同。"依据反对解释,如果承租人有正当理由,则可不付或延付租金。全国人大法工委为此列举了三种正当理由:一是因不可抗力或意外事件而免除出租人支付租金的义务;二是因出租人承担质量瑕疵担保责任而产生出租人支付租金的抗辩权;三是因承租人本身发生一些意外事件致使其暂时无力支付租金。③ 无论如何,适用第227条第1款的直接效果是只调整支付租金的期限,不会调整租金的数额,这与前述租金调整权制度直指租金数额的规范意旨相去甚远。而我国《商品房屋租赁管理办法》第9条第2款"房屋租赁合同期内,出租人

---

① 参见渠涛主编:《中日民商法研究》(第1卷),法律出版社2003年版,第287—291页。
② 参见黄荣坚等编:《月旦简明六法》,台湾元照出版有限公司2004年版,第3—35页。
③ 参见全国人民代表大会常务委员会法制工作委员会编:《中华人民共和国合同法释义》,法律出版社2009年版,第336页。

不得单方面随意提高租金水平"之规定,显为禁止性规范,也与前述承认约定租金调整权之任意性规范、赋予法定租金调整权之强制性规范迥然不同。

有学者指出:"租金的数额由当事人任意约定,法律对此没有明确规定。如租金数额过高或过低显失公平的,当事人可以请求适当减少或增加。如租金过高有急迫、草率或缺乏经验等情节,承租人可以依显失公平或乘人之危等原因请求变更。"① 在体系上,显失公平及乘人之危规则隶属"合同的效力"规则,法律依据为我国《合同法》第54条,故上述见解属于解释论的观点,实质是在合同效力判断阶段请求调整租金。而基于立法论的观点,我国尚须详细规定当事人在合同生效后履行阶段的约定及法定租金调整权制度,从而将《合同法解释(二)》第26条所确立的情势变更原则予以实证化和具体化。② 同时,法定租金调整权不得事前约定排除,对1年以下的短期租赁不得行使法定租金调整权,须经过1年以上才可行使一次法定租金调整权。

五、商铺租赁中的登记义务

(一) 登记备案制的理论纷争与现实困境

我国对房屋租赁一直实行登记备案制,但该登记义务的法律效果如何,理论界长期以来一直存在争议。③ 第一种观点认为,登记是房屋租赁合同的成立要件。房屋租赁书面合同签订之后,须经登记备案后房屋租赁关系才能成立。④ 第二种观点认为,在我国,房屋租赁以登记为生效要件,所以生效之租赁合同,其公示问题已经解决。凡经过登记之不动产租赁合同,承租人应取得具有物权性之租赁权,从而以程序控制代替实质控制,不违于物权法定主义。⑤ 第三种观点认为,租赁合同登记仅为一种备案制度,乃是行业管理的需要,对租赁合同效力无任何影响。⑥ 第四种观点认为,不动产租赁宜采登记对抗要件主义,即不动产租赁应当登记,不登记不影响租赁合同的效力;而若不登记,则承租人不能以其租赁权对抗第三人,如不动产买卖合同中的买受人或设立于租赁关系之后的抵

---

① 崔建远主编:《合同法》(第四版),法律出版社2007年版,第414页。
② 厦门市政府早在1982年就颁行《关于调整非住宅用房租金标准的方案》,其后又执行《关于调整非住宅用房租金标准的报告》(1990年)、《关于实行第二步非住宅用房租金标准的报告》(1993年)。后两个报告在2006年因系"限制非公有制经济发展的市政府规范性文件"而被废止,实为过犹不及。
③ 参见曾大鹏:《建筑物用益物权制度研究》,法律出版社2009年版,第274—283页。
④ 参见金俭:《房地产法的理论与实务》,南京大学出版社1995年版,第219页。
⑤ 参见蔡耀忠主编:《中国法地产法研究》(第1卷),法律出版社2002年版,第252页。
⑥ 参见高富平、黄武双:《房地产法学》(第二版),高等教育出版社2006年版,第318页。

押关系中的抵押权人。①

依据现行《城市房地产管理法》第 54 条和《商品房屋租赁管理办法》第 14 条等行政规定,房屋租赁合同的登记仅属备案性质的登记,既不是合同的成立要件和生效要件,也不是合同的对抗要件。我国实行房屋租赁合同登记备案制,主要是出于三个方面的目的:一是防止非法出租房屋;二是防止国家税收的流失;三是方便国家对房地产市场的宏观调控管理。② 实践中,该制度的实施引发了一系列的问题:③其一,由于原《城市房屋租赁管理办法》规定《房屋租赁证》(现行《商品房屋租赁管理办法》改称为"房屋租赁备案证明")是租赁行为合法有效的凭证,实务中基于逆向思维,把未取得此类凭证的租赁行为视为无效。其二,登记备案制实际上变成管理部门收费的一条途径,收费率一般达到成交租金的 2% 至 5%。其三,租赁登记备案本来主要是针对出租人,但获得经营场所、办理户口登记等事宜又涉及承租人,那么应由谁来办理登记手续?谁承担费用?向谁发证?现行法缺乏具体规定,可操作性差。可见,登记备案制在实践中效果不佳,陷入进退两难的困境。

(二) 从登记备案制到登记对抗制的私法嬗变

比较法上,房屋租赁因登记而产生对抗力的立法例有《日本民法典》第 605 条、《瑞士债法典》第 260 条、普鲁士普通邦法和西班牙民法。④ 类似的是,《法国民法典》第 1743 条的"买卖不破租赁"规则适用于经公证或有确定期限的房屋租赁;我国台湾地区"民法"第 425 条的"买卖不破租赁"规则适用于经公证的不动产租赁、未经公证但期限未逾 5 年或定有期限的不动产租赁。⑤

在我国,率先明确规定登记对抗制的是 1999 年《上海市房屋租赁条例》第 15 条第 2 款:"房屋租赁合同未经登记备案的,不得对抗第三人。"⑥基于此,上海市高级人民法院《关于处理房屋租赁纠纷若干法律适用问题的解答(三)》(沪高法民一〔2005〕16 号)第 30 条指出:"'买卖不破租赁'是因为居住房屋紧张,为保

---

① 参见翟新辉:《租赁权公示是取得物权对抗效力的要件》,载《法律适用》2007 年第 9 期。
② 参见赵勇山主编:《房地产法论》,法律出版社 2002 年版,第 329—33 页。
③ 参见赵家仪、杨守信编著:《房地产法学》,中国法制出版社 2001 年版,第 284—285 页。
④ 参见王洪亮等主编:《中德私法研究》(第 1 卷),北京大学出版社 2006 年版,第 11 页。
⑤ 我国台湾地区学者关于此种立法的正当性的论证,参见胡天赐:《买卖不破租赁制度之法律经济分析》,载《台大法学论丛》2004 年第 33 卷第 1 期;简修炜:《让与(买卖)不破租赁及其类推适用:长期投资保障观点之分析》,载《政大法学评论》2004 年第 78 期。
⑥ 北京、上海、广州、杭州、沈阳、成都、武汉等城市都颁行了房屋租赁管理规定(或办法),对房屋租赁登记的具体规制各具地方特色,此种"分而治之"的立法现象令人堪忧。笔者建议在《房屋登记办法》中增设专节,集中规定房屋租赁登记,以节省立法成本,确保法律的权威性和统一性。

护承租人的居住利益而创设的。"随着经济的发展,当初的立法理由已经日渐弱化,特别是大量商业租赁的存在,与当初保护居民居住权的立法意图不相一致。在保护承租人利益的同时,也应考虑保护买受人的利益。因此,当租赁合同未予登记备案或者买受人不知道系争房屋租赁事实的,承租人不能以"买卖不破租赁"为由对抗买受人对房屋处分的权利,不能要求买受人继续履行房屋租赁合同,从而使登记备案影响"买卖不破租赁"的适用。相比而言,上述解答将登记对抗制的效力范围限于"善意"的第三人,较为妥当。

2009年的《最高人民法院关于审理城镇房屋租赁合同纠纷案件具体应用法律若干问题的解释》第4条第1款规定:"当事人以房屋租赁合同未按照法律、行政法规规定办理登记备案手续为由,请求确认合同无效的,人民法院不予支持。"该条款明确否认登记备案为房屋租赁的法定生效要件。虽然该条第2款承认登记备案可为房屋租赁的约定生效要件,但该约定可被实际履行行为排除。同时,该司法解释第24条第4项规定,第三人善意购买租赁房屋并已经办理登记备案手续的,承租人丧失优先购买权。据此进行反对解释,可以得出如下规则:在第三人购买之前,若房屋租赁合同已经登记备案,承租人可以否认该第三人之"善意",抗辩该第三人的善意取得;若房屋租赁合同未经登记备案,则承租人的优先购买权将会落空。综观之,《最高人民法院关于审理城镇房屋租赁合同纠纷案件具体应用法律若干问题的解释》从公法意义上的单纯登记备案制悄然接近发生私法效果的登记对抗制。

笔者赞同将商铺租赁的登记备案制改造为登记对抗制。具体而言:

第一,房屋租赁在本质上构成合同之债,将公示的要求普遍强加于房屋租赁,不符合债法的公示原理和契约自由精神。换言之,强制一切房屋租赁都必须进行登记备案,既没有必要也不大可能——尤其是短期房屋租赁和农村房屋租赁场合。但是,随着市场经济的发达,商铺被广泛用于出租,并且我国商铺租赁的租期一般在3年以上,遂有必要在区分长期租赁与短期租赁之基础上,[1]按照长期租赁的属性对商铺租赁进行规制,要求商铺租赁登记备案。

第二,登记对抗制保障了当事人充分的意志自由,登记后的租赁权作为"中间型权利"既不违反物权法定原则,[2]也不违反物权和债权在公示问题上的不同

---

[1] 长期租赁与短期租赁是依据租期之长短对租赁的重要分类,其中短期租赁往往无须登记,其承租人无法定续租权;长期租赁需要登记,且承租人享有法定续租权。如《日本民法典》第602条规定,3年以下的建筑物租赁为短期租赁。关于长期合同的详细探讨,参见高蔚卿:《长期合同问题研究》,载《合同法评论》(2004年第2辑),人民法院出版社2004年版,第129—142页。

[2] 参见冉昊:《论"中间型权利"与财产法二元架构——兼论分类的方法论意义》,载《中国法学》2005年第6期。

要求。行政法上的登记制度与私法上的登记制度的法律构造及效果虽各不相同,但将行政管理性质的租赁登记制度改而塑造为私法意义上的租赁登记制度,在不增加额外的制度成本之余,还能充分发挥登记的公示和公信等作用,且无碍于实现原来的管理与税收目的。质言之,通过登记程序进行分流与控制,没有登记的租赁权纯为债权;而经过登记的租赁权成为债权和物权之间的"中间型权利",具有部分的物权效力(或称"物权化")。[①] 登记与否,不影响租赁合同在出租人和承租人之间的整体效力,但会影响该合同对抗善意第三人的效力,特别是"买卖不破租赁"和优先购买权的适用。

第三,在商铺租赁登记制度的微观设计方面,基于权利与义务相一致的原则,承租人作为租赁权人是登记的第一位义务人,出租人负有配合义务。实务中,出租人一般收取"净到手"的租金,故应由承租人承担登记费用;登记机关对商铺租赁登记应按件收费,不得依据商铺租赁的租金按比例收费;登记机关应向承租人发放登记证明;为激励当事人登记的积极性,应规定只有依法经过登记的租赁商铺,才可适用竞业禁止义务、连续经营义务、减损义务、法定续租权、法定租金调整权、优先购买权以及"买卖不破租赁"等方面的规则——此为商铺租赁登记产生私法效果的精髓。

六、结　　语

"诸多方面表明,不动产租赁最为引人入胜之处在于它富有灵活性……在整体上,平衡出租人利益、承租人利益以及社会利益,殊非易事。"[②]我国法律基于"承租人是经济上的弱者"之预设,更多地倾斜保护承租人,这对稳定住房租赁关系功不可没。但是,在商铺租赁市场,出租人和承租人都是商人,而"商人是经济上的理性人",故平等保护出租人之利益同样重要。这就需要淡化租赁关系的人格性,凸显商事租赁的营利性和营业性。比较住房租赁与商铺租赁在政治、社会及经济领域所具有的不同功能和地位可以发现,住房租赁与商铺租赁的"民商合一"立法捉襟见肘,二者合久必分,有必要实行"实质商法主义的民商分立"。从私人自治的视角出发,商铺承租人享有营业权、转让权与约定续租权;从国家管制的视角出发,商铺承租人享有法定续租权并负有竞业禁止义务和连续经营义

---

① 就租赁关系的法理结构,有学者认为我国台湾地区是以债权为主、物权为辅的模式,而英美法系是以物权为主、债权为辅的模式。参见尹章华:《民法理论之比较与辨证》,台北文笙书局股份有限公司1992年版,第538页。

② 〔英〕凯特·格林、乔·克斯雷:《土地法》(第四版)(影印本),法律出版社2003年版,第76—77页。

务,而商铺出租人负有减轻损失义务。相比之下,在住房租赁关系中,承租人可享有约定续租权,但无营业权、转让权及法定续租权,遑论竞业禁止义务和连续经营义务;出租人亦无减轻损失义务。

在立法论意义上,笔者建议未来我国民法典贯彻区分住房租赁与商铺租赁的基本逻辑,对商铺租赁采取实质意义上的商法规范之立法技术,确认如下的商铺租赁特殊规则:(1)商铺承租人有权在商铺内自主地从事合法的经营活动。商铺承租人违反商厦管理规约,从事与其他承租人相互竞争的业务的,出租人可以解除合同并要求赔偿损失。商铺出租人与承租人明确约定或者承租人以自己的行为表明其必须连续经营的,承租人负有连续经营义务,若有违反,则应向出租人承担违约损害赔偿责任或侵权损害赔偿责任。(2)除非当事人另有约定,商铺承租人可以向第三人转租、让与租赁权或者租约。当承租人停止经营超过合理期限并出现高价承租意向者时,出租人有义务代位出租。(3)商铺租赁的期限不得超过30年。当事人可以约定,承租人有权在租赁期间届满时续订租赁合同;当事人对续租未作约定,但承租人依法持续占有和使用商铺满5年的,原租赁合同关系延期不得超过5年,且当事人有权根据具体情势适当地变更租金标准。

第七章　融资租赁的法制创新

一、基于中国融资租赁法制沿革的反思

　　法律的发展,往往落后于社会的现实需求,具有滞后性。我国融资租赁法律制度的设置过程,也反映了这一特性。20 世纪 80 年代初,我国的经济生活中出现了融资租赁,并成立了第一批专业性的融资租赁公司,如中国东方租赁有限公司和中国租赁有限公司。此后,我国融资租赁业虽历经风雨,但仍在经济社会发展中顽强地显示出其独特优势。其中,2013 年是我国融资租赁业再度复兴后波动最大的一年,也是主体业务取得突破性进展的一年,主要体现为:一是融资租赁公司达到 1026 家,比年初增长 83.2%;二是行业注册资金达到 3060 亿元,比上年增长 61.9%;三是全国融资租赁合同余额达到 21000 亿元,比上年底增长 35.5%。① 2017 年 8 月 4 日,商务部发布《中国融资租赁业发展报告(2016—2017)》(以下简称《报告》),②全面展示了 2016 年我国融资租赁行业的总体情况。《报告》显示,2016 年,在全国融资租赁企业管理信息服务平台上登记的融资租赁企业数量共计 6158 家,增幅为 70.3%;注册资本金总量为 19223.7 亿元,同比增幅为 31.3%,是 2013 年注册资本金的近 7 倍;资产总额 21538.3 亿元,比上年同期增长 32.4%,突破两万亿;全行业实现营业收入 1535.9 亿元,利润总额 267.7 亿元,较上年分别增加 35% 和 25.4%。《报告》表明,融资租赁行业出现一些新的发展特征:地区聚集效应更加凸显,涌现出更多聚集新区;融资租赁业务领域持续拓展,创新步伐不断加快;融资结构更加优化,融资渠道多元化发展;融资租赁企业资本投资更加活跃,形成了一批专业优势突出、管理理念

---

① 参见 http://www.zgzllm.com/jrxx/show.php?itemid=1492,2017 年 10 月 24 日访问。
② 参见 http://www.mofcom.gov.cn/article/gzyb/ybr/201708/20170802621709.shtml,2017 年 10 月 24 日访问。

先进与具备国际竞争优势的龙头企业。《报告》指出,融资租赁将继续发挥服务实体经济发展、推进供给侧结构性改革、培育发展新动能等重要作用;其业务领域将纵深拓展,在飞机、航运等传统行业逐年增长的同时,向医疗卫生、清洁能源等板块迅速延伸;企业、协会、政府等应多方协同,通过多种手段强化行业风险防控能力,强化事中事后监管,促进融资租赁行业健康发展。

与融资租赁业的发展极不相称的是,我国相关法律制度在最初的十多年几乎空白。直至 1996 年 5 月 27 日最高人民法院印发《关于审理融资租赁合同纠纷案件若干问题的规定》(以下简称《融资租赁合同规定》),我国才有了专门的融资租赁裁判规范。此后,随着我国融资租赁业务的迅速发展,相关的法律法规陆续出台。其中,最为基本的规范是《合同法》(1999 年)、《外商投资租赁业管理办法》(2005 年)、《企业会计准则第 21 号——租赁》(2006 年)以及《金融租赁公司管理办法》(2000 年通过,2007 年、2014 年修订)。另外,《关于融资租赁业营业税计税营业额问题的通知》(1999 年)、《关于融资租赁业务征收流转税问题的通知》(2000 年)、《关于从事融资租赁业务有关问题的通知》(2004 年)、《融资租赁船舶出口退税管理办法》(2010 年)、《关于"十二五"期间促进融资租赁业发展的指导意见》(2011 年)、《关于融资租赁船舶运力认定政策的公告》(2012 年)等部门规章,也对融资租赁业务的有序发展起到重要的规范和引导作用。

其后,商务部于 2013 年 9 月 18 日发布《融资租赁企业监督管理办法》;财政部和国家税务总局联合印发的《关于将铁路运输和邮政业纳入营业税改征增值税试点的通知》(财税〔2013〕106 号)规定,原国家税务总局下发的关于售后回租业务的 13 号文继续执行,财政部 2013 年 8 月份下发的关于融资租赁"营改增"的 37 号文废止;银监会于 2014 年 4 月 10 日公布并开始施行《商业银行保理业务管理暂行办法》。对于自 2014 年 3 月 1 日起施行的《最高人民法院关于审理融资租赁合同纠纷案件适用法律问题的解释》(以下简称《融资租赁合同解释》),业界当时期待其在解决融资租赁合同的认定、解除、违约责任和租赁物的公示、效力、履行等方面能够提供统一的裁判尺度。[1] 2016 年 1 月,国际会计准则委员会(IASB)颁布了新的租赁会计准则——《国际财务报告准则第 16 号——租赁》(IASB16),定于 2019 年 1 月 1 日正式生效。按照中国财政部会计司的相关安排,中国租赁会计准则将与 IASB16 新准则趋同,并在 2018 年底之前完成相关准备。2017 年 3 月 16 日,商务部、国家税务总局发布《关于天津等 4 个自由贸

---

[1] 据统计,人民法院受理的一审融资租赁合同纠纷案件,2008 年为 860 件,2009 年为 1677 件,2012 年为 4591 件,2013 年已达 8530 件,其数量呈高速增长态势。参见最高人民法院民事审判第二庭编著:《最高人民法院关于融资租赁合同司法解释理解与适用》,人民法院出版社 2014 年版,第 21 页。

易试验区内资租赁企业从事融资租赁业务有关问题的通知》,将注册在自贸区内的内资租赁企业融资租赁业务试点确认工作委托给各自贸区所在的省级商务主管部门和国税局。2016年3月24日,财政部、国家税务总局发布《关于全面推开营业税改征增值税试点的通知》规定,自当年5月1日起,全行业营改增试点在全国范围内全面推开:售后回租业务认定为"贷款服务",税率为6%;不动产租赁税率为11%;有形动产租赁税率为17%。① 由上,可见融资租赁业界对于作为公共产品的法律制度供给之敏感与迫切。

基于前述我国相关立法、行政及司法实践可以发现,全国性的融资租赁法律制度尚存在诸多缺陷。其中,较为突出的问题如下:

第一,在概念术语方面,定义混乱、类型划分不清,亟待统一。《合同法》第237条规定:"融资租赁合同是出租人根据承租人对出卖人、租赁物的选择,向出卖人购买租赁物,提供给承租人使用,承租人支付租金的合同。"该定义为《外商投资租赁业管理办法》第5条第2款所沿袭。《企业会计准则第21号——租赁》第5条规定:"融资租赁,是指实质上转移了与资产所有权有关的全部风险和报酬的租赁。其所有权最终可能转移,也可能不转移。"如果这两个定义在本质上是一致的,则根本无须重复规定;反之,则说明立法之间存在逻辑矛盾,作为下位法的部门规章违反了作为上位法的民商事基本法。在体系结构上,《合同法》第十三章和第十四章并列,说明租赁与融资租赁并驾齐驱,融资租赁规则独立于租赁规则之外。而《企业会计准则第21号——租赁》第4条将租赁区分为融资租赁和经营租赁,融资租赁隶属于租赁。

第二,融资租赁的立法层次较低,主要体现为管理性的部门规章,而不是以私法的形式,将融资租赁作为商行为予以保护和规范。从前述多个规范性文件的名称中带有"管理"二字,即可见我国融资租赁立法之初衷,更多的是基于一种自上而下的行政思维管理融资租赁活动。名实一致的是,在实体内容上,前述多个规范性文件主要是对融资租赁进行主体监管和税收管控,这也充分反映出融资租赁立法的性质是管理法或行政法,而非为平等的商事主体提供融资租赁交易的私法自治规则。

第三,关于融资租赁法律制度的具体规则不妥当,存在疏漏及矛盾之处。尤其是分散的部门单行立法不成体系,在不同程度上导致立法的缺漏、重复和冲突。例如,如何认定融资租赁的成立、是否需要实行融资租赁登记制度、如何承担融资租赁物的返还义务等问题,均急需具体的规则和引导。较之于《合同法》

---

① 参见《2016年中国融资租赁十大新闻》,http://www.qdftz.gov.cn/n1/n6/n201/17010609400270 0340.html,2017年10月24日访问。

第十四章"融资租赁合同"的 14 个简略条文,《融资租赁合同解释》共 5 部分 26 个条文,严密精细,堪称鸿篇巨制,但部分内容有僭越立法权之嫌,有待商榷。

针对上述问题及其症结,笔者认为,融资租赁作为一项非常活跃的"融资+融物"活动,须寻求妥当的路径,进行充分的规则重构和制度创新,使之在法条文本中严谨科学,在法学理论中融会贯通,在法律实践中行之有效。

二、融资租赁法制的内部体系定位

"对整个法律秩序的与决策对象有关的规范进行总体性的并且尽可能不矛盾的梳理,就构成了体系。"① 而法律体系分为内部体系和外部体系,其中前者意指隐含于法律制度内部的、统一有序的价值原则与意义脉络;后者亦称抽象概念式体系,是以抽象概念为基础而构建起来的、用于决断具体案件事实的法律规范结构。② 同时,体系化的法律思维要求,"内在体系必须走在外在体系的前面"③。从整体上观察,我国融资租赁法律制度在内部体系定位方面有如下问题颇值思考:

(一) 融资租赁的组织法与行为法之兼顾

组织法聚焦于融资租赁法律关系的主体,尤其是融资租赁公司本身。行为法则更关注融资租赁法律行为的事实。一般而言,基于企业类型法定主义和企业维持原则等商法基本原理,组织法较为强调国家的强制和监管;而基于意思表示自由原则和私法自治原理,行为法较为尊重当事人的自我意愿。

我国融资租赁的组织法主要有《外商投资租赁业管理办法》《金融租赁公司管理办法》和《融资租赁企业监督管理办法》等。其中,《外商投资租赁业管理办法》详细规定了外国公司、企业和其他经济组织等外国投资者投资融资租赁业的准入门槛、报批材料及设立程序等;《金融租赁公司管理办法》在第二章以 19 个条文具体规定了金融租赁公司的机构设立、变更与终止等问题;而《融资租赁企业监督管理办法》在第一章"总则"中首先强调融资租赁企业应具备与其业务规模相适应的资产规模、资金实力和风险管控能力,并且应配备具有一定条件的从业人员和高管人员。与这些事无巨细、复杂严密的组织法规则相比,我国融资租赁的行为法则显得较为单薄、简略,主要体现在《合同法》的 14 个条文之中。显

---

① 〔德〕魏德士:《法理学》,丁晓春、吴越译,法律出版社 2005 年版,第 65 页。
② 参见〔德〕卡尔·拉伦茨:《法学方法论》,陈爱娥译,商务印书馆 2003 年版,第 316、348 页。
③ 黄茂荣:《法学方法与现代民法》,中国政法大学出版社 2001 年版,第 463 页。

然,从我国目前融资租赁法律制度的情况来看,实际上是组织法的色彩浓于行为法的色彩。

针对这种"重组织法、轻行为法"的失衡状态,学者们提出了完善融资租赁立法体例的不同建议。一种观点认为,应将融资租赁合同放在《合同法》中,即便《合同法》的有关规定确有需要修正之处,也只能采用修正《合同法》或将来在民法典中修正的做法,而日后专门的《融资租赁法》仅应保留组织法和管理法规则,规定融资租赁企业和融资租赁监管问题。① 另外一种观点则提出,并非所有有名合同均只能且必须在《合同法》中规定,我国立法进度较慢,通过修改《合同法》或在编纂民法典时解决相关问题,必将旷日持久;同时,《合同法》囿于调整范围的局限,无法规定融资租赁交易中的物权等其他问题,故应采"行为法、组织法、管理法"合一的思路,单独制定一部调整融资租赁关系的《融资租赁法》。② 笔者赞同上述第二种观点中大力推进和完善融资租赁交易的行为法之见解。未来融资租赁法律制度的发展方向,宜兼顾行为法与组织法,提供更多关于融资租赁各方外部交易的行为规则,而非局限于企业组织的内部要素。譬如,在融资租赁过程中,出租人对租赁物的抵押、转让行为的效力是否会影响承租人,租赁物的毁损、灭失责任应由出租人抑或承租人承担,租赁物应否登记、可否善意取得,租赁物的保险责任归属以及承租人破产时租赁物的处理等重要问题,③须贯通《合同法》《物权法》《保险法》及《破产法》等,在行为法意义上作出协调一致的规定。

(二) 融资租赁的国内法与国际法之协调

在融资租赁立法者及管理者的潜意识深处,内资与外资、中方与外方的区分观念始终存在。我国融资租赁立法并没有消除《合同法》等全国性立法及各地方立法中存在的限制融资租赁之顽疾,尚未有效对外开放融资租赁市场,地方壁垒现象严重。这种限制是必要的、符合事理的,还是人为制造的?国民待遇、超国民待遇或非国民待遇各自的出发点何在?

---

① 参见侯国跃:《完善融资租赁立法三题——对〈融资租赁法(草案)〉的几点意见》,载《特区经济》2005年第12期。

② 参见高圣平:《我国"融资租赁立法"模式研究——兼及我国部门法的立法技术》,载《南都学坛》2009年第5期。

③ 《融资租赁合同解释》第8条规定的是合同权利转让事宜,而对出租人抵押、转让租赁物的物权交易行为仍然欠缺规范;《合同法》本身对融资租赁物毁损、灭失的责任无明文规定,《融资租赁合同解释》第7条虽弥补了这一缺陷,课由承租人承担,但该条"法律另有规定的除外"的但书纯属多余;《融资租赁合同规定》第17条至第20条详细规定了承租人破产事宜,现因《融资租赁合同解释》的施行而被废止,这有无"泼脏水竟连孩子一起倒掉"之嫌,尚待检验。关于融资租赁期间出租人破产或承租人破产情况下租赁物的处理,有学者提出从实质主义出发加以处理的崭新思路。参见张钦昱:《论融资租赁中的破产》,载《政法论坛》2013年第5期。

一方面,在涉外融资租赁的法律适用上,依据 2007 年 6 月 11 日通过的《最高人民法院关于审理涉外民事或商事合同纠纷案件法律适用若干问题的规定》第 5 条,当事人未选择合同争议适用法律的,融资租赁合同适用承租人所在地法。这一规定在其制定之初,较为有利于当时主要充当承租人角色的中国企业。但是,随着融资租赁业务的发展,中国企业作为出租人的情况日益增多,甚至直接在国外频繁地以出租人的身份缔结跨国性的融资租赁合同。由此,适用承租人所在地法反而不利于对中国企业之保护。而根据最密切联系原则之法理,对融资租赁合同争议适用出租人所在地法或者租赁物所在地法,也未尝不可。① 因此,对上述第 5 条之规定,不能因循守旧,须因地制宜地加以修改。

另一方面,我国融资租赁法律制度尚需进一步借鉴、吸收国外的立法经验。融资租赁交易始于 20 世纪 50 年代的美国,其《统一商法典》"第二编之二租赁"承认了多元化的融资租赁交易方式,为美国融资租赁法制经验的结晶。其中,该编第 2A-103 条(定义与定义目次)、第 2A-209 条(作为供货合同受益人的融资租赁的承租人)、第 2A-211 条第(2)款(侵权担保)、第 2A-212 条第(1)款(默示商销性担保)、第 2A-407 条(不可撤销的允诺:融资租赁)、第 2A-516 条第(2)款(接受货物的效力)、第 2A-517 条第(1)款(a)项和(2)款(对货物的接受的撤销)等规定,对我国具有重要的参考借鉴意义。② 在国际统一实体法中,《国际统一私法协会融资租赁国际公约》(UNIDROIT Convention on International Financial Leasing)(于 1988 年 5 月 28 日在渥太华通过)、《国际统一私法协会租赁示范法》(UNIDROIT Model Law on Leasing)(于 2008 年 11 月 13 日在罗马通过)致力于融资租赁民法和商法方面规则的统一,而非财务和会计方面的规则,为各国国内融资租赁立法提供了有益经验和范本。③ 在欧洲,《欧洲示范民法典草案》(Draft Common Frame of Reference)致力于形成统一的、非正式的欧洲私法,为正式或官方的《欧洲示范民法典》提供可行的参考。该草案第 9-1:103 条和第 9-1:104 条即为融资租赁方面的特别规则。④

在我国,天津先后出台《关于促进我市租赁业发展的意见》(2010 年)、《关于做好融资租赁登记和查询工作的通知》(2011 年)及《天津市高级人民法院关于

---

① 参见黄文:《融资租赁纠纷仲裁中的问题》,载《法学》2012 年第 7 期。
② 参见美国法学会、美国统一州法委员会:《美国〈统一商法典〉及其正式评述》(第一卷),孙新强译,中国人民大学出版社 2004 年版,第 256、260—262、283、287、289、341、368—372 页。
③ 关于《国际统一私法协会融资租赁国际公约》《国际统一私法协会租赁示范法》的中译本,参见最高人民法院民事审判第二庭编著:《最高人民法院关于融资租赁合同司法解释理解与适用》,人民法院出版社 2014 年版,第 466—480 页。
④ 参见欧洲民法典研究组、欧盟现行私法研究组编著:《欧洲示范民法典草案:欧洲私法的原则、定义和示范规则》,高圣平译,中国人民大学出版社 2012 年版,第 356—357 页。

审理融资租赁物权属争议案件的指导意见(试行)》(2011年),武汉出台《促进资本特区融资租赁业发展实施办法》(2011年),上海出台《浦东新区促进金融业发展财政扶持办法的通知》(2012年),北京出台《关于中关村国家自主创新示范区促进融资租赁发展的意见》和《中关村国家自主创新示范区融资租赁支持资金管理办法》(2012年),宁波出台《关于加快我市融资租赁业发展的若干意见》(2012年),进一步加强了融资租赁立法的地方化趋势,并形成地方市场分割状态和地方保护主义现象。上述融资租赁的地方立法,虽然促进了融资租赁业务的地方竞争,盘活了经济,但有损法律的统一性和权威性,值得警惕。我国应尽快吸收国际和国内各地政策法规的经验和教训,尽快制定全国性的融资租赁法律制度,实现融资租赁业务在国内和国际上的公平竞争、有序发展。

(三)融资租赁的公法与私法之定性

对公法与私法的区别标准,学说上向来争议颇多。据我国台湾地区学者史尚宽归纳,有目的说、效力说、主体说、统治关系说、生活关系说和统治主体说。[①]瑞士学者荷灵加指出有17种不同学说;德国学者华尔兹也列出12种不同学说;日本学者美浓部达吉认为,较重要的代表学说是主体说、意思说、利益说和社会说。笔者赞同主体说,区别公法与私法的基本标准在于法主体的差异,即"规定国家或其公共团体至少为一方的主体时之关系为公法,规定私人相互间之关系为私法"[②]。在这个意义上,公法与前述管理法的含义是一致的。

在本质上,融资租赁立法应属私法,其公法或管理法的属性是派生的和附属的。欠缺发达的融资租赁私法规范,融资租赁公法规范将无的放矢,注定是无源之水;而过分繁杂、严苛的融资租赁管理规范,亦会钳制私人之间的融资租赁交易。我国的实际情况是,由商务部对外商投资融资租赁公司进行监管(《外商投资租赁业管理办法》第4条),由银监会对金融租赁公司进行监管(《金融租赁公司管理办法》第6条)。这种分而治之的机构监管模式,不符合融资租赁的统一私法特点及其发展方向,也欠缺基本的理论与实践依据。在具体内容上,《金融租赁公司管理办法》第五章(第48条至第58条)为"监督管理"专章,所涉范围甚广,涵摄了金融租赁公司应当遵守的监管指标及其应建立或健全的资本管理体系、资产质量分类制度、准备金制度、内部审计制度、定期外部审计制度等。《融资租赁企业监督管理办法》更是不厌其烦,除了在第三章(第24条至第34条)也设置了"监督管理"专章,提出要建立重大情况通报机制、风险预警机制和突发事

[①] 参见史尚宽:《民法总论》,中国政法大学出版社2000年版,第4—5页。
[②] 参见〔日〕美浓部达吉:《公法与私法》,黄冯明译,中国政法大学出版社2003年版,第23—41页。

件应急处置机制,建立并完善全国融资租赁企业管理信息系统等之外,第一章"总则"和第二章"经营规则"相关条文所蕴含的监管气息呼之欲出,监管意愿过度高涨。

笔者认为,我国融资租赁法律制度应回归其私法本质,适度减少公法上的管理规范。即便采取"行为法、组织法、管理法"合一的立法思路,也应有法律位阶之分,即置私人外部的行为法于第一位,置私人内部的组织法于第二位,置国家的管理法于第三位。其中,不可动摇的核心理念是:融资租赁立法虽具综合性,但其首要的任务是制定融资租赁交易的行为规则。对于必须监管的融资租赁企业经营活动(如发行金融债券),应从当前的机构监管模式向功能监管模式转型,①根据各监管机构最熟悉的功能有效地分配监管权限。而对于融资租赁企业的市场准入、行政许可、负债比率以及关联交易等问题,纳入法律对市场主体的一般规制体系即可,不必建立独立的融资租赁监管体系。

(四) 融资租赁的强行法与任意法之设置

在规范类型上,强行法包括禁止性规范和命令性规范,其中前者的意旨是不得为之,规范模态词为"禁止""不得""不准"及"不可"等;后者的意旨是必须为之,规范模态词为"应该""必须""有义务"及"有责任"等。任意法包括选择性规范和补充性规范,其中前者的意旨是可为可不为,规范模态词为"允许""可以""有权"等;后者的意旨是无约定则从法定。②

前文关于组织法、公法及管理法的分析表明,《外商投资租赁业管理办法》《金融租赁公司管理办法》和《融资租赁企业监督管理办法》主要体现为禁止性规范和命令性规范,于此不再赘述。而《合同法》中对融资租赁的强行法与任意法之设置技术,尚有可议之处。

一是强行法的规范构成未臻齐备。例如,《合同法》第 244 条规定:"租赁物不符合约定或者不符合使用目的的,出租人不承担责任,但承租人依赖出租人的技能确定租赁物或者出租人干预选择租赁物的除外。"在规范构成上,针对该条第 1 句的假定,第 2 句一般性地禁止承租人向出租人主张租赁物瑕疵担保责任,第 3 句为特殊情形下的但书。而依据《合同法》第 239 条,在一般情形下,承租人应向出卖人主张租赁物瑕疵担保责任。令人不无疑惑的是:在承租人依赖出租人的技能确定租赁物或者出租人干预选择租赁物的特殊情形下,出租人是独自

---

① 参见岳彩申:《融资租赁监管模式的转型》,载《法学》2012 年第 7 期。
② 当然,依据不同的区分标准,对于法律规范条文有不同的分类。参见龙卫球:《民法总论》(第二版),中国法制出版社 2002 年版,第 42—48 页。

一人承担全部责任,抑或与出卖人共同承担责任?显然,第244条第3句但书欠缺法律效果这一规范性要素,作为命令性规范,该设置在逻辑上不周延。基于出卖人与出租人之间的共同过错,此时较为妥当的方案是由出卖人与出租人承担连带责任。① 唯如此,《融资租赁合同解释》第6条但书所规定的责任相抵规则才具有合理性基础。② 又如,《合同法》第246条规定:"承租人占有租赁物期间,租赁物造成第三人的人身伤害或者财产损害的,出租人不承担责任。"这里引发的问题是:对租赁物致人损害的责任,出租人不承担,那由谁承担?基于占有和使用人的风险控制原理,若能明确规定"应由承租人承担责任",③则更为科学合理、简便易行。可见,在立法技术上,《合同法》第246条宜由禁止性规范转变为命令性规范。

二是任意法的设置技术尚不健全。《合同法》作为私法的典型代表,规定了融资租赁当事人的一系列私权,如《合同法》第239条(承租人的标的物受领权)、第240条(承租人对出卖人的约定索赔权)、第241条(承租人的同意权)、第242条(出租人的所有权)、第248条(出租人的选择性救济权)和第249条(承租人的显失公平救济权)。但是,其中关于承租人对出卖人的约定索赔权、出租人的选择性救济权、承租人的显失公平救济权相关规则的设置,并不合理。例如,《合同法》第239条仅规定了承租人的标的物受领权,这是否意味着:在法无明文规定的情况下,承租人与出卖人之间的法律关系,可以适用或参照《合同法》中买卖合同的相关规则?④ 出租人与承租人之间的法律关系,可以适用或参照《合同法》中租赁合同的相关规则?《合同法》均无明确的答案。为健全法制,充分发挥法律对于经济及社会的存续和发展的规范功能,选择性规范和补充性规范在规范体系构成中不可或缺。我国融资租赁法律制度之完善,尚待设置必要的选择性规范和补充性规范,以供当事人进行自主抉择或者对当事人的意志进行补充。

---

① 参见梁慧星主编:《中国民法典草案建议稿》,法律出版社2003年版,第201页;徐国栋主编:《绿色民法典草案》,社会科学文献出版社2004年版,第569页。

② 《融资租赁合同解释》第6条规定:"承租人对出卖人行使索赔权,不影响其履行融资租赁合同项下支付租金的义务,但承租人以依赖出租人的技能确定租赁物或者出租人干预选择租赁物为由,主张减轻或者免除相应租金支付义务的除外。"

③ 参见梁慧星主编:《中国民法典草案建议稿》,法律出版社2003年版,第201页;徐国栋主编:《绿色民法典草案》,社会科学文献出版社2004年版,第570页。

④ 须注意的细微之处是,《合同法》第174条、第175条和184条的措辞为"参照",而第287条、第395条和第423条的措辞是"适用"。

(五) 融资租赁的单行法与基本法之模式

综观各国关于融资租赁立法的基本情况,立法模式可分为两大类:[①]一是单行法的立法模式,即没有统一、专门的融资租赁基本法,而由各个具体的法律部门分别调整融资租赁交易关系。采取此种立法模式的,一般为融资租赁交易较为发达的国家,其中以美国最为典型,英国、德国和日本等亦采此种模式。二是基本法的立法模式,即有专门的融资租赁法或融资租赁业法,对融资租赁的业务范围、当事人的权利和义务、租赁公司的经营范围和经营方式等内容详加规定,同时辅之以其他的特别法规定。采取此种立法模式的,主要为融资租赁交易尚属新兴的国家,以法国、韩国为代表,巴西、新加坡和俄罗斯等亦采此种模式。

融资租赁立法的两种模式各具特色,各有优劣。相比而言,单行法的立法模式是一事一制,其优点为灵活、及时、有针对性,缺点是容易顾此失彼、朝令夕改、规范体系碎裂化。基本法的立法模式寻求规范的体系化和稳定性,缺点为立法规范具有集权性和滞后性,容易僵硬化。一国融资租赁立法模式的形成和选择,既受其民商法、经济法、行政法的法制传统与资源的影响,也取决于经济发展形势的客观需要。无论如何,先识别一国融资租赁法制的优劣得失,才能进一步地扬长避短、与时俱进。

如前所述,在我国,融资租赁交易的私法关系主要由《合同法》第十四章调整,但其行为法规则不敷使用,强行法与任意法之设置也存在缺陷;融资租赁交易的组织法及管理法主要为《外商投资租赁业管理办法》《金融租赁公司管理办法》和《融资租赁企业监督管理办法》,但三者的调整对象不同,管制手段各异;融资租赁交易中的会计和税收问题分别由相关行政规章调整,由于对融资租赁的定义存在差异,[②]导致相关交易在会计处理和税费征缴上大不相同。为了克服我国融资租赁法律制度分散、零乱、缺漏及矛盾等诸多流弊,应摒弃单行法的既有模式,重拾《中华人民共和国融资租赁法(草案)》(2006年第三次征求意见稿)所开启的立法模式及经验,[③]制定统一的《融资租赁法》。制定融资租赁的基本法,实际上是法典化技术的一种体现。具体而言,未来《融资租赁法》可将《合同法》第十四章、《外商投资租赁业管理办法》《金融租赁公司管理办法》《融资租赁企业监督管理办法》及相关的会计和税收等规范性文件有机地融为一体,制定出

---

① 参见高圣平:《我国"融资租赁立法"模式研究——兼及我国部门法的立法技术》,载《南都学坛》2009年第5期。
② 参见付荣:《制约我国融资租赁业发展的法律瓶颈及其破解》,载《法学》2006年第7期。
③ 关于《中华人民共和国融资租赁法(草案)》(2006年第三次征求意见稿)的具体内容,参见 http://news.9ask.cn/fagui/zyfgk/201012/968041.shtml,2017年10月25日访问。

系统、完整的融资租赁法典。

三、融资租赁法制的外部体系重构

法律制度价值之实现,需要在规范层面上进行科学、合理的设计。我国融资租赁法律制度,亟需对融资租赁的定义、主体、客体、权利与义务等基本的规范结构予以完善。

(一)"二合同论"与"一合同论"的定义之争

虽然"一切定义,在法学上都是危险的"①,但保证定义的清晰与明确,并以之为轴心展开一以贯之的讨论和逻辑严密的规则建构,无疑是相当重要的。我国《合同法》第 237 条对融资租赁合同下了定义。立法机关的立法解释认为,典型的融资租赁涉及三方当事人(出租人、承租人、出卖人)和两个合同(融资租赁合同和买卖合同),其中出租人与出卖人之间签订买卖合同,出租人与承租人之间签订融资租赁合同;在形式上,融资租赁合同还包括回租、转租、杠杆租赁等。② 学术界的学理解释中,"二合同论"虽然亦认为涉及两个合同、三方当事人,但具体表述各异。一种观点认为,融资租赁合同涉及出卖人、出租人和承租人,它由出卖人与出租人之间的买卖合同、出租人与承租人之间的租赁合同两个合同组成。③ 另一种观点则认为:"融资租赁合同是由两个合同——买卖合同和融资性租赁合同,三方当事人——出卖人、出租人(买受人)、承租人结合在一起有机构成的新型独立合同。"④ 对于何谓"融资性租赁合同",它与融资租赁合同的界限何在,此种观点未予阐明。与上述"二合同论"相反的是,"一合同论"认为,融资租赁合同是一种新型的一元合同,即只有一个合同,而不是包括两个合同。⑤ 那么,"二合同论"与"一合同论",何者更契合我国的立法和司法实践呢?

在立法上,依文义解释,《合同法》第 237 条所规定的"出租人根据承租人对出卖人、租赁物的选择,向出卖人购买租赁物"只是表明租赁物的来源,体现了融资租赁交易的"融物"属性,而非意指出卖人是融资租赁合同的当事人或者融资租赁合同中包括出租人与出卖人之间的买卖合同。这通过联系《合同法》第 238

---

① 周枏:《罗马法原论》上册,商务印书馆 1994 年版,第 9 页。
② 参见全国人民代表大会常务委员会法制工作委员会编:《中华人民共和国合同法释义》,法律出版社 2009 年版,第 350—351 页。
③ 参见孔祥俊:《合同法教程》,中国人民公安大学出版社 1999 年版,第 606 页。
④ 崔建远主编:《合同法》(第四版),法律出版社 2007 年版,第 419 页。
⑤ 参见徐显明、张炳生、任小明:《融资租赁合同概念的比较法厘定》,载《浙江学刊》2007 年第 2 期;胡晓媛:《中德融资租赁法律制度比较研究》,中国法制出版社 2011 年版,第 96 页。

条和第 239 条,展开体系解释,也可以得到印证。因为《合同法》第 238 条第 1 款列举了融资租赁合同内容中所应包括的基本条款,但其主旨显然是处理出租人与承租人之间的租赁事宜,并未涉及出租人与出卖人之间的买卖事宜。① 而《合同法》第 239 条上句为"出租人根据承租人对出卖人、租赁物的选择订立的买卖合同",它作为偏正的名词结构与中句、下句无法正常连贯成句,正确的表述应为"出租人根据承租人对出卖人、租赁物的选择而订立买卖合同的"——这是规范性要素中的假定要件,而非要求出租人必须与出卖人签订买卖合同。因为除了购买之外,出租人还可能通过其他方式取得租赁物,如租借、受赠、受托等。② 质言之,出租人的"融物"不等于也不限于"购物"。因此,买卖合同并非当然是融资租赁合同的内在组成部分,二者具有相对的独立性。

在司法实践中,我国始终是将出租人、承租人列为融资租赁合同案件的当事人。依据 1996 年《融资租赁合同规定》第 1 条,融资租赁合同纠纷案件的当事人应包括出租人、承租人。至于供货人是否需要列为当事人,基于合同关系的相对性原则,由法院根据案件的具体情况决定;而供货合同中有仲裁条款的,则不得突破合同关系的相对性原则,不应将供货人列为当事人。在废止《融资租赁合同规定》的同时,2014 年《融资租赁合同解释》第 24 条第 1 款规定:"出卖人与买受人因买卖合同发生纠纷,或者出租人与承租人因融资租赁合同发生纠纷,当事人仅对其中一个合同关系提起诉讼,人民法院经审查后认为另一合同关系的当事人与案件处理结果有法律上的利害关系的,可以通知其作为第三人参加诉讼。"此规定明确了出卖人在出租人与承租人之间的融资租赁合同纠纷案件中仅具有第三人的诉讼地位,而不具有当事人的诉讼地位。

因此,为确保融资租赁的形式(外延)与内容(内涵)的一致性,融资租赁合同的基本特征应概括为"一个合同、两方当事人"。在合同数量方面,融资租赁交易过程中可能会伴随着买卖合同、转租合同及贷款合同的出现,它们与出租人、承租人之间的租赁合同一道,构成融资租赁交易的复合性交易形式,即作为本体的租赁合同是束己合同,而为融物或融资服务的买卖合同、转租合同及贷款合同是涉他合同。在当事人数量方面,售后回租的,出卖人与承租人合二为一,只有两方当事人;在杠杆租赁中,会出现第四方,即提供贷款的金融机构;转租中也会出现第四方,即次承租人。但是,无论是出卖人,还是金融机构,抑或次承租人,均为融资租赁合同关系中的"第三人"。融资租赁合同的本质是双务合同,其当事

---

① 参见高圣平、王思源:《论融资租赁交易的法律构造》,载《法律科学》2013 年第 1 期。
② 参见张雪松:《对国际统一私法协会〈租赁示范法(草案)〉的简要介绍》,载《中国外商投资企业协会租赁业委员会年会刊》,2008 年 11 月 19 日。

人仅为出租人和承租人,故《合同法》第237条所涉及的"选择""购买"并非融资租赁合同的本质特征和必备要素。① 基于上述理解,我国融资租赁法律制度宜坚持融资租赁的独立性,采《企业会计准则第21号——租赁》第5条对融资租赁的定义,放弃《合同法》第237条这一容易引起混淆的定义。

(二) 融资租赁公司的自由限度

依《外商投资租赁业管理办法》(2005年)第7条、第9条之规定,外商投资租赁公司和外商投资融资租赁公司的外国投资者的总资产不得低于500万美元;外商投资融资租赁公司的注册资本应当不低于1000万美元。而依《金融租赁公司管理办法》(2014年)第7条之规定,申请设立金融租赁公司,应当有符合规定条件的发起人;注册资本为一次性实缴货币资本,最低限额为1亿元人民币或等值的可自由兑换货币。

暂且不论上述规定"内外有别"的差异化待遇,目前最为严重的问题是,上述关于实缴资本、最低注册资本以及货币出资的规定,与《公司法》的相关条文相冲突。综观2013年12月28日修改后的《公司法》,其修改内容主要涉及三个方面:(1) 将注册资本实缴登记制改为认缴登记制;(2) 放宽注册资本登记条件;(3) 简化登记事项和登记文件。依据《公司法》第26条第2款、第80条第3款以及第27条第1款之规定,有限责任公司和股份有限公司的注册资本实缴、注册资本最低限额的特别法渊源,只能是法律、行政法规以及国务院决定;而限制非货币出资的特别法渊源,则更为严格,仅限于法律和行政法规。《外商投资租赁业管理办法》《金融租赁公司管理办法》分别由商务部、银监会制定通过,属于部门规章,不属于法律、行政法规或国务院决定之列。《外商投资租赁业管理办法》和《金融租赁公司管理办法》因效力位阶较低,无权就实缴资本、最低注册资本、货币出资进行特别立法。换言之,上述两办法的相关规定是违法、无效的,应予取缔。

取消融资租赁公司的实缴资本和最低注册资本要求,深层次的原因在于客观现实的需求。过高的注册资本要求,会阻碍中小额资本进入融资租赁业;已经进入融资租赁业的实缴资本,尤其是货币资本,又可能会形成资本闲置的现象。因此,为契合最新《公司法》的改革理念,有效开放融资租赁市场,不仅应降低融资租赁公司的货币出资要求,取消融资租赁公司的实缴资本和最低注册资本的

---

① 美国《统一商法典》第2A-103条第(1)款第(g)项关于融资租赁的定义中,明确了出租人无选择、制造或者供应租赁物的义务,而这正是解除出租人的多数传统责任的法理所在。

要求,还应进一步降低甚或取消对融资租赁公司及其投资者的其他准入门槛条件,①特别是关于投资者或发起人总资产的要求。当然,这并不是要放弃对融资租赁公司的监管,而是旨在实现从资本信用到资产信用的转变,强化过程监管,退出结果监管。与此同时,为推进注册资本登记制度改革,②需要提供配套的保障措施和衔接手段,积极构建融资租赁公司的信用信息公示体系,完善融资租赁公司的登记管理信息化系统。

(三) 无形资产与不动产的客体地位

《金融租赁公司管理办法》第 4 条将融资租赁的客体限定为固定资产,而固定资产包括动产、不动产,但排除了无形资产。《外商投资租赁业管理办法》第 6 条将融资租赁的客体限定为动产、交通工具及其所附带的软件、技术等无形资产,但附带的无形资产价值不得超过租赁财产价值的 1/2,故其中不包括不动产和具有独立性的无形资产。可见,对无形资产与不动产的客体地位,上述立法态度不一,值得讨论。

1. 无形资产应否作为融资租赁的客体?

否定的观点认为,对于具有独立性的软件、技术等无形资产,不必采取融资租赁方式使用之,采取使用权实施许可或者直接转移所有权的方式即可实现交易目的。③ 而对于虽具附带性但价值超过租赁财产价值 1/2 的无形资产,为何也不得进行融资租赁? 此规定只是简单诉诸租赁财产价值这一数量标准,过于机械,是人为割裂的结果,未能提供充分的理论和现实依据。

其实,软件、技术等无形资产,无论其具有独立性或附带性,也无论其价值之大小,均可作为融资租赁的客体,主要理由如下:第一,从融资租赁的发展历史来看,租赁物的范围大小有一个变迁过程,并非一成不变的。从最开始的有体物,到后来出现在各国租赁市场的无形物,至目前有关物的权利,均得作为融资租赁交易的载体。因此,不以有形物为载体的各种租赁形式,只要符合融资加融物的本质属性,即属融资租赁的范畴。④ 软件、技术等无形资产融资租赁符合融资租

---

① 参见徐海燕、罗士俐:《我国融资租赁业准入制度评论》,载《河南省政法管理干部学院学报》2011 年第 Z1 期。

② 企业注册登记制度改革,必须秉承科学的精神和正确的理念,进行整体的设计,即须兼顾经营自由和市场安全;公司注册登记制度应体现"宽进严管"的基本思想。参见周芬棉:《经营自由和市场安全必须兼顾——顾功耘谈上海自贸区公司登记改革》,载《法制日报》2013 年 11 月 13 日。

③ 参见钱晓晨:《关于〈中华人民共和国融资租赁法(草案)〉民事法律规范若干问题的评析》,载《法律适用》2006 年第 4 期。

④ 参见史艳平:《租赁及融资租赁的理论探讨》,载李鲁阳主编:《融资租赁若干问题研究和借鉴》,当代中国出版社 2007 年版,第 154 页。

赁的本质属性和基本特征,即出租人出资,承租人决定出资用途,软件、技术等无形资产由出卖人(即供应商或许可人)直接交付给承租人。第二,《国际统一私法协会租赁示范法》第2条对租赁物的范围进行了界定,对软件租赁问题虽未作出明确和具体的规定,但是保留了进一步解释的权利和进一步发展的空间。在理解上,该法中的租赁物既包括有形资产,也包括无形资产,如软件、技术等。① 第三,美国和日本已有大量的软件融资租赁实践,法国也允许无形资产融资租赁。在美国,软件融资租赁交易的模式为:软件公司(许可人)将软件的定期许可出售给出租人,出租人根据融资租赁的条款许可承租人使用软件。根据日本租赁业协会公布的软件融资租赁协议推荐文本,软件融资租赁交易是出租人从承租人指定的许可人处获得非排他使用承租人指定软件的许可,软件承租人从出租人处租赁该软件的交易形式。② 在法国,按照1986年1月6日法律的规定,对于商业营业资产、手工业营业资产以及这些资产的无形组成部分,都可以用于融资租赁活动。③

2. 不动产可否作为融资租赁的客体?

有人认为,排除不动产为融资租赁的客体是适当的,因为《国际统一私法协会融资租赁国际公约》与美国《统一商法典》均将不动产排除在融资租赁物之外;从我国房地产市场的情况看,相关立法及准入资格较严厉,不适宜通过融资租赁的方式运作,房地产抵押融资更简便易行。④ 赞同不动产作为融资租赁客体的观点之间也存在差异:实务界人士认为融资租赁物的范围可分为动产和不动产;⑤ 最高人民法院则承认可以企业厂房之类的不动产进行融资租赁;⑥ 有的学者则极力推崇公路等基础设施的融资租赁。⑦

笔者认为,一方面,不动产融资租赁与动产融资租赁相比,在实现当事人的融资与融物目的、国家的税收与管控、租赁客体的物尽其用等方面,并无根本不同。是否采取不动产融资租赁的交易方式,应交由市场主体自由定夺,而非由国家基于"法律父爱主义"预先进行立法否决。另一方面,《国际统一私法协会融资

---

① 参见张雪松:《对国际统一私法协会〈租赁示范法(草案)〉的简要介绍》,载《中国外商投资企业协会租赁业委员会年刊》,2008年11月19日。
② 参见孟延:《软件融资租赁法律问题研究》,中国政法大学2005年硕士论文,第23—28页。
③ 参见〔法〕伊夫·居荣:《法国商法》(第1卷),罗结珍、赵海峰译,法律出版社2004年版,第776—777页。
④ 参见钱晓晨:《关于〈中华人民共和国融资租赁法(草案)〉民事法律规范若干问题的评析》,载《法律适用》2006年第4期。
⑤ 参见金建忠:《融资租赁中租赁物的范围》,载《法学》2012年第7期。
⑥ 参见最高人民法院民事审判第二庭编著:《最高人民法院关于融资租赁合同司法解释理解与适用》,人民法院出版社2014年版,第16页。
⑦ 参见高圣平:《基础设施融资租赁交易:现实与法律困境》,载《中外法学》2014年第3期。

租赁国际公约》与美国《统一商法典》只是未明确规定不动产得为融资租赁的客体。但是,美国《统一商法典》第二编之二"租赁"第 2A-103 条第(1)款第(h)项、第 2A-309 条第(1)款第(a)项均承认不动产附着物作为租赁物,其实是在一定范围内认可不动产融资租赁。《国际统一私法协会租赁示范法》第 2 条则明确指出不动产属于融资租赁物范围;在德国法上,承认不动产(包括土地和建筑物)融资租赁与动产融资租赁的二元类型区分;①《俄罗斯民法典》第 666 条将"土地和其他自然客体"排除在融资租赁合同的标的之外,但允许建筑物融资租赁。② 可见,比较法上的普遍态度是承认不动产融资租赁。在我国,《合同法》并未禁止以房地产等不动产作为融资租赁物。《财政部、国家税务总局关于房产税、城镇土地使用税有关问题的通知》(财税〔2009〕128 号)第 3 条规定了融资租赁的房产应缴纳房产税;《财政部、国家税务总局关于企业以售后回租方式进行融资等有关契税政策的通知》(财税〔2012〕82 号)第 1 条也认可房屋、土地的融资租赁。所以,我国融资租赁法律制度应消除相互矛盾之处,解除对融资租赁客体范围的限制,统一、明确规定无形资产及不动产可进入融资租赁市场,以满足经济社会中的多元化需求。

(四) 融资租赁的权利配置

1. 出租人的选择性救济权

我国《合同法》第 248 条规定:"承租人应当按照约定支付租金。承租人经催告后在合理期限内仍不支付租金的,出租人可以要求支付全部租金;也可以解除合同,收回租赁物。"针对此条规定,有观点认为:"在承租人违约的情况下,出租人应当享有的不是选择性的救济权,而是次序性的救济权。具体而言,首先,出租人享有解除融资租赁合同的权利;其次,出租人可以要求承租人支付全部未偿还的租金及相关损失;再次,如承租人在一定的期限内未满足出租人请求的,出租人可以要求承租人交回租赁物;最后,租赁物实际价值仍不足以覆盖出租人的债权,则出租人可以就债权的未实现部分追究承租人之责任。"③

较之于选择性救济权,次序性救济权兼顾了出租人与承租人之间的利益平衡,根植于融资租赁合同的不可解约性,④同时发挥了租赁物的保障功能,更为

---

① 参见〔德〕鲍尔、施蒂尔纳:《德国物权法》(下册),申卫星、王洪亮译,法律出版社 2006 年版,第 324 页。
② 参见《俄罗斯民法典》,黄道秀译,北京大学出版社 2007 年版,第 243 页。
③ 胡晓媛:《融资租赁出租人风险承担及其控制》,载《法学》2011 年第 1 期。
④ 融资租赁合同的不可解约性,亦称"中途解约禁止"。因为融资租赁交易具有资金大、周期长、利益交织、关系复杂等特点,故与一般合同的解除相比,融资租赁合同的解除条件和程序更为严格。

合理。但是,笔者认为,上述观点的第二个步骤属于普通的租金请求权范畴,适用《合同法》总则规范即可,无须在《合同法》分则的融资租赁合同中作重复规定——这是特别法立法技术的基本要求;第一、三、四个步骤则是同时发生的,无先后顺序之分。① 另外,出租人是否能收回租赁物,应适用《合同法》第 250 条,没有必要在第 248 条画蛇添足;而出租人的损失赔偿请求权,无论出租人解约与否,均得成立,此亦为《合同法》总则规范的应有之义。因此,基于承租人欠付租金,实质上产生出租人两步骤的次序性救济权,即全部租金请求权与特别法定解除权。《融资租赁合同解释》第 12 条第 2、3 项和第 21 条第 2 款完整地体现了两步骤的次序性救济权原理,但第 21 条第 1 款却又赋予出租人选择权,可谓功亏一篑。因为选择权与次序性救济权的法理是对立、矛盾的,二者不得同时并存。在立法论中,《合同法》第 248 条可修改为:"承租人应当按照约定支付租金。承租人经催告后在合理期限内仍不支付租金的,出租人可以要求支付全部租金;经要求后,承租人在合理期限内仍不支付全部租金的,出租人可以解除合同。"

2. 出租人的自物抵押权

《融资租赁合同解释》的亮点之一是承认出租人的自物抵押权。依据该解释第 9 条第 2 项,为避免第三人的善意取得,出租人可以授权承租人将租赁物抵押给出租人并在登记机关依法办理抵押权登记。但是,此项规定至少面临两个尴尬:一是与我国《物权法》第 5 条规定的物权法定原则相矛盾。在《物权法》的体系结构中,抵押权是他物权,抵押物系债务人或第三人之物(《物权法》第 179 条、第 180 条)。而此项规定中,出租人自物抵押权的客体是出租人自有之物,模糊了该项抵押权为自物权抑或他物权的法律界限,属于超越法律之外的盲区。二是与《融资租赁合同解释》第 12 条、第 22 条不协调。依据该解释第 12 条第 1 项和第 22 条,承租人未经出租人同意,将租赁物转让、转租、抵押、质押、投资入股或者以其他方式处分租赁物的,出租人有权请求解除租赁合同并要求承租人返还租赁物,故不存在第三人善意取得的适用空间。因此,在我国司法者长期以来坚持的融资租赁承租人的无权处分行为绝对无效的思路之下,②《融资租赁合同解释》根本没有必要在第 12 条和第 22 条之外,于第 9 条第 2 项承认出租人的自

---

① 参见全国人民代表大会常务委员会法制工作委员会编:《中华人民共和国合同法释义》,法律出版社 2009 年版,第 365 页。该书认为"解除合同""收回租赁物""赔偿损失"三者是一体的、同时发生的。《融资租赁合同解释》第 22 条同样体现了这一法律观点。

② 最高人民法院《关于中国东方租赁有限公司诉河南登封少林出租旅游公司等融资租赁合同纠纷一案的复函》(1990 年)指出:"在租赁期间,所有权属于出租方,承租方对租赁物具有使用权,但不得对租赁物进行处分……"《融资租赁合同规定》第 10 条规定:"在租赁合同履行完毕之前,承租人未经出租人同意,将租赁物进行抵押、转让、转租或投资入股,其行为无效,出租人有权收回租赁物,并要求承租人赔偿损失……"

物抵押权,这完全是叠床架屋、徒劳无益。

在德国法上,依据《德国民法典》第881条,土地所有权人得以优先顺位或第一顺位设定居住权、地役权或不动产担保物权等,从而实现顺位保留;依据《德国民法典》第1196条,土地所有权人可为自己之利益,设定所有权人土地债务。① 虽然顺位保留与所有权人土地债务制度各有优劣,②但其共性是以自己之物为自己设定权利,这似乎可为我国出租人的自物抵押权提供比较法上的理论支持。不过,须予注意的是,顺位保留与所有权人土地债务的共性是,其标的物是土地且须以土地登记的方式设定。在我国,如若承认得以土地进行融资租赁交易,则出租人既有的土地权利登记就足以对抗任何第三人的善意取得,无须舍近求远,另作抵押权登记。因此,德国法的经验难以作为我国出租人的自物抵押权之借鉴。另外,我国《担保法解释》第77条规定:"同一财产向两个以上债权人抵押的,顺序在先的抵押权与该财产的所有权归属一人时,该财产的所有权人可以以其抵押权对抗顺序在后的抵押权。"此条承认嗣后的自物抵押权,但《融资租赁合同解释》第9条第2项规定的是事前的自物抵押权。同时,前者处理的是抵押权与抵押权之间的顺位、效力问题,而后者关注的是抵押权与所有权之间的善意取得效力冲突问题,二者的权利性质和实际功能各异。可见,《融资租赁合同解释》中的出租人的自物抵押权属于物权法及担保法之外独创的权利类型。

为避免前述法律矛盾,笔者建议,直接进行融资租赁登记,不需进行抵押权登记即可对抗第三人的善意取得。③ 同时,在《融资租赁合同解释》第22条设置但书,明确承租人对未登记的租赁物进行无权处分时,第三人可善意取得租赁物。④

---

① 参见杜景林、卢谌:《德国民法典评注:总则・债法・物权》,法律出版社2011年版,第481—482、593页。

② 参见〔德〕鲍尔、施蒂尔纳:《德国物权法》(上册),张双根译,法律出版社2004年版,第353—354页。

③ 在上牌机动车的融资租赁实践中,出租人为保障自己对出租物的所有权,通常用办理机动车抵押登记手续的方式来对抗机动车登记在承租人名下的风险,从而给善意第三人带来"不便"。参见和丽军:《机动车融资租赁的责任承担》,载《湖北警官学院学报》2013年第12期。笔者认为,这种做法的不妥、烦琐之处是,登记在承租人名下的所有权(即名义所有权)是虚假的,真实所有权其实属于出租人,因而只得再次借助抵押权登记方能拨乱反正。如若出租人与承租人直接进行融资租赁登记,则可毕其功于一役,既可清晰地表征租赁物在出租人与承租人之间的所有权归属关系,又可有效地阻却第三人对租赁物的善意取得。

④ 在融资租赁登记的技术资源和制度资源方面,中国人民银行征信中心建立的"中征动产融资统一登记系统"及《中国人民银行征信中心动产融资统一登记系统登记指引》《中征动产融资统一登记平台操作规则》可资借鉴。参见 http://www.zhongdengwang.org.cn/zhongdeng/djzy/201509/9fadd2a03621465b823fa57b5b74efd0.shtml,2017年10月25日访问。

3. 承租人的显失公平救济权

我国《合同法》第249条规定:"当事人约定租赁期间届满租赁物归承租人所有,承租人已经支付大部分租金,但无力支付剩余租金,出租人因此解除合同收回租赁物的,收回的租赁物的价值超过承租人欠付的租金以及其他费用的,承租人可以要求部分返还。"此为显失公平制度在融资租赁交易中的具体化规则,承租人据此享有显失公平救济权。该条要求衡量欠付的租金与租赁物的现存价值,以决定承租人是否可以要求部分返还,但对请求返还标的应为已付租金抑或已回收租赁物,语焉不明。更严重的是,该条与《合同法》第243条、第250条冲突明显,有违契约自由的法理。

其一,如承租人依《合同法》第249条请求返还标的为已付租金,难以实现。依据《合同法》第243条"融资租赁合同的租金,除当事人另有约定的以外,应当根据购买租赁物的大部分或者全部成本以及出租人的合理利润确定"之规定,融资租赁合同中约定的租金条款在适用上具有优先性,一旦租金条款为当事人所确定,则双方不得在事后要求调整租金或部分返还租金。"这就从法律上排除了承租人以融资租赁合同的租金标准高于传统租赁合同的标准而导致显失公平的理由主张撤销的可能性。"[1]

其二,如承租人依《合同法》第249条请求返还标的为已回收租赁物,亦难以成立。《合同法》第250条规定:"出租人和承租人可以约定租赁期间届满租赁物的归属。对租赁物的归属没有约定或者约定不明确,依照本法第六十一条的规定仍不能确定的,租赁物的所有权归出租人。"融资租赁合同中约定的租赁物归属条款也应优先适用,一旦当事人对此有明确约定,则从其约定,不存在出租人收回租赁物构成显失公平的情形,承租人无权要求部分返还已回收租赁物。所以,为贯彻契约自由和私法自治精神,克服《合同法》第249条与第243条、第250条之间的体系矛盾,理应删除第249条,废弃承租人的显失公平救济权。

4. 承租人对出卖人的约定索赔权

《合同法》第240条规定:"出租人、出卖人、承租人可以约定,出卖人不履行买卖合同义务的,由承租人行使索赔的权利……"此条赋予承租人对出卖人的索赔权,但对此条的理解与适用存在不同观点。一种观点认为,构成该项索赔权的前提条件是存在三方专门约定,并且应适用《合同法》第80条第1款规定的债权转让通知。[2] 另一种观点认为:"出租人对承租人索赔权的转让规定应当适用《合同法》第80条第1句的简易规则,即无须三方约定,而是通知出卖人即可。

---

[1] 隋彭生:《合同法要义》,中国政法大学出版社2005年版,第508页。
[2] 参见姬新江、李利:《论融资租赁合同中承租人的索赔权》,载《当代法学》2005年第6期。

索赔权的范围是由买卖合同的约定和合同法中的相关规定来确定的。"①

笔者赞成承租人对出卖人的索赔权无须三方约定的观点,但是该项索赔权的基础不在于约定的债权转让,而在于法定的债权转让。② 具体理由有二:第一,倘若承租人索赔之请求权的基础在于《合同法》第80条第1句,则无须在《合同法》分则的融资租赁合同中作重复规定,由总则规范即可。因此,为避免《合同法》分则与总则内容的重复,分则中只应设置相异的特别法规范。第二,《合同法》第244条规定:"租赁物不符合约定或者不符合使用目的的,出租人不承担责任,但承租人依赖出租人的技能确定租赁物或者出租人干预选择租赁物的除外。"当三方无专门的债权转让约定时,该条所谓的"出租人不承担责任"则沦为无稽之谈,故该条与《合同法》第240条存在体系矛盾。为弥合与第244条的"缝隙",《合同法》第240条应修改为:"除出租人、出卖人、承租人之间另有约定,出卖人不履行买卖合同义务的,由承租人行使索赔的权利。"相应地,在任意法的规范类型中,将《合同法》第240条从选择性规范修正为补充性规范。

四、结　　语

由上观之,为进一步规范融资租赁企业经营行为,防范交易风险,促进融资租赁业健康发展,对融资租赁法律制度的内部体系与外部体系之构建应具有一致性(无矛盾性)和可验证性。因此,我国融资租赁立法宜兼顾组织法与行为法,协调国内法与国际法,突出私法属性,充分设置任意法,采取基本法的立法模式,并且应依"一合同论"定义融资租赁,拓展融资租赁的主体自由限度和客体适用范围。同时,应改出租人的选择性救济权为两步骤的次序性救济权,改承租人对出卖人的约定索赔权为法定索赔权,并废弃出租人的自物抵押权和承租人的显失公平救济权。不过,就融资租赁法律制度应规定哪些行之有效的权利、相关权利与义务之间应如何合理配置等问题,尚需展开深入的体系化思考与论证。

---

① 胡晓媛:《融资租赁出租人风险承担及其控制》,载《法学》2011年第1期。
② 在我国颁行《合同法》之前,即存在赞成法定的债权转让的理论观点。参见梁慧星:《融资性租赁若干法律问题》,载《法学研究》1993年第2期。

第八章　商事代理的制度构造

一、背景与问题

罗马法一直严守关于契约缔结者相互间特定关系的原则,而没有现代意义的代理概念。① 罗马法否认代理,为第三人利益达成的契约原则上是无效的。②"在德国商法典制定之后,德国学者才开始认识到,代理权的授予,就其发生、范围及存续期间而言,实在可以从构成其基础之事务执行关系中脱离出来……假如没有德国商法典的规定以及此一法典立法者的准备资料,Laband 必然无法提出委任与代理权应予区别的证据。"③德国学者拉邦关于代理权授予及其基础关系的理论影响深远,并征服大陆法系和英美法系,成为代理概念及其规范体系独立于委任契约的理论基石,被誉为法学上的"伟大发现"。

从历时性角度观察,商事代理与民事代理各有其发展轨迹,且前者早于后者。商事代理的一般原则逐渐抽象为代理的一般原则,先有商事代理之特别规定,方有代理之一般规定。④ 但是,从共时性角度视之,在当前我国民法典的编纂过程中,商事代理制度究竟应该采取"民商分立"抑或"民商合一"的立法模式,学者之间聚讼纷纭、莫衷一是。有代表性的观点有以下三大类:

---

① 参见〔英〕巴里·尼古拉斯:《罗马法概论》,黄风译,法律出版社 2000 年版,第 211、214 页。
② 参见〔意〕彼德罗·彭梵得:《罗马法教科书》,黄风译,中国政法大学出版社 2005 年版,第 235、237 页。
③ 王泽鉴:《民法学说与判例研究》(重排合订本),北京大学出版社 2015 年版,第 5—6 页。
④ 参见陈自强:《代理权与经理权之间——民商合一与民商分立》,台湾元照出版有限公司 2006 年版,第 135 页。

其一是民商分立论,其内部还有不同见解。① 一种观点认为,应对商事代理采取单行法的立法形式。② 另一种观点主张,宜以民法总则确立代理的一般规则为佳,而商事代理的具体规范应付诸商法通则。③

其二是民商合一论,其中亦有分歧。第一种观点建议将商事代理与民事代理一并纳入单独的代理法之中。④ 第二种观点认为,应在"民商合一"体例下制定民法典总则,不必另行制定商法总则(商事通则);"民商合一"体例要求构建统一的代理制度,如在民法典总则中承认间接代理、表见代理等。⑤

其三是民商分立最优论(或民商合一次优论),认为对商事代理的最优调整模式是形成独立的商法典或者商事通则;若不得不以民法典统辖商事关系之法律调整,则应在民法典总则中规定商事代理的一般规则,以及商事代理的类型、范围、代理权的创设及代理行为后果的归属,并对组织内的重复性代理(如职务代理)和组织外的重复性代理(以代理商为代表)予以区别规范。⑥

显然,同时认可并区分民事代理和商事代理,这是展开讨论的基本前提。而一旦否定了商事代理,代理制度的民商合一或民商分立也就无从谈起。皮之不存,毛将焉附?对商事代理的概念、规范及其法律价值,须予格外重视。因此,代理立法的"民商合一"与"民商分立"之争,不仅是形式问题,亦为实质问题。循此思路,下文试图着眼于形式与实质两个方面,首先追根溯源,比较大陆法系商事代理的两种立法模式,然后反思我国现行商事代理制度的规范体系,综合分析商事代理的基本类型及其立法价值,最后就我国商事代理的立法体例及立法内容铺陈管见。

二、大陆法系商事代理立法的两种模式

法国首创"民商分立"的立法模式,德国、日本及我国澳门地区从之。瑞士率先采取"民商合一"的立法模式,并为意大利、俄罗斯及我国台湾地区所继受。

---

① 现代意义上的"民商分立"已经超越了传统的"民商分立"的范畴,即"民商分立"并不意味着必须制定单独的商法典,大量的商事单行法也是民商分立的新型表现形式。因此,制定单独的商事代理法或商法通则的观点,亦属"民商分立"之列。参见郭锋:《民商分立与民商合一的理论评析》,载《中国法学》1996年第5期。

② 参见刘琨:《商事代理制度的系统构建》,载《山东青年政治学院学报》2014年第1期。

③ 参见李建伟:《民法总则设置商法规范的限度及其理论解释》,载《中国法学》2016年第4期。

④ 参见施天涛:《民法典能够实现民商合一吗?》,载《中国法律评论》2015年第4期。

⑤ 参见王利明:《民商合一体例下我国民法典总则的制定》,载《法商研究》2015年第4期。

⑥ 参见蒋大兴、王首杰:《论民法总则对商事代理的调整——比较法与规范分析的逻辑》,载《广东社会科学》2016年第1期。

（一）"民商分立"模式下的商事代理立法

对于商事代理人（agent commercial），法国最初确认于 1958 年 12 月 23 日第 58-1345 号《关于商事代理人》的法令之中，后又于 1991 年 6 月 25 日颁行第 91-593 号《关于商事代理人与其委托人之间关系》的法律（以下简称"1991 年法律"）。1991 年法律增加了合同终止时补偿金的规定，更有利于保护商事代理人。① 但是，1991 年法律不适用于由特别规章调整的商事代理人，如旅行社、保险代理人、汽车商标代理商等。② 此前，这两个规范性文件只是作为《法国商法典》第一卷"商事总则"第一编"商人"的附件。如今，《法国商法典》迈向了再法典化的新阶段，③在第一卷第三编第四章"商事代理人"中全面吸收了 1991 年法律。④ 法国代理制度的显著特征表现为，民法与商法之间分工明晰、衔接顺畅。详言之，其一，《法国民法典》第三卷第十三编"委托"第 1984 条指出，委托（mandat）即为代理（procuration），⑤并规定民事代理以无偿为原则（第 1986 条），当事人享有任意解除权（第 2003 条、第 2004 条）；而《法国商法典》规定，商事代理以有偿为原则（第 L134-5 条至第 L134-10 条），⑥只有非固定期限的代理合同且依合同不同的存续期提前 1—3 个月预先通知对方才能解除合同（第 L134-11 条）。其二，法国法极力维护委托人与代理人之间的"利益共同体"关系。一般情形下，依据《法国民法典》第 2004 条，民事委托人有随时撤销委托的自由。但是，为防止滥用权利，借助限缩解释，最高法院民事庭 1885 年 5 月 13 日的判决指出："如果是为了委托人和受委托人（委托代理人）的共同利益而给予的委托，……只能经当事人一致同意，或者经法院认定有正当理由，或者依据委托合同的特别条款，才能撤销这种委托。"最高法院商事庭 1991 年 6 月 25 日的判决指出："各方当事人之间原来订有共同利益性质的委托合同，……本案法官可以判处有过错

---

① 正是由于法国 1991 年法律的理念先进，因此它对其他国家产生了深远的影响。譬如，英国《1993 年商事代理条例》基本上照搬了法国的条文。

② 参见〔法〕伊夫·居荣：《法国商法》（第 1 卷），罗结珍、赵海峰译，法律出版社 2004 年版，第 878、882 页。

③ 参见聂卫锋：《〈法国商法典〉总则述评——历史与当下》，载《比较法研究》2012 年第 3 期。

④ 参见《法国商法典》（上册），罗洁珍译，北京大学出版社 2015 年版，第 68—76 页。

⑤ 史尚宽先生批评法国民法将委任（即委托）与代理混同。参见史尚宽：《债法各论》，中国政法大学出版社 2000 年版，第 383—384 页。

⑥ 修订截止于 2017 年 10 月 26 日的最新《法国商法典》，关于其法语条文及立法沿革，参见 https://www.legifrance.gouv.fr/affichCode.do?cidTexte=LEGITEXT000005634379&dateTexte=20170405，2017 年 10 月 26 日访问。

的受委托人(委托代理人)承担时间和空间上均有限制的'竞业禁止'义务。"①《法国商法典》第 L134-4 条第 1 款则明确规定:"商事代理人与其委托人之间的合同,应为双方共同利益而订立",并基于此种紧密合作型共同利益观念,在后续条文中赋予商事代理人报酬请求权、补偿请求权。

  《德国商法典》第一编第七章为"商事代理人"(第 84 条至第 92c 条),它较为突出的方面有三:(1)将狭义的商事代理与经理代理区分开来。现代的、广义的商事代理分为两类:一是由商业企业职员实现的代理,即职务(业务)代理;二是由代理商实现的代理。前者建立在企业主内部雇佣关系(隶属关系)的基础上,代理权限由法律加以规定;后者的代理商是专门从事商事代理的、独立的商人。《德国商法典》原来因将代理商和商业辅助人及雇员混为一谈而受到批评,故德国于 1953 年开始对其中的代理商条款进行重大修改,②现行《德国商法典》在第七章之前分两章规定"经理权和代办权""商业辅助人和商业学徒"。③ (2)在规范属性上,《德国商法典》就商事代理设置了大量的强制性规范,不允许通过协议排除或限制以下的权利和义务:当事人的提交合同文书请求权,商事代理人的勤勉、忠实以及告知义务,经营者的协助和告知义务,商事代理人的佣金请求权,商事代理人请求给予账簿节本等知情权、查阅权,商事代理人的法定留置权,当事人的非常终止权,商事代理人的补偿请求权,竞业约定的期间与补偿义务,经营者提供的最低工作条件等。(3)在规范对象上,《德国商法典》涉及多种类型的商事代理,如保付代理(第 86b 条)、保险代理和建筑储蓄代理(第 92 条)、兼业商事代理(第 92b 条)、航运代理(第 92c 条)等。另外,在法教义学的归类上,行纪代理是具有行纪、事务处理、劳务以及代理商特征的混合型合同,可以比照适用《德国商法典》第 84 条下的法条。④ 但是,行纪代理商既不同于代理商,亦不同于行纪商:行纪代理商以自己的名义从事商行为,而代理商以被代理人的名义从事商行为;行纪代理商固定地为被代理人从事行纪商行为,而行纪商则是非固定地、单独地为被代理人从事行纪商行为。⑤ 《德国商法典》第四编第五章还规定了"运输代理营业",但如果运输代理人以发运人的名义行为且接受长期固定的委托,则成为《德国商法典》第 84 条意义上的代理商,可以比照适用第 84 条下的相关规定。⑥

---

  ① André LUCAS, Code Civil 2004(vingt-troisième édition), éditions du juris-classeur, 2003, pp. 1105—1107.
  ② 参见任先行、周林彬:《比较商法导论》,北京大学出版社 2000 年版,第 396 页。
  ③ 参见《德国商法典》,杜景林、卢谌译,法律出版社 2010 年版,第 25—43 页。
  ④ 参见〔德〕C. W. 卡纳里斯:《德国商法》,杨继译,法律出版社 2006 年版,第 463—467 页。
  ⑤ 参见范健:《德国商法:传统框架与新规则》,法律出版社 2003 年版,第 181 页。
  ⑥ 参见〔德〕C. W. 卡纳里斯:《德国商法》,杨继译,法律出版社 2006 年版,第 766—767 页。

《日本商法典》中关于商事代理的规定主要集中在以下三方面：一是在第一编"总则"第六章"商业雇员"中赋予经理、被委任处理某类或者特定事项的雇员、以出售物品等为目的之店铺的雇员总括性的或者特定情形下的代理权，此为职务代理。二是在第一编"总则"第七章规定"代理商"，此为狭义的商事代理制度。三是在第二编"商行为"第一章"总则"中规定商行为的代理、商行为的委任及其消灭。①

《澳门商法典》将商业企业作为整个商法体系的基本概念，在第一卷"经营商业企业之一般规定"第六编"经营企业之代理"规定经理、企业主之辅助人员的职务代理（第64条至第80条），在第三卷"企业外部活动"第六编规定"代办商合同"（第622条至第656条）。《澳门商法典》将狭义的商事代理规定于合同制度之中，这与"民商合一"模式在债编中规定狭义的商事代理有相通之处。

（二）"民商合一"模式下的商事代理立法

《瑞士债务法》与《瑞士民法典》并存，但前者实为后者的第五编。《瑞士债务法》在第二分编"各种契约"第十三章"委任契约"第四节中规定"商事代理契约"，在该分编第十七章第458条至第465条规定"经理权和其他商事代理权"，区分了狭义的商事代理与经理人等的商事代理。②《瑞士债务法》第418a条规定："商事代理人，指受一个或数个委托人的委托，继续性为委任人媒介交易或以委任人的名义和计算订立契约，但不与委托人成立劳动关系的人。"该定义与法国、德国商法中商事代理人的含义基本一致。在结构上，《瑞士民法典》中的商事代理契约较为独特，它与居间契约并列，是委任契约的下位概念。《瑞士债务法》第418b条规定："对于媒介代理人，补充适用关于居间契约的规定，对于缔约代理人，补充适用关于行纪的规定。"这使得居间、行纪与商事代理的法律适用进一步交织在一起。《瑞士债务法》第418c条至第418v条详细规定了商事代理人的保密义务和竞业禁止、代理权限、委任人义务、佣金、请求权丧失、到期日、费用、留置权、一般终止及重大原因、商事代理人的佣金请求权及补偿金请求权等，亦与前述各国商法典中的商事代理规则大同小异。

"意大利1942年《民法典》在罗马法系的法典化历史中是一个重要的里程碑。……第四编和第五编调整的是债和劳动，它们因将民法和商法统一起来并

---

① 参见《日本最新商法典译注》，刘成杰译注，柳经纬审校，中国政法大学出版社2012年版，第51—72、92—96页。
② 参见《瑞士债务法》，戴永盛译，中国政法大学出版社2016年版，第194页以下。

且努力处理企业和集体契约问题而受到国际上的注意。"①《意大利民法典》在第四编"债"第二章"契约总论"第六节专门规定"代理",②其第1400条关于"农业和商业企业中的代理的特别形式由第五编规定(第2138条、第2150条、第2203条)",是广义商事代理中职务代理的转介规范。在第五编"劳动"中,第2138条、第2150条规定农业企业的领导人和农场经理、佃农家庭的代表;第2203条至第2213条规定商业企业"代理"问题,诸如经营管理人和业务代表的对内义务及对外权限等事项。狭义的商事代理,则规定在第四编"债"第三章"各类契约"第十节"代理契约"之中:在结构上,该节与第九节"委任"、第十一节"居间"并列,使得《意大利民法典》中的"代理""委任"和"居间"成为平行概念;在内容上,该节(第1742条至第1753条)涉及代理契约的概念、代理人的独占权、收取欠款、代理人的代理权及其义务、代理人的障碍、代理人的佣金权、被代理人的义务、契约的存续、解除及其预先通知、对解除关系的补偿费以及保险代理商等事项。

《俄罗斯联邦民法典》在第一部分第一编"总则"第四分编"法律行为与代理"第十章规定"代理、委托书"(第182条至第189条),其中第182条第3款但书允许商业代理中的自己代理和双方代理;第184条未强制商业代理为显名代理。③《俄罗斯联邦民法典》在第二部分第四编"债的种类"第四十一章规定"运输代办"(第801条至第806条),第四十三章规定"财物代理"(第824条至第833条),第五十二章规定"代办"(第1005条至第1011条)等商事代理类型。其中的代办合同,糅合了委托合同、行纪合同、租赁合同等多种合同的成分而又有其自身的独特性。④

我国台湾地区"民法"将代理制度一分为二,在总则编第103条至第110条规定一般原则,而在债编通则第167条至第171条规定代理权之授予、共同代理权及无权代理等,并将以前"商人通例"中的"经理人及代办商"纳入债编分则第553条至第564条。⑤ 关于间接代理,王泽鉴先生指出:认为民法上的代理可分为直接代理和间接代理,显属误会;民法所称代理乃指直接代理而言,间接代理以自己名义为他人计算而为法律行为,行纪为其典型之例,但非属民法上的代理。⑥ 关于代办商是否即为代理商,史尚宽先生认为:"代办商不能否认其为代

---

① 参见《意大利民法典》,费安玲、丁玫译,中国政法大学出版社2004年版,"1997年版前言"第1页以下。
② 同上书,第334页以下。
③ 参见《俄罗斯联邦民法典》(全译本),黄道秀译,北京大学出版社2007年版,第103页以下。
④ 参见〔俄〕E. A. 苏哈诺夫主编:《俄罗斯民法》(第四册),付荣译,中国政法大学出版社2011年版,第1384页。
⑤ 参见王泽鉴:《民法总则》,北京大学出版社2009年版,第14、348页。
⑥ 参见王泽鉴:《债法原理》,北京大学出版社2013年版,第268页。

理商。……广义的商业代理包括经理权及其他商业代理与代办权。……狭义的商业代理,即非经理人而授有商业代理权。其基础法律关系,无论为雇佣或为委任,均得授予商业代理权。"①

(三) 小结

由上观之,商事代理制度在各国民商事立法中都具有重要的地位,在源远流长的法制发展进程中,呈现出如下两个最基本的特征:

其一,商事代理制度的立法形式不拘一格。例如,瑞士"民商合一"的立法模式是逐渐形成的。②"瑞士民法典的'民商合一'的模式,与法国德国的'民商分立'的模式,都是历史的产物,并没有如何深刻的理论存于其间。但是,两种模式一旦形成,就发生了理论上的意义,并引起了理论上的讨论和争议。"③而大陆法系各国商事代理立法有"民商分立"与"民商合一"之别,我国大陆与台湾、澳门地区的代理立法也相去甚远,并没有绝对固定的立法模式。单纯从立法技术而言,无法简单判断商事代理立法采取"民商分立""民商合一"何者更佳,选择符合本国国情、契合现实需求及满足法律体系化要求的立法模式,方为上策。

其二,商事代理制度的内容结构趋于稳定。各国民法典或商法典在实施过程中,一般都伴随着许多局部性的修改,一些单行法的数量也不断增长,"非法典化"现象日益突出。虽然各国或地区商事代理制度在具体的规则设计上有所差异,但法典仍不失为商事代理的存在基础——商事代理制度的内容结构较为稳定,通常包括代理商的商事代理和法定代表人、经理及销售人员等其他商业使用人的职务代理两大组成部分。

因此,汲取比较法上的共识和经验,结合我国的具体情况确定思路、配置规范,方可构造出体系融洽、功能健全的商事代理制度。

三、我国商事代理立法的三层规范体系

由于我国商事代理制度法出多门,可归入其体系的规范庞杂、多变,相互之间不乏冲突。下文从民事基本法、商事特别法、行政型特别法三个层级逐一进行分析。

---

① 史尚宽:《债法各论》,中国政法大学出版社 2000 年版,第 417—421 页。
② 参见殷安军:《瑞士法上民商合一立法模式的形成——兼评"单一法典"理念》,载《中外法学》2014 年第 6 期。
③ 谢怀栻:《大陆法国家民法典研究》,中国法制出版社 2004 年版,第 71 页。

(一) 民事基本法

在民事基本法层面,我国《民法通则》第四章第二节确立了代理的一般规则,依据"新法优于旧法"的法律适用原则,目前被《民法总则》第七章"代理"取而代之。另外,《合同法》第47条至第49条对合同的代理问题作了规定,第二十一章"委托合同"中也隐含代理规则。按照立法本意,第二十一章旨在规范委托人与受托人之间的内部关系,但第402条、第403条规范的是代理人"以自己的名义"与第三人订立合同。不过,这两个法条在突破《民法总则》的显名主义之时,[①]恰恰迎合了商事代理形态多元化的现实需要。

由于《民法总则》与《合同法》对代理制度立法采取"民商合一"模式,相关的代理规范当然可以适用于商事交易领域,但因此带来的问题有二:

第一,造成《民法总则》与《合同法》之间的体系矛盾。虽然《民法总则》《合同法》均为民事基本法律,但《民法总则》是一般法,在整个民事法律体系中发挥着统率性、纲领性的作用,而《合同法》为特别法。《民法总则》第162条坚持以显名代理为原则,沿袭了《民法通则》第63条"以被代理人的名义"实施民事法律行为的立法传统。但是,《合同法》第402条、第403条明显异于《民法通则》第63条和《民法总则》第162条,由于法律体系及其结构的强制效应,这造成法律间的体系矛盾。

第二,抹杀了商事代理的灵活性与职业性。一方面,按照《民法总则》第162条、第163条以及《合同法》第402条,直接约束委托人(被代理人)与第三人的前提是代理人"在代理权限内"订立合同,此种要求有悖于商事代理的灵活性。因为代理权限体现的是委托人与代理人之间的内部关系,原则上对第三人没有约束力。同时,即使第三人知道代理人与委托人之间存在商事代理关系,也可能无从得知其授权的具体范围,甚至根本不关心其代理权限。"民法上的代理人不能进行未受委托的行为,与此相反,商行为的代理人在不违反委托本旨的范围内可以进行未受委托的行为,对此应该理解为,商法是为了让代理人可以根据上述交易快速的变化灵活采取对应措施而扩张了他的权限。"[②]事实上,在商事代理领域,只要代理人旨在"为委托人的利益"而与第三人订立合同,均应有效。另一方面,依据《民法总则》第173条第2项和《合同法》第410条,委托人或者代理人皆可随时解除委托代理关系。基于民事主体之间建立委托关系具有一定的人身信

---

① 参见尹田:《民事代理之显名主义及其发展》,载《清华法学》2010年第4期。
② 王保树:《商法总论》,清华大学出版社2007年版,第250页。

任属性,此种"任意解除权"适用于民事代理,在通常情形下尚可理解和接受。①但是,若允许"任意解除权"无限制地适用于商事代理领域,对代理商而言无疑是一场灾难,它彻底破坏了商事代理活动的连续性,并且否定了商事代理人合理的经济预期,作为独立职业的商事代理庶几无保。尤其是固定期限的商事代理合同,任何一方当事人均不应享有任意解除权。

(二) 商事特别法

当前,我国缺乏商事一般法,形式商法意义上的代理制度主要体现在《保险法》《票据法》等单行的商事特别法之中。

1. 保险表见代理

《保险法》第 127 条第 2 款是关于保险表见代理的规定,它虽然在一定程度上消除了此前的立法误区和理论误解,②但显然与《合同法》第 49 条及《合同法(解释二)》第 13 条的规则基本一致。对于此种重复立法现象,只需设置一个援引性规范即可,如"对于越权的保险代理人,适用《合同法》第 49 条",节约立法资源。

在《合同法》及《保险法》确立表见代理的基本规则之后,是否意味着我国商法上的外观主义原理已在表见代理制度中得以体现?其实不然。我国《合同法》第 49 条对表见代理的构成要件采"单一要件说"(或称"相对人无过失说"),而非"双重要件说"(或称"被代理人有过错而相对人无过错说"),③这实际上是商事领域保护交易安全之思想扩及民事领域的"商法化过度"之表现。未来商事立法有必要对商事表见代理的单一构成要件作明确的描述。对商事领域中表见代理的认定,应在坚持表见代理的一般构成要件之基础上,对民商事表见代理的判断标准加以区分,即通过区分主体身份来判断第三人及本人的过错状态,具体方案为:确认经营者身份的特殊性,使其与普通人身份相对照,从而提高表见代理判断的准确性。④

2. 票据无权代理、越权代理及表见代理

《票据法》第 5 条第 2 款规定的票据无权代理及越权代理的法律效果,与《合同法》第 48 条大同小异。但是,票据行为具有要式性和文义性,"针对票据行为

---

① 参见崔建远、龙俊:《委托合同的任意解除权及其限制——"上海盘起诉盘起工业案"判决的评释》,载《法学研究》2008 年第 6 期。
② 参见牟善志:《表见代理制度在保险活动中具有特别的要求》,载《保险研究》2003 年第 5 期。
③ 参见尹田:《我国新合同法中的表见代理制度评析》,载《现代法学》2000 年第 5 期。
④ 参见王建文、李磊:《表见代理判断标准重构:民商区分模式及其制度构造》,载《法学评论》2011 年第 5 期。

中的无权代理、越权代理、表见代理的处理方法,应该分别不同于民法上的适用规则提出适度的修改和补充,并对保护善意第三人的范围问题提出不同的见解。"①

结合《票据法》第 4 条第 5 款和第 5 条第 2 款进行体系解释,票据责任是代理人作为签章人,须向第三人(持票人)支付票据金额的债务。《票据法》第 5 条第 2 款的不当之处在于:一是错误地划分票据无权代理与票据越权代理,且这种划分给第三人带来举证上的困难。实际上,两者均属广义的票据无权代理,无本质差别。二是赋予票据无权代理与票据越权代理不同的法律效果,忽视了票据行为的特性,否认了商法上的权利外观法理。② 票据代理人有无代理权或超越代理权,是代理的内部关系,属于民法调整的基础关系。而第三人是善意抑或恶意的,则是代理的外部关系,属于票据法调整的票据关系。票据代理人无代理权、超越代理权或在代理权终止后仍然实施代理行为的,若该代理行为在形式上合法且第三人主观上是善意的,则构成票据表见代理,本人应承担全额的票据责任,然后可行使对代理人的追偿权;若该代理行为在形式上不合法或者第三人主观上是恶意的,则直接由代理人负民事责任,本人无任何票据责任或民事责任。而《票据法》第 5 条第 2 款采取"越权部分说",③既未考虑第三人主观上的善意或恶意,亦不符合票据的完全证券性和要式性,在票据实务中无从操作。

(三) 行政型特别法

在我国大量的行政法规和部门规章等行政型特别法之中,④蕴含着丰富的商事代理类型及其子类型,具体内容见下表:

商事代理类型	行政型特别法
1. 专利代理	1991 年《专利代理条例》、2015 年《专利代理管理办法》
2. 广告代理	1993 年《关于进行广告代理制试点工作的若干规定(试行)》

---

① 李伟群、卢忠敏:《再论票据代理制度中的若干法律问题——从中日票据理论对比的角度》,载《社会科学》2010 年第 5 期。
② 参见董惠江:《票据表见代理适用及类推适用的边界》,载《中国法学》2007 年第 5 期。
③ 关于票据越权代理的责任分担问题,学说上有"本人责任说""越权部分说"及"全额责任说"。参见李伟群:《我国票据无权代理制度的不足与完善》,载《法学》2010 年第 2 期。
④ 它们在法律渊源的形式上表现为行政立法,但其实质内容却是调整商事法律关系,因而可称为"实质的商法规范"。关于行政型特别法的存在价值及其类型,参见谢鸿飞:《民法典与特别民法关系的建构》,载《中国社会科学》2013 年第 2 期。

(续表)

商事代理类型		行政型特别法
3. 货运代理	(1) 国际货运代理	1995年《国际货物运输代理业管理规定》、2004年《国际货物运输代理业管理规定实施细则》
	(2) 外商投资国际货运代理	2005年《外商投资国际货物运输代理企业管理办法》
4. 物资代理		1997年《物资代理制财务管理若干问题的暂行规定》
5. 进口药品国内销售代理		1999年《进口药品国内销售代理商备案规定》
6. 支付结算业务代理		2000年《支付结算业务代理办法》
7. 矿产资源勘查开采登记申请代理		2001年《矿产资源勘查开采登记申请代理机构管理办法》
8. 税务代理		2001年《税务代理业务规程(试行)》
9. 村级会计委托代理		2010年《关于进一步加强村级会计委托代理服务工作的指导意见》
10. 商业银行代理保险		2011年《商业银行代理保险业务监管指引》
11. 招标代理	(1) 中央投资项目招标代理	2012年《中央投资项目招标代理资格管理办法》
	(2) 工程建设项目招标代理	2015年《工程建设项目招标代理机构资格认定办法》
12. 经纪人代理	(1) 演出代理	2012年《演出经纪人员管理办法》
	(2) 房地产代理	2016年《房地产经纪管理办法》
13. 报关代理		2014年《海关报关单位注册登记管理规定》
14. 报检代理		2015年《出入境检验检疫报检企业管理办法》
15. 船舶代理	(1) 外商投资国际船舶代理	2014年《外商投资国际海运业管理规定》
	(2) 国际船舶代理	2016年《国际海运条例》、2017年《国际海运条例实施细则》

以上非穷尽式的列举表明,我们正处于商事代理行政型特别立法的"大爆炸"时代。① 但是,这种以"分散立法、监管立法、主体立法"为特点的持续大规模

---

① 其中,《企业登记代理机构管理暂行办法》2004年6月30日废止,《钢材、汽车代理制试点总体方案》2004年10月15日废止,《民用航空运输销售代理业管理规定》2008年1月15日废止,《关于对外贸易代理制的暂行规定》2008年1月29日废止,《著作权涉外代理机构管理暂行办法》2009年5月7日废止,《药品招标代理机构资格认定及监督管理办法》2010年8月27日废止,《关于出口保付代理业务项下收汇核销管理有关问题的通知》2012年6月27日废止,《土地登记代理人职业资格制度暂行规定》2014年8月12日废止,《政府采购代理机构资格认定办法》2015年2月2日废止,《商标代理管理办法》2016年4月29日废止,《关于台湾海峡两岸间货物运输代理业管理办法》2016年11月3日废止。

立法活动,不可避免地产生了诸多问题：

第一,分散的单行立法在不同程度上导致立法冲突或资源浪费。譬如,《专利代理管理办法》第3条第2款关于专利代理机构中作为发起人的合伙人与股东人数下限之规定,与作为上位法的《合伙企业法》第14条、《公司法》第24条不相符合;该条第3款也未通盘考虑《合伙企业法》第2条第3款及第57条意义上的有限责任合伙人,因为合伙人并非一律承担无限连带责任。又如,我国2013年颁行的《旅游法》未合理吸收2010年《关于试行旅行社委托代理招徕旅游者业务有关事项的通知》(自2015年6月1日起停止实施)和2010年《最高人民法院关于审理旅游纠纷案件适用法律若干问题的规定》中有关代理的规则。因此,我国应尽快结束商事代理法出多门、适用规则不一的混乱局面,以合理形式在最大限度内进行统一立法。

第二,从上述法律文件名称中的"管理办法""管理规定""监管指引"等可以发现,它们的性质主要是行政法或公法,其立法初衷在于管理商事代理活动,而非为商事代理的各方主体提供系统的私法规则。我国商事代理立法的主体管控思维较为明显,造成监管有余、权益受限的"商法化不足"现象,不少商事代理领域的经营审批权及准入门槛之设置过于严格。因此,我国商事代理立法须从监管法转变为保护法,更多地基于维护商事代理人的利益制定保护性规范。

第三,目前商事代理的具体类型多达二十余种,各类商事代理的区分标准及其存废意义何在,类型化的立法技术是否成功等,都颇值探讨。例如,《经纪人管理办法》虽于2016年4月29日废止,但《演出经纪人员管理办法》和《房地产经纪管理办法》仍然沿用统一的经纪人制度,整合和架构委托人与居间人、行纪商、代理人及第三人之间的法律关系,"代理"为"经纪"的下位概念,与"委托"成了同义词。根据《商业银行代理保险业务监管指引》《保险专业代理机构监管规定》以及《保险经纪机构监管规定》,保险法意义上的代理与经纪二元并立,界分清晰。而在《证券经纪人管理暂行规定》之中,"经纪"与"代理"是同义词。显然,现行经纪人制度并未厘清其与代理制度之界限,反而画蛇添足,徒增紊乱。

四、商事代理的类型区分及其立法价值

类型化是"法律资料之体系化及法律体系之应用最为常见而且有效的方法"[①]。我国代理制度的突出问题是,民事代理制度一枝独秀,兼具形式合理性和实质合理性的商事代理规范却严重缺失。所以,转变传统的民事代理思维定

---

① 黄茂荣：《法学方法与现代民法》,中国政法大学出版社2001年版,第473页。

式,正确认识各种类型的商事代理的独特性及其存在价值,是完善我国代理制度的重要前提和步骤。①

(一) 代理商的商事代理

代理商是基于营利目的,以从事商事代理为业,但非委托人之雇员的独立商人。代理商的商事代理与传统民事代理的基本区别在于:

第一,主体的商人性。代理商是特殊的独立商人,各种不同的代理商资质之取得,须符合相应的法定条件和程序。法律对于民事代理人并无严格的特别要求。民法上的"人","弱而愚","在大企业面前是经济、社会力量弱小,仅靠个人的力量最终不能与之对抗而达到自己愿望"的形象。而商法上的"人","强而智",是"始终追求和打算着利润的商人"形象,是"受利益引导的""利己的、理性的、运动着的""自由而平等"的人。②

第二,目的的营利性。委托人与代理商之间的合同,是为共同的经济利益而订立的。委托人一般依约定按照代理商完成交易的数量和价格来计算其佣金;即便委托人与代理商之间对于佣金没有约定或者约定不明,代理商也有权行使法定的报酬请求权。③ 因此,代理商的主观目的在于营利,商事代理是有偿代理。而民事代理多为无偿代理,尤其是父母对未成年子女的法定代理。

第三,行为的职业性。代理商是固定的、经常性的职业代理人,以代理特定的经营活动为业,且该经营活动往往具有连续性和计划性。同时,专利代理、船舶代理等经营活动尚需专门的知识和技能。而民事代理活动往往具有临时性和日常性,一般不需要专业技能。

第四,地位的独立性。代理商具有独立的法律地位,拥有独立的商号、经营场所、账簿并进行独立的登记,还可以独立的名义与第三人从事本人委托的事项。而民事代理人在法律地位上一般从属于本人,受委托关系制约,多以本人的名义对外活动。

综上,民事代理具有伦理性和民生价值,而代理商的商事代理具有营利性和营业性,富有商业价值。代理商极大程度地延伸了委托人在商业贸易活动中的"手足",有效克服了时空的限制,节省了交易成本,被广泛运用于国内外的货物

---

① 《深圳经济特区商事条例》(1999年6月30日通过,2004年4月16日修正,2013年12月25日废止)虽然在我国商法发展史上犹如昙花一现,但它在商事一般规范方面堪称"开路先锋",首次以地方法规的形式确认了经理代理权和代理商制度(第45条至第62条),其立法经验及教训值得认真总结和客观对待。

② 参见梁慧星主编:《民商法论丛》(第8卷),法律出版社1997年版,第168—169、188页。

③ 如《日本商法典》第512条、《韩国商法》第61条。

买卖、运输和保险等领域。

(二) 法定代表人的职务代理

法人或者非法人组织的法定代表人(负责人),是组织法上的全权代表机关。为讨论之便利和集中,本章主要分析公司法定代表人。根据我国《公司法》第13条、第49条和第113条,在由不同人员分别担任法定代表人和经理的情形下,法定代表人的地位和权限高于经理,是常设机关,而经理仅为股份有限公司的常设机关。

传统的公司法理论基于法人本质的"法人实在说"和"法人拟制说"之争,导致法定代表人的"代表说(机构说)"与"代理说"之间长期纠缠不清。[①] 我国《民法总则》和《合同法》也刻意使用了"代表"和"代理"两个不同术语,试图将两者完全区分,但它们在法律构成和效果归属方面并无实质区别。

在比较法上,《德国民法典》第26条第1款直接规定,董事会代表社团,具有法定代理人的地位;该条第2款承认多数董事会成员代表的共同制。《韩国民法典》第59条第2款明确规定:"关于法人代表,准用代理的规定。"《荷兰民法典》第3编第78条规定,在非根据代理权而以代表人身份行事的情形下,以法律不产生不同的结果为限,准用代理的相关规定。[②] 我国台湾地区对代理有详细规定,但对代表并无独立规范。为避免出现代表无法可依的困境,我国台湾地区"最高法院"1985年台上字2014号判例指出:"代表与代理固不相同,惟关于公司机关之代表行为,解释上应类推适用关于代理之规定,故无代表权人代表公司所为之法律行为,若经公司承认,即对于公司发生效力。"[③]

依据我国《票据法》第7条,法人的法定代表人和其他使用票据的单位授权的代理人的签章,具有同等效力。该条将法定代表人与代理人相提并论,可见代表与代理并无根本性的差异。《合同法》第49条和第50条规定的表见代理与表见代表,亦无本质不同。而对法定代表人的越权行为,考虑到代表与代理在形式、效果归属上的高度相似性,应通过类推适用《合同法》第48条关于无权代理的规定来填补第50条的规范漏洞。[④]

质言之,法人的法定代表人具有概括的代理权;第三人因此产生的合理信赖

[①] 参见蔡立东、孙发:《重估"代表说"》,载《法制与社会发展》2000年第6期;马骏驹:《法人制度的基本理论和立法问题之探讨(中)》,载《法学评论》2004年第5期。
[②] 参见《荷兰民法典》,王卫国主译,中国政法大学出版社2006年版,第33页。
[③] 转引自陈自强:《代理权与经理权之间——民商合一与民商分立》,台湾元照出版有限公司2006年版,第18页。
[④] 参见朱广新:《法定代表人的越权代表行为》,载《中外法学》2012年第3期。

具有正当性,应予有效保护。承认法人的代表准用代理制度,可以避免法人代表制度的漏洞。例如,法定代表人可否进行双方代表、自己代表行为?在认定代表行为的瑕疵时(如是否构成欺诈、胁迫、重大误解等),应以法定代表人抑或法人为准予以认定?在归属规范的意义上,宜认可代表发生与代理一样的法律效果,不应过分强调二者的区别。

(三) 经理的职务代理

经理是接受企业的委托经营该企业的人。"经理人为最典型之商事代理,经理权在代理之发展上,更居起承转合之关键地位。"[①]虽然代理商与经理均可为代理人,但二者区别明显,主要如下:[②](1)代理商是独立的商人,与委托人之间不存在雇佣合同,不是委托人的商业使用人;而经理并非商人,乃是其雇主内部的商业使用人,须接受与雇主之间雇佣合同的约束。(2)代理商有自己独立的营业场所,而经理是在其雇主的营业场所执行职务。(3)代理商可同时为数个委托人服务,而经理一般仅隶属于一个雇主。(4)代理商依契约所定的方式收取佣金,如按业绩抽成;而经理通常按期领取相对固定的工资。(5)代理商原则上应自行承担因从事商事代理所发生的各种费用,而经理执行业务所需费用由雇主承担。

我国《公司法》在第49条集中规定了公司经理的职权。同时,由于高管规范为转介规范,而《公司法》第216条将"公司经理"列为首要的、法定的"高级管理人员",导致《公司法》中调整公司经理的规范数量蔚为可观。但是,对公司经理的诸多规定,理论上和实务中主要都是从公司治理结构而不是商事代理的角度理解。其实,"经理权的本质是商事代理权,有关学说将经理权分解成对内管理与对外代理两种权能并不科学。"[③]因为经理管理公司的内部事务,也是基于公司的委任。而民事代理中,委托人多为单一化的自然人,不像公司的内设机构和人员那么复杂,且民事代理人主要是代为外部的法律行为。

在基础关系方面,有的学者认为经理与公司之间存在雇佣合同关系,同时又提出"经理人与公司之间的关系是一种委托代理关系,因此,有关经理人的责任自然适用代理法的规定。"[④]由此产生的问题是:经理与公司之间存在的仅是雇

---

① 陈自强:《代理权与经理权之间——民商合一与民商分立》,台湾元照出版有限公司2006年版,第87页。
② 参见史尚宽:《债法各论》,中国政法大学出版社2000年版,第422—423页;黄立:《民法债编各论》(下册),中国政法大学出版社2003年版,第533页。
③ 钟凯:《经理制度比较综议——以大陆法系为主要考察视角》,载《北方法学》2010年第3期。
④ 施天涛:《公司法论》,法律出版社2014年版,第366、367页。

佣合同,还是委托合同,①抑或两者兼而有之?有观点指出,总经理给付劳务由于不具有从属性,应当属于委任合同;对其他的高级经理和低级经理,应依据雇佣合同给予差别化的劳动法保障。在员工升任总经理的情况下,原雇佣合同与新委任合同并存,双方有特别约定则从其约定,无特别约定则原雇佣合同中止,待委任合同终止后继续履行。② 笔者认为,雇佣合同和委托合同针对的是不同的法律关系,由此所决定的法律适用也大相径庭。公司与经理之间的内部关系为雇佣合同关系,适用劳动法;而公司、经理与第三人之间的外部关系为委托代理关系,适用代理规范。综合内外部关系来看,经理与公司之间的合同兼具雇佣和委托代理的双重属性,由此奠定了经理合同作为一种独立的有名合同之法理基础。

实践中,任意设置经理岗位、随便添加经理头衔的现象比比皆是,形成了诸如部门经理、项目经理、业务经理、地区经理、分店经理、产品经理、客户经理、销售经理等各类经理泛滥的情景。从实证法的角度来观察,在我国,必须是由董事会聘任并对董事会负责,且享有《公司法》第49条和公司章程赋予的职权者,方可称为"经理"。因此,前文所述只有"总经理"才是法律意义上的经理,其他的各类"经理"并非法律意义上的经理。诚然,他们扮演着广泛而多样化的角色,极大地促进了现代企业管理及经营的发展。但是,为维护第三人的交易安全计,立法应进一步严格限定经理的范围、职权及责任,③将经理代理塑造为典型的职务代理。

(四)销售人员等其他商业使用人的职务代理

商业使用人是隶属于商人并辅助商人从事经营管理活动的雇员,亦称"商业辅助人"。经理和销售人员属于企业员工,均为从属性的商业辅助人,但非企业的代表机关。在德国商法上,销售人员等商业使用人被授权经营或实施一项商事营业(或者其中的某类行为或个别行为)的代理权,称为"代办权"。《德国商法典》对代办权(第54条至第58条)和经理权(第48条至第53条)予以区分构造,二者的主要区别有三:其一,代办权须授予非经理人享有,而经理权由经理享有。其二,代办权可默示授予,如容忍代办权和表见代办权;而经理权须由商人明确地表示授予。其三,对于代办权进行的一般性限制,第三人仅在知道或应当知道

---

① 虽然委任合同与委托合同同义,且经理是基于公司的任命而担任经理岗位的,但由于"委托合同"是我国《合同法》上的有名合同,笔者更倾向于采用"委托合同"的表述。参见崔建远:《合同法》,北京大学出版社2013年版,第631页。

② 参见王天玉:《经理雇佣合同与委任合同之分辨》,载《中国法学》2016年第3期。

③ 参见赵旭东主编:《公司法学》(第四版),高等教育出版社2015年版,第308页。

此种限制时,方承担此种限制的法律后果;而对经理权的范围所施加的限制,对第三人不发生效力。无疑,代办权规则的法理基础是权利外观责任。诚如王泽鉴先生所言:"须注意的是,法人得亦有代理人,如百货公司的店员,其以法人(本人)名义所为法律行为(如买卖),直接归于本人。"①

未来我国理论和立法未必需要继受"代办权"这一略显烦杂的术语,为简便、清晰起见,径行在"代理权"的框架体系中予以统一规定即可。对于被明确委任处理某类或特定事项的雇员,他拥有委托代理权(意定代理权)自不待言。而基于保护交易效率和交易安全的商事外观主义,对于经理以外的普通雇员(如企业销售人员),代理权往往由其岗位性质决定,实践中应直接推定其具有相应的代理权,除非企业法人明确证明其代理权并不存在,故而是可以推翻的推定。② 其中,企业法人明知雇员实施代理行为而未明确表示反对的,可成立容忍代理权;对事实上没有雇佣关系的店内工作人员(如实习生、临时工、劳务派遣人员等),则可成立表见代理权。容忍代理权和表见代理权均为拟制代理权。③ 而在民事代理中,为取信于交易相对人,一般应以直接出示有关授权代理的证明材料为原则。

五、商事代理立法体例的应然选择

(一) 制定单行法不符合我国立法现实及体系化的要求

英美法系国家采取制定单行法的模式,具体的操作方案有二:一是制定单独的代理法,涵盖民事代理和商事代理;二是制定独立的商事代理法。前者如美国《代理法重述(第三次)》,④后者如英国《1993年商事代理条例》。⑤ 我国也有少数学者赞成制定单行法,但此模式在我国并不可行,原因如下:

第一,这不符合我国的立法现实。在保障生活秩序和促进商业交易方面,代理制度具有一定的附属性和辅助性。因此,在《民法通则》中,代理制度与民事法律行为制度共存于第四章。《民法总则》改弦易辙,在第六章"民事法律行为"之

---

① 王泽鉴:《民法总则》,北京大学出版社2009年版,第132页。我国台湾地区"民法"、《澳门商法典》以及《俄罗斯联邦民法典》中的"代办商",即为代理商,此类代办商规则与德国商法中的代办权规则并不相同。
② 参见〔德〕C.W.卡纳里斯:《德国商法》,杨继译,法律出版社2006年版,第384页。
③ 参见〔日〕近藤光男:《日本商法总则·商行为法》,梁爽译,法律出版社2016年版,第66页。
④ 参见梁慧星主编:《民商法论丛》(第46卷),法律出版社2010年版,第647—668页。
⑤ 关于英国《1993年商事代理条例》的中译本,参见曾大鹏:《商事物权与商事债权制度研究》,中国法制出版社2012年版,第161—170页。

外,单列第七章"代理",将代理制度从民事法律行为制度框架中彻底独立出来。虽然《民法总则》第七章的相关规范未臻全面、具体,但若将代理制度从未来民法典总则中完全剔除出来,与商事代理制度合并制定单独的代理法,显然是无视既有的立法现实和未来的立法规划,背离了民法法典化的目标,实不可取。

第二,这有悖于体系化立法技术的要求。体系化的要求在于,依据一个统一的原理,将经由类型化并且逻辑上相互关联的各种概念和规则集中起来。体系化具有类型区分、逻辑关联及理念完整等特性。法律规范并非彼此无关地平行并存,而是相互间有着各种脉络关联。一个整体规则往往以某些指导观点为基础,统摄彼此相互协调的各个部分;而此种规整本身,又常常是更大、更广泛的规整之部分规整。① 民事代理中的法定代理旨在补充私法自治,与监护制度关系紧密,而监护制度又与民事主体制度配套。若将民事代理制度从民法总则中切割出来,纳入统一的代理法,将导致民法总则基本制度支离破碎,也与商事代理的理念和价值相去甚远。因为商事代理旨在扩张私法自治,促进交易便捷和交易安全。同时,代理商的商事代理和法定代表人、经理及其他商业使用人的职务代理,均与商主体、商行为、商事登记等方面的规则相互依存;若脱离后三个方面的整体规则而制定独立的商事代理法,将导致体系架构和法律适用陷入独木难支之困境。

(二)将商事代理制度规定于商法通则是一种理想的立法状态

我国现行民商事法律制度既非典型的"民商分立",亦非典型的"民商合一",且针对不同的具体事项存在"商法化过度"或"商法化不足"的乱象。为此,我国商法学界创造性地提出,不制定商法典而制定商法通则(或称"商事通则"),以实现对"民商分立"与"民商合一"的扬长避短。② 筚路蓝缕,由此或许将探索出具有中国特色的民商事立法的第三条道路。在商法通则中规定商事代理制度,其支撑理由主要是,商事代理与民事代理的差异颇大,且在民法总则中详细规定商事代理制度的空间较小;商事代理与商主体、商事登记、商号、营业转让、商业账簿和商行为等方面的规则联系紧密,将它们全面规定于商法通则中,可以填补民法和已有商事单行法的空白,并统率商事单行法。

迄今为止,我国学者草拟了三个商法通则建议稿,均对商事代理制度着墨颇多。王保树先生组织完成的《中华人民共和国商事通则》建议稿共 10 章,总计

---

① 参见〔德〕卡尔·拉伦茨:《法学方法论》,陈爱娥译,商务印书馆 2003 年版,第 316 页。
② 参见王保树:《商事通则:超越民商合一与民商分立》,载《法学研究》2005 年第 1 期。

92个法条,其中第七章为"经理权与其他商事代理权",第八章为"代理商"。① 苗延波先生完成的《中华人民共和国商法通则》草案建议稿共 7 章,总计 148 个法条,其中第三章"商行为"的第二节为"代理商"。② 樊涛、王延川先生完成的《中华人民共和国商法通则》草案建议稿共 11 章,总计 103 个法条,其中第八章为"代理商"。③

由于在我国制定大一统的商法典并无必要,将商事代理制度规定于商法通则之中确实是一种较为理想的立法模式。但是,这种立法建议或许过于理想化。这是因为,我国没有制定商法典或商法通则的历史传统;长期以来,"民商合一"的理论观点占据绝对的压倒性优势;全国人大法工委关于《民法总则(草案)》的说明中也明确指出:"我国民事立法秉持民商合一的传统。"所以,除非我国民法典的编纂在实质上放弃"民商合一"的立法技术,否则制定商法通则终究是一厢情愿而难以落实的设想。

(三) 将商事代理制度一并纳入民法总则有违《民法总则》的抽象化要求

将商事代理制度与民事代理制度一并纳入民法总则,构建统一的代理制度,这是当前我国民法学界最为有力的观点。但是,这种观点的合理性尚待商榷。

其一,即使民事代理制度也无法全部被纳入《民法总则》之中,遑论将商事代理制度全面规定于《民法总则》。除了《民法总则》规定的监护人代理权与失踪人的财产代管人代理权之外,未来民法典在婚姻家庭编尚应增加以下两种法定代理权:一是夫妻日常家事代理权,即夫妻对于日常生活事项,互为代理人;二是遗产管理人的代理权,即遗产管理人有权占有并处分遗产。④ 即民事代理制度有总有分,既可规定于《民法总则》,亦可规定于相应的分编。商事代理制度亦然,《民法总则》并非规定商事代理制度唯一的、最合适的位置。

其二,因其抽象化的立法技术要求,《民法总则》不可能囊括商事代理制度。抽象化的立法技术犹如数学中"提取公因式"的方法,尽量将整体规则中的共同规范"从括号里提取出来,放在括号之前",作为一般规范;而将各不相同的特别规范"留在括号之内"。⑤ 民法作为一般私法,决定了《民法总则》需具备高度的抽象性,这不仅体现在法律概念上,也体现在法典结构中,从而增强法律的逻辑

---

① 参见王保树主编:《商事法论集》(总第 20 卷),法律出版社 2012 年版,第 1 页。
② 参见苗延波:《商法通则立法研究》,知识产权出版社 2008 年版,第 249 页。
③ 参见樊涛、王延川:《商事责任与追诉机制研究——以商法的独立性为考察基础》,法律出版社 2008 年版,第 177 页。
④ 参见汪渊智:《比较法视野下的代理法律制度》,法律出版社 2012 年版,第 227 页。
⑤ 参见陈卫佐:《德国民法总论》,法律出版社 2007 年版,第 32 页。

性和体系性。而商法作为特别私法,决定了商事代理立法的具体性和细致化,用以协调纷繁复杂的商事关系,实现对具体个案的公平处理。比较法上的"民商合一"立法模式,如在瑞士、意大利和俄罗斯等国,并未在民法总则中统一规定商事代理,而主要是在债编中规定商事代理。

其三,从我国《民法总则》的结构与内容来看,纳入其中的商事代理规则寥寥无几,只是确认了表见代理、自己代理、双方代理、职务代理等主要适用于商事代理领域的相关规则。这种处理方式显然过于简单化,并未体现将商事代理制度一并纳入《民法总则》的立法目标;关于代理商、经理及其他商业使用人的商事代理等方面大量、典型、精细的规则,在我国尚付阙如。

(四)将商事代理制度分别规定于民法典总则编和合同编是契合"民商合一"的现实选择

"民商合一"在法学理论上是可行的,在法制史上是有先例可循的,在规范设计上是可操作的,故对商事代理采取"民商合一"立法也未尝不可。但是,对商事代理的"民商合一"立法,不是将民事代理与商事代理简单地统合于《民法总则》之中,更不是用民事代理概念及其规范体系涵盖甚或取消商事代理,而是扩充代理的法律概念及其类型,使其具有足够的包容性和辐射力。

在"民商合一"理念的主导下,利用我国民法典编纂的机会实现商事代理制度的现代化和全面化,这是可遇不可求的历史机遇,也是最现实、最佳的立法选择。近期编纂完成的《民法总则》将是我国民法典的重要组成部分,最终须与各分编形成一个有机整体,统一纳入民法典。不过,《民法总则》不宜直接作为民法典总则编,而需加以必要的改进和完善。基于"民商合一"的立法选择及体系化的技术要求,笔者认为如下的完善路径较为可行:

第一,需要考虑如何在民法典中设置实质意义上的商事代理规范,并与民事代理规范在形式上保持相对独立,而不追求二者各自在商法典和民法典上的绝对独立。由此,有待在民法典总则编之代理制度中设置商事代理的一般规范及转介(衔接)规范。

第二,法定代表人(负责人)是法人或非法人组织必设的代表机关,且代表与代理的制度原理具有共通之处,故民法典总则编之主体制度在规定企业法人或非法人组织之际,宜同时确认法定代表人(负责人)法定的商事代理权规则。

第三,无论代理商、经理,还是其他商业使用人,其商事代理权限均源于意定的委托合同或雇佣合同,该两种情形在性质上都属于合同法的调整范畴。前述比较法上的经验也表明,对这三类主体的商事代理立法,从主体法走向行为法已经成为较具普遍性的选择。① 因此,民法典合同编须丰富商事合同类型,规定经理及其他商业使用人合同、代理商合同,使民法典真正具有商法品格。

六、商事代理立法内容的应然构造

(一) 代理概念的确立标准与体系整合

有人提出,我国《合同法》第402条借鉴了"英美法系有关间接代理的规定,以及大陆法系有关商事代理的规定"②。也有学者认为:"我国《合同法》第402条、第403条是对英美法隐名代理与不公开被代理人身份的代理的借鉴,分别规定了我国的隐名代理与间接代理制度。"③还有学者主张,我国《合同法》第402条规定的是隐名代理,而第403条规定的是未披露本人的代理。④

笔者认为,民事代理以显名主义为原则,而商事代理未必如此。实际上,代理中的隐名主义已逐渐成为一般规则,可以应用于民事代理领域。⑤ 显名主义与隐名主义,并不是区分民事代理与商事代理的标准,如《瑞士债务法》第32条。由此,在采取"民商合一"的民法总则中,代理概念应容许显名主义与隐名主义一体适用于民事代理和商事代理领域。为了适应民商事活动的需要,并确保法律适用的清晰,民法典总则编宜依据名义标准确立代理的概念体系,借此区分显名代理、隐名代理、不公开被代理人身份的代理等类型,而不宜采用直接代理、间接代理、经纪等概念。具体理由如下:

其一,代理制度的适用应不限于合同领域,而应及于其他法律行为;代理制度的一般规定应被纳入民法典总则编,从而形成统一的代理规范体系。代理人

---

① 诚然,早期的商事代理法在性质上主要体现为主体法。例如,美国学者直接将代理与合伙、有限责任公司相提并论,从商主体的角度对代理制度展开研讨。参见 J. 丹尼斯·海因斯:《代理、合伙和有限责任公司》(第2版)(影印本),法律出版社2004年版,第3页以下。

② 全国人民代表大会常务委员会法制工作委员会编:《中华人民共和国合同法释义》,法律出版社2009年版,第573页。

③ 张平华、刘耀东:《间接代理制度研究——以〈合同法〉第402条与第403条为中心》,载《北方法学》2009年第4期。

④ 参见徐海燕:《英美代理法研究》,法律出版社2000年版,第392—393页;尹飞:《代理:体系整合与概念梳理——以公开原则为中心》,载《法学家》2011年第2期。

⑤ 大陆法系国家一般基于"区别论",把委任合同与代理权限严格区分开来。英国《1993年商事代理条例》第2条第(1)款表明,英国法与大陆法系的代理商制度类似。而美国《代理法重述(第三次)》第1.04条第(2)款、第6.01条、第6.02条及第6.03条坚持"等同论",把代理人的行为等同于被代理人的行为,并根据代理人在交易中是否披露委托人的姓名和身份,将代理分为显名代理、隐名代理和不公开被代理人身份(未披露本人)的代理。需要特别指出的是,英国代理法与美国代理法差异颇大,将二者统称为"英美代理法"甚为不妥。

采取何种名义行事是事实问题,法律应予客观、全面的确认,不得肆意"裁剪"。①我国《合同法》第402条、第403条借鉴的是美国法(而非英国法),允许隐名代理和不公开被代理人身份的代理(而非间接代理),通过名义标准来实现代理概念的类型化,此举应予坚持。因此,我国有待将《合同法》第402条、第403条修正后置于民法典总则编。一方面,代理在本质上是归属规范,代理的效果是法律问题,属于法律调整的范畴。而《合同法》第402条只是规定了"第三人知道代理人与被代理人之间的代理关系"一种情形,该适用前提过于严苛。参考《瑞士债务法》第32条,我国《合同法》第402条可修正为:代理人以自己的名义与第三人实施代理行为,仅在第三人知道或者应当知道代理人与被代理人之间存在代理关系,或者第三人并不在意行为相对人时,该代理行为直接约束被代理人和第三人,但是有确切证据证明该代理行为只约束代理人和第三人的除外。另一方面,依《合同法》第403条,委托人行使介入权和第三人行使选择权分别仅适用于"受托人因第三人的原因对委托人不履行义务"和"受托人因委托人的原因对第三人不履行义务"的情形。其实,从违约原因来看,委托人的介入权和第三人的选择权之行使,还应包括其他原因,如受托人破产等。从违约形态来看,也不限于"不履行义务",无论是实际违约或预期违约、不履行或不适当履行(包括迟延履行、部分履行、瑕疵履行),委托人和第三人都可分别行使介入权和选择权。而《合同法》第403条致使守约方行使权利的范围过于狭窄,需予适当的扩展。②

其二,应正确界定代理制度的适用范围,厘清代理与行纪、经纪的关系。一方面,不宜将行纪作为间接代理纳入民法典总则编的代理规范体系之中。③由于行纪商以自己的名义行事,故有学者将行纪商称为"间接(隐名,非直接或者沉默)代理人"。事实上,德国法律是将代理商与行纪商区分开来的,只承认公开(直接)代理,并不承认行纪为代理。④美国法上不公开被代理人身份的代理与大陆法上的间接代理虽然有相似之处,但二者的本质区别不容忽视,大陆法系原则上不承认间接代理中的委托人享有介入权。我国《合同法》第二十二章的行纪制度实际上就是间接代理,而《合同法》第402条、第403条并非关于间接代理之

---

① 我国《国际货物运输代理业管理规定》第2条、《海关报关单位注册登记管理规定》第43条同时承认显名代理和隐名代理。而依据《期货交易管理条例》第18条,期货公司只能为客户进行隐名代理。
② 参见韩慧莹:《商事代理》,载王保树主编:《商事法论集》(2008年第1卷,总第14卷),法律出版社2008年版,第251页。
③ 参见耿林、崔建远:《未来民法总则如何对待间接代理》,载《吉林大学社会科学学报》2016年第3期。
④ 参见〔德〕罗伯特·霍恩等:《德国民商法导论》,楚建译,中国大百科全书出版社1996年版,第255页;〔德〕汉斯·布洛克斯、沃尔夫·迪特里希·瓦尔克:《德国民法总论》,张艳译,杨大可校,中国人民大学出版社2014年版,第311页。

规定。① 因为适用《合同法》第402条、第403条的法律效果,以直接约束本人和第三人为一般原则,而非直接将法律效果归属于代理人。将我国《合同法》上的行纪改造为间接代理并纳入民法典总则编之代理制度中,并无实质意义,反而会对既有的规范体系造成破坏。"间接代理"只应作为学理概念而非法律概念存在。另一方面,严格来说,"经纪"并不是一个成熟的法律概念,至多只是一个经济概念。经纪需要根据具体情况或确定为居间,或确定为代理,或确定为行纪,从而分别适用居间、代理或行纪的相关规定。② 于居间、代理和行纪之上,设置一个更高层级的经纪概念,有叠床架屋之嫌,对法律适用并无实益。因此,在法律上,"经纪"这个概念也应予舍弃。

(二) 民法典总则编对商事代理制度的规范配置

1. 在民法典总则编之代理制度中设置商事代理的一般规范和转介规范

基于民法是一般私法,而商法是特别私法,③以及民法典总则所应遵循的抽象化和体系化要求,在民法典总则编之代理制度中须设置商事代理的一般规范和转介规范。

关于商事代理的一般规范,应确认如下最基本的内容:(1) 委托授权范围及其终止。借鉴《日本商法典》第505条和第506条,可作如下规定:商行为的代理人,在不违反委托本意的范围内,可以实施未被授权的行为;商行为的委托代理权,不因被代理人的终止而当然消灭。(2) 自己代理与双方代理。限制代理人为自己代理或双方代理行为,为德国、日本和俄罗斯等国的民法典所公认,我国《民法总则》第168条虽有涉及,但其但书的具体内容有待明晰。未来民法典总则编之代理制度可对此作如下规定:非经被代理人同意或者追认,代理人不得为被代理人与自己实施法律行为,或就同一法律行为代理双方当事人,但该法律行为专为履行债务或者属于商事代理的情形除外。(3) 表见代理。"表见代理人是公司的雇员,并且他在公司中担任的职务与代理行为有关,或者,表见代理人之前长期以公司代理人的身份与第三人为交易,那么,这些客观环境可以免除了善意第三人的核实义务,其信赖为合理,可以成立表见代理。"④商事表见代理不以被代理人的过错或可归责性为要件,只需第三人对代理人的合理信赖这个单一要件。而民事表见代理应采双重要件,另需符合被代理人的过错或可归责性

---

① 参见王艳、王龙海:《关于间接代理制度的立法思考》,载《当代法学》2002年第7期。
② 参见江帆:《代理法律制度研究》,中国法制出版社2000年版,第198—199页。
③ 认为"商法是民法的特别法"的观点,否认商事习惯是优先于民法的商法法源,难以契合商事实践灵活、合理的需求。
④ 罗瑶:《法国民法外观理论研究》,法律出版社2011年版,第207—208页。

的构成要件。我国《民法总则》第 172 条照搬《合同法》第 49 条,未合理区分商事表见代理与民事表见代理在构成要件方面的差异,容易导致理解的分歧和法律适用的混淆,故应在该条增加但书:但是民事法律行为的被代理人不具有可归责性的除外。

关于商事代理的转介规范,可以借鉴《意大利民法典》第 1387 条和第 1400 条,分别指明经理及其他商业使用人的职务代理、代理商的商事代理在民法典体系中的位置,从而在立法论意义上构造出体系化的商事代理制度。

2. 在民法典总则编之主体制度中规定法定代表人的职务代理

其一,《民法总则》第 170 条将"执行法人或者非法人组织工作任务的人员"的代理规则置于"委托代理"一节,并不妥当,而应将其置于民法总则之主体制度中"法人"和"非法人组织"的相应部分,使其与法人和非法人组织的治理结构及职权分配等规则形成一个衔接顺畅、逻辑贯通的有机整体。[①] 当然,依据体系解释,该条其实承认执行法人或者非法人组织工作任务的人员的职务行为是代理行为,较之于此前的规定,是一个重要的突破和进步。

其二,《民法总则》第 61 条、第 62 条、第 81 条、第 89 条、第 91 条、第 93 条及第 94 条等规定了法人的法定代表人,仍严格维系着代表与代理之间的区隔,未能体现二者之间的相通性。《民法总则》第 171 条和第 172 条也只是规定了狭义的无权代理和表见代理,而未虑及法定代表人的越权代表和表见代表。最明显的不合理之处是《民法总则》第 94 条第 2 款,一方面规定捐助法人的法定代表人作出的决定在程序或内容上违反法律、行政法规或法人章程的,捐助人等利害关系人或者主管机关可以请求人民法院予以撤销;另一方面又认定捐助法人依据该决定与善意第三人形成的民事法律关系不受影响。实际上,此时第三人主观上的"善意"恐怕难以成立。同时,若法院撤销争议决定,则势必会影响到相应第三人之利益。笔者认为,《民法总则》第 61 条应增加第 4 款,规定"法人代表准用本法关于代理的规定"。同时,应删除第 94 条第 2 款,从而消除可能产生的法律漏洞并避免立法矛盾,维护交易安全。

其三,《民法总则》第 61 条第 1 款将法人的"负责人"确定为法定代表人,而第 81 条第 3 款后段又将法人的"主要负责人"确定为法定代表人,虽然二者认定法定代表人的标准不一,但为数个负责人共同担任法定代表人奠定了基础。另外,《民法总则》第 105 条已认可非法人组织代表人的共同制。因此,为满足法人经营管理的现实需求,维护法律规范的均衡性和体系性,未来宜设置一般性的任意规范,统一明确承认法人和非法人组织均可实行法定代表人的共同制。

---

① 参见谢鸿飞:《代理部分立法的基本理念和重要制度》,载《华东政法大学学报》2016 年第 5 期。

(三) 民法典合同编对商事代理制度的规范配置

1. 在民法典合同编中规定经理及其他商业使用人合同

我国《民法通则》第43条将法定代表人和"其他工作人员"一并进行规定,而《民法总则》第61条和第170条在形式上对法定代表人和"执行法人或者非法人组织工作任务的人员"进行了二元区分规定。但是,实质上,《民法总则》第170条并没有将法定代表人排除在"执行法人或者非法人组织工作任务的人员"之外,也没有区分经理与其他商业使用人的代理权之不同,从而与第61条之间有所重复。可见,虽然《民法总则》第61条和第170条将《民法通则》第43条一拆为二,但仍失之简陋。

我国《公司法》第49条规定了公司经理的各种职权。然而,一方面,经理代理权制度主要适用于商事组织,不仅公司,个人独资企业、合伙企业和其他形态的企业均为其适用范围。鉴于经理代理权制度具有一定的普适性,经理与公司之间的关系兼具雇佣和委托的双重合同属性,故在"民商合一"的立法模式下,应将经理合同作为一种独立的有名合同纳入民法典合同编中。可借此突破《民法通则》第43条将之仅限于企业法人的窠臼,使之普遍化,[①]使其他类型企业的经理也适用职务代理的规定。另一方面,企业分支机构的负责人或者企业的销售人员、店员等其他商业使用人,如果在处理特定事项或经营某类营业之时具有类似于经理的职责,则其职权应被视为与经理的职权相同,对此应在未来立法中设置相应的准用性规范。但是,其他商业使用人一般不得代理企业进行诉讼方面的行为。

在经理代理权的制度构成方面,[②]未来立法应确认以下重要内容:(1) 经理代理权的范围。经理代理权是概括性的授权,而非具体事务的授权,经理可代表企业从事与营业有关的一切诉讼行为和诉讼外的日常经营管理行为。(2) 经理代理权的授予。能够授予经理代理权的,在公司中,应为董事会;在合伙企业中,应为有业务执行权的普通合伙人;在个人独资企业中,应为该企业的投资人。(3) 经理代理权的限制。一是来自法律的限制。未来立法应参照《公司法》第147条、第148条规定的忠实义务和勤勉义务,细化经理的职责和义务,如经理的竞业禁止义务等。二是来自章程和合伙协议的限制。对经理代理权的此类限制,只能在公司内部发生效力。为维护交易安全,保障善意第三人的合理预期,

---

① 参见耿林、崔建远:《民法总则应当如何设计代理制度》,载《法律适用》2016年第5期。
② 参见杜军:《公司经理权问题研究》,法律出版社2011年版,第222—225页;刘文科:《商事代理法律制度论》,法律出版社2013年版,第261—264页。

未来立法应规定：企业通过章程或合伙协议等形式对经理代理权实施的限制，不能对抗善意第三人。(4) 经理代理权的公示。经理代理权以登记为其公示方式，登记后的经理代理权具有公示力和公信力；同时，应确立表见经理制度。具体而言，经理权的授予、变更和消灭，应当在企业住所地或分支机构所在地的管理机关进行登记；未经登记的，不得对抗善意第三人。经理权未被授予或者登记错误，而第三人有理由相信某人具有经理权且与其从事与企业营业有关的某类事务或特定事项的，该人被视为企业的经理，其代理行为对企业有约束力。

2. 在民法典合同编中规定代理商合同

民法典合同编对代理商合同的规范配置，应侧重解决如下两个基本问题：

首先，在立法理念方面，须定位为保护法，为商事代理人利益而制定保护性规范。(1) 不仅应确认代理商在合同有效期内的报酬请求权，还应规定代理商在代理合同终止后的补偿金请求权的构成要件、时间限制及除外情形。① 其中，代理商行使补偿金请求权须具备的构成要件为：② 代理商已为委托人介绍新的客户，或者显著增加了委托人与已有客户的交易总量，且委托人从与相关客户的交易中持续大量地获利；同时，在考虑所有因素，尤其是与相关客户交易的代理商损失的佣金收益后，支付补偿金是公平的。在时间限制方面，六个月过于短暂，一年较妥，即补偿金的数额不应超过相当于一年的佣金数额，数额以该代理商前三年的平均年收入计算。订立合同不足三年的，补偿金以合同存续期间的平均年收入计算。代理商自合同终止之日起一年内未向委托人主张补偿金的，其权利消灭。代理商丧失补偿金请求权的情形，除了因代理商过错而解除代理合同之外，还有以下两种情形：一是由代理商主动提出终止合同，但不包括可归咎于委托人的终止情形或者因代理商年迈、残疾或患有疾病而不能继续履行合同的终止情形；二是经委托人同意，代理商将代理合同中的权利与义务转让给第三人。(2) 《民法总则》第 173 条第 2 项仍然确认了"任意解除权"，这明显不妥，有悖于比较法上的基本经验，未能充分反映代理商合同的独特性。对此，建议以强制性规范限定如下：对于无固定期限的代理商合同，任何一方当事人可以通知

---

① 参见《法国商法典》第 L134-12 条和第 L134-13 条、《德国商法典》第 89b 条、《澳门商法典》第 652 条至第 654 条、《瑞士债务法》第 418u 条、《意大利民法典》第 1751 条、英国《1993 年商事代理条例》第 17 条。2004 年《深圳经济特区商事条例》(已废止) 第 59 条规定："在代理合同解除后六个月内，如果委托人所达成的交易可归因前代理商的服务，前代理商对这些交易享有报酬请求权，但因代理商的过错而解除代理合同的除外。"该条失之简陋。

② 也有学者将这种权利称为"商誉补偿请求权"或"佣金补偿请求权"。参见郭艳芬、刘云升：《论代理商的商誉补偿请求权》，载《河北法学》2007 年第 8 期；范健：《德国商法：传统框架与新规则》，法律出版社 2003 年版，第 193 页。为与合同有效期内的"佣金请求权"(或"报酬请求权")相区别，笔者认为称之为"补偿金请求权"更准确。

终止代理合同,其通知期限为:合同已成立一年的,须提前一个月;合同已成立两年的,须提前两个月;合同已成立三年或三年以上的,须提前三个月。但是,在存在重大事由时,任何一方当事人可以随时通知终止代理合同,同时为此承担损失赔偿责任。①

其次,在代理商的类型方面,对各种具体的代理商及其商事代理行为应进行适当的增删修改,以实现一般化与特殊化、类型化与体系化相结合的法律规整。(1)对有的商事代理合同类型应予有名化和一般化。例如,货运代理合同在我国《合同法》上尚属无名合同,2005年《上海市高级人民法院关于审理货运代理合同纠纷案件若干问题的解答(二)》、2012年《最高人民法院关于审理海上货运代理纠纷案件若干问题的规定》均要求参照适用《合同法》第400条解决货运代理转委托的法律效力问题。但是,这两个司法解释皆未能准确区分"代理""委任""行纪""复代理""相继货运代理"等概念,司法实务中同案不同判的现象仍然普遍存在。② 未来在代理商合同立法中应增加对货运代理商的一般性规定,尤其是对其转委托采取自由主义,以统一法律适用,减少法律纠纷。(2)对有的代理商类型应作特殊化处理。基于代理的地域范围、代理商或被代理人的数量等标准,2004年《深圳经济特区商事条例》(已废止)第51条和第60条区分了区域代理商、独家代理商等,此种立法经验应予肯定和沿用。但是,该条例第51条只是对独家代理商下了定义,尚需增加独家代理商的独占权利、竞业禁止义务等特殊规范,即独家代理商享有独占的代理权,委托人不得在同一地区内就同一业务活动同时委托其他的代理商;独家代理商也不得在同一地区内就同一业务活动同时代理其他相互竞争的委托人。(3)如前所述,基于代理的业务标准,我国曾有企业登记代理、钢材汽车代理、空运销售代理、外贸代理、著作权涉外代理、药品招标代理、出口保付代理及政府采购代理等历史类型。这些类型的商事代理曾有规范上的法律依据,现在丧失了特别法的约束力而受商事代理一般法的调整。从我国的商事代理立法及实践出发,当前的二十余种商事代理,类型过于繁杂,有待进一步的删减,以免"规避一般法"的乱象丛生,并造成立法资源的浪费。即便是既存的、常见的商事代理,如广告代理、保险代理、票据代理等,在"民商合一"体例下,对代理商的规范配置也应注意民法典与商事单行法、特别型行政法的分工及协调。

比较法的研究表明,商事代理与民事代理分别承载着不同的法律价值和功

---

① 参见《法国商法典》第L134-11条、《德国商法典》第89条及第89a条、《日本商法典》第30条、《澳门商法典》第648条至第651条、《瑞士债务法》第418q条和第418r条、《意大利民法典》第1747条及第1750条、英国《1993年商事代理条例》第15条。

② 参见方新军:《货运代理转委托行为的类型区分及法律效力》,载《法学研究》2015年第1期。

能,二者在立法形式和实质内容上相对独立的历史传统源远流长。无论是在采取"民商分立"抑或"民商合一"的国家和地区,商事代理均具有丰富的规范群,其坚实的实证法基础毋庸置疑。抛开抽象的宏大叙述,立足于具体的规范分析,商事代理的立法技术及其规范配置遂为检验"民商分立"与"民商合一"的试金石。

  我国民法典编纂既然选择了"民商合一",则"民商合一"必须具体化为看得见的立法行动,以博大的胸怀和宽广的视野吸纳相关的商法规范,为铸就一部真正具有商事品格的民法典锐意革新。但是,《民法总则》作为民法典编纂的第一步,并没有将"民商合一"的理念一以贯之,在诸多方面未能妥当区分商事代理与民事代理,商事代理立法的体系化与类型化思维严重不足。若下一步的民法典总则编和合同编继续因循守旧,始终沉迷于"排商"的"民法帝国主义"而无法自拔,在整体上罔顾商事代理的制度需求,则"民商合一"之中的"商"将有名无实,沦为空洞的口号或者理论幻象,最终可能会为"民商分立"的反转留下突破口——对此,立法者应有清醒的预见能力并作出审慎的判断。

第九章 公司越权对外担保的效力

在我国现行《公司法》中,有 8 个条文共 11 处出现"担保"一词,其中第 16 条、第 104 条、第 121 条、第 148 条共同构成公司对外担保的规范体系。《公司法》第 16 条是公司对外担保的一般性条款,依该条第 1 款之规定,公司为他人提供担保,依照公司章程的规定,由董事会或者股东会、股东大会决议;公司章程对担保的总额及单项担保的数额有限额规定的,不得超过规定的限额。但是,公司违反法律或章程有关担保的规定,或者公司章程违反法律有关担保的规定,或者章程没有规定担保事项,而公司对外提供担保的——此即本章所指的"公司越权对外担保"行为,该行为效力如何?对此,我国立法未予明确规定,导致法院判决态度不一,学说争议也一直聚讼纷纭。本章拟结合立法过程、《公司法》第 16 条实施前后的司法实践状况以及学术上的理论纷争,运用法律解释方法对该条的理解和适用展开探讨。

一、公司越权对外担保的立法变迁

(一)《公司法》的立法改进与遗留问题

1993 年《公司法》第 60 条第 3 款规定:"董事、经理不得以公司资产为本公司的股东或者其他个人债务提供担保。"第 214 条第 3 款规定:"董事、经理违反本法规定,以公司资产为本公司的股东或者其他个人债务提供担保的,责令取消担保,并依法承担赔偿责任,将违法提供担保取得的收入归公司所有。情节严重的,由公司给予处分。"在 1999 年《公司法》修改中,上述两个条文完全被保留下来。其中,在公司的组织机构中,由于董事、经理是代表公司对外从事经营活动的实施者,故禁止董事、经理对外担保,其实质无异于禁止公司本身对外担保。①同时,第 214 条对于公司对外担保的法律态度相当坚决,将其定性为"违法担保",并课以"取消担保"的制裁效果。经历 2005 年、2013 年两次修改的现行《公司法》,虽有明显的改进,但仍有疏漏:

第一,从反面解释,《公司法》第 148 条第 1 款解禁了公司对外担保行为,董事、高管可以按照公司章程的规定,经董事会或股东(大)会同意后对外担保。②但是,对董事、高管违反公司章程的规定,未经董事会或股东(大)会同意,擅自对外担保的,第 148 条第 2 款只是规定了公司的归入权,至于该越权担保行为在公司与被担保人之间效力如何,无法援引《公司法》予以解决。

第二,《公司法》第 16 条第 1 款强调公司章程在公司对外担保事项方面的规划功能,遗留的问题是:公司章程对公司对外担保未作任何规定时,公司应遵循什么样的程序,其对外担保行为方为有效?以担保为业的担保公司,若其章程规定公司对外担保不必由董事会或者股东(大)会决议,是否会因违反《公司法》第 16 条而无效?公司章程对担保的总额及单项担保的数额有限额规定,但公司对外担保超过了既定限额,该担保行为是有效、无效还是效力待定?《公司法》亦未为这些问题提供答案。

第三,《公司法》第 16 条第 2 款、第 3 款严格控制公司的关联性担保,以防止董事会或股东(大)会被公司股东或实际控制人操纵。令人不无疑惑的是,没有董事会和股东会的一人公司对外担保,应否适用《公司法》第 16 条?只设执行董事、不设董事会的有限责任公司,其章程能否授权执行董事决定对外担保?

第四,《公司法》第 104 条规定了公司就对外担保等重大事项的股东大会决议权,第 121 条严格控制上市公司对外担保,以保护中小股东的合法权益。这两个条文是强制性规则,抑或任意性规则?违反之,是否会影响公司对外担保行为的效力?诸多问题,尚存疑义。

(二)《担保法》与《担保法解释》的矛盾态度

1995 年颁行的《担保法》未涉及公司对外担保问题,是为法律上的"沉默"。但是,自 2000 年 12 月 13 日起施行的《担保法解释》第 4 条规定:"董事、经理违反《中华人民共和国公司法》第六十条的规定,以公司资产为本公司的股东或者其他个人债务提供担保的,担保合同无效。除债权人知道或者应当知道的外,债

---

① 因此,有学者认为,上述条款是对公司提供担保的权利能力的限制。参见江平主编:《新编公司法教程》,法律出版社 1994 年版,第 210 页;王保树、崔勤之:《中国公司法原理》,社会科学文献出版社 1998 年版,第 44—46 页。

② 参见朱慈蕴:《公司法原论》,清华大学出版社 2011 年版,第 162 页。

务人、担保人应当对债权人的损失承担连带赔偿责任。"第 11 条规定:"法人或者其他组织的法定代表人、负责人超越权限订立的担保合同,除相对人知道或者应当知道其超越权限的以外,该代表行为有效。"① 由于《担保法解释》第 4 条系直接针对 1999 年《公司法》第 60 条第 3 款,而《担保法解释》第 11 条系承接 1999 年《合同法》第 50 条,故引发如下疑问:第一,《担保法解释》第 4 条与第 11 条之间是否矛盾? 第二,在 2005 年修改《公司法》之后,《担保法解释》第 4 条和第 11 条是否仍有存在之必要?

依最高人民法院法官的见解,《担保法解释》第 4 条与第 11 条之间不存在矛盾,二者是原则与例外的关系。② 但是,在债权人不知道也不应当知道董事、经理越权代表公司对外担保之时,依据《担保法解释》第 4 条后段,债务人、担保人应当对债权人的损失承担连带赔偿责任,即公司须对此无效担保承担缔约过失责任;而依据《担保法解释》第 11 条,上述情形即成立董事、经理的表见代表,公司须承担有效担保的合同责任。由此,《担保法解释》第 4 条与第 11 条之间的矛盾不容否认。③ 矛盾产生的根源在于,这两个条文分别解释的具体对象——1999 年《公司法》第 60 条和 1999 年《合同法》第 50 条之间旨趣各异,前者绝对禁止公司对外担保,而后者认为符合表见代表的对外担保行为有效。

在 2005 年修改《公司法》之后,《担保法解释》第 4 条的解释对象不复存在,再据此认定公司对外担保合同一律无效的观点自然难以成立。但是,《担保法解释》第 11 条的法律基础和存在价值始终没有丧失。因为在法律属性和调整范围的定位上,《公司法》主要是组织法,意在规范公司本身的内部关系;而《合同法》是行为法,侧重调整作为担保人的公司与作为被担保人的债权人之间的外部关系。同时,现行《公司法》第 16 条、第 104 条、第 121 条、第 148 条与《合同法》第 50 条之间分工明晰,并行不悖。所以,在 2005 年修改《公司法》之后,《担保法解释》第 11 条仍具存在的合理性和科学性。

(三) 部门规章的内控精神

2000 年 6 月 6 日中国证监会发布的《关于上市公司为他人提供担保有关问题的通知》(证监公司字〔2000〕61 号,以下简称"61 号通知"),是针对上市公司的"限制担保令"。该通知第 7 条规定"上市公司应当完善内部控制制度",可谓画

---

① 在法律适用方面,由于最高人民法院的司法解释实质上具有普遍性与统一性,故在某种意义上可作为准立法的规范性文件来对待。

② 参见李国光等:《最高人民法院〈关于适用《中华人民共和国担保法》若干问题的解释〉理解与适用》,吉林人民大学出版社 2000 年版,第 57—61、82—86 页。

③ 参见张平:《对〈公司法〉第 60 条和〈担保法〉解释第 4 条的解读》,载《法学》2003 年第 3 期。

龙点睛之笔,其精神具体体现在第2条、第4条、第5条、第10条之中。61号通知限制上市公司对外担保的"内控精神"影响深远,并为此后的两个通知所沿袭和拓展。其中,《关于规范上市公司与关联方资金往来及上市公司对外提供担保若干问题的通知》(证监发〔2003〕56号)指出:"上市公司全体董事应当审慎对待和严格控制对外担保产生的债务风险,并对违规或失当的对外担保产生的损失依法承担连带责任。"

2005年12月中国证监会、银监会联合发布的《关于规范上市公司对外担保行为的通知》(证监发〔2005〕120号,以下简称"120号通知")进一步严格控制上市公司对外担保,①具体表现在:第一,禁止上市公司的章程对公司对外担保事项保持"沉默",章程应当明确股东大会、董事会审批对外担保的权限及违反审批权限、审议程序的责任追究制度;第二,扩大现行《公司法》第16条和第121条须经股东大会审批的对外担保事项;第三,对被担保债权人课以审查义务,要求银行业金融机构必须审核提供担保的上市公司的担保能力等事项。这样,一方面,将完善内部控制制度的要求从担保人上市公司扩及被担保人银行业金融机构,即从"单控"转变为"双控";另一方面,不但规定了银行业金融机构就上市公司对外担保履行董事会或股东大会审批程序的情况、履行信息披露义务的情况之形式审查义务,还规定了它对上市公司的担保能力之实质审查义务。

然而,有学者一方面批评上述120号通知突破了《公司法》的基本规则,乃越权规定,另一方面,又建议:"对于上市公司以及接受担保人未遵循证监会、银监会所规定的担保程序和审查义务的担保,应该认定为无效的担保。担保合同无效,应根据有关当事人的过错承担相应的民事责任。"②此种见解在逻辑上显然自相矛盾。120号通知虽然在形式上表现为部门规章,而非法律或行政法规,但就其性质而言,仍为具有法律拘束力的规范性文件。因为《立法法》第71条、第72条确认了部门规章的效力,中国证监会和银监会作为金融监管部门有权根据《公司法》《证券法》《银行业监督管理法》和《担保法》制定部门规章。同时,120号通知始终坚持"内控精神",未明确上市公司违规对外担保产生担保合同无效的私法效果,而是旨在通过加大力度追究违规当事人行政、刑事上的公法责任,加强金融监管协作。

考察立法变迁的本意在于,梳理实然法上公司越权对外担保效力的私法规则,并准确把握立法之目的。令人迷茫和困惑的是,现行《公司法》《担保法》以及

---

① 该通知自2006年1月1日起施行,与2005年修改后的《公司法》同时生效,并且取代了证监公司字〔2000〕61号通知和证监发〔2003〕56号通知中不一致的规定。其后,《关于废止部分证券期货规章的决定(第10批)》(证监会公告〔2010〕36号)明确废止了上述61号通知。

② 李金泽:《〈公司法〉有关公司对外担保新规定的质疑》,载《现代法学》2007年第1期。

120号通知对此都三缄其口,未见明文规定。与此同时,出现了《担保法解释》的矛盾态度和部门规章的不一致规定。不仅如此,这种矛盾和不一致,还在法院的裁判和学者们的学说之中愈发凸显。

二、公司越权对外担保的裁判立场

(一) 中福实业担保案

在该案中,最高人民法院认为,原《公司法》第60第3款对公司董事、经理以本公司财产为股东提供担保进行了禁止性规定,福建省中福实业股份有限公司(以下简称"中福实业")的公司章程也规定公司董事非经公司章程或股东大会批准不得以本公司资产为公司股东提供担保。因此,中福实业以赵某为首的五名董事通过形成董事会决议的形式代表中福实业为大股东中国福建国际经济技术合作公司提供连带责任保证的行为,因同时违反法律的强制性规定和中福实业公司章程的授权限制而无效,所签订的保证合同也无效。法律已明文禁止公司董事以公司财产为股东提供担保,故董事在以公司财产为股东提供担保上无决定权。作为公司董事集体行使权力的法人机关,在现行法律对董事会为股东提供担保无授权性规定,且公司章程或股东大会对董事会无授权时,董事会"也必然"因法律对各个董事的禁止性规定而无权作出以公司财产为股东提供担保的决定。因此,原《公司法》第60条第3款的禁止性规定既针对公司董事,也针对公司董事会。这符合我国公司法规范公司关联交易、限制大股东操纵公司并防止损害中小股东利益的立法宗旨。①

上述司法推理是基于当时的《公司法》第60条关于公司董事无权以公司资产为公司股东提供担保之规定,推断出作为董事集体的董事会也无权决定以公司资产为股东提供担保。该案判决中,"也当然"一词的运用,意味着其中采取了"举轻明重"的当然解释方法。但是,董事会不等于单个董事的人数加和,董事会作为对外代表公司的机关,是以一个抽象的整体形象出现的;董事会享有的职权也不等于每个董事的具体职权的叠加,董事会的职权大于单个董事。② 因此,从禁止董事以公司名义对外担保出发,难以依据"举轻明重"的方法推论出禁止公司董事会决议对外担保。

---

① 该案全称为"福建省中福实业股份有限公司等与中国工商银行福州市闽都支行借款担保纠纷案",最高人民法院(2000)经终字第186号民事判决书,"北大法宝"引证码CLI.C.31359。
② 参见高圣平:《民法解释方法在"中福实业公司担保案"中的运用》,载《法学家》2004年第4期。

(二) 幸福实业担保案

在该案中,最高人民法院认为,依照原《公司法》第 60 条以及《担保法解释》第 4 条的规定,幸福集团公司(以下简称"幸福集团")当时是湖北幸福实业股份有限公司(以下简称"幸福实业")的第一大股东,幸福实业为其提供的担保应认定为无效。判决及理由为:转让协议中明确约定,集团到期不能清偿温州国际信托投资公司(以下简称"温州国投")该笔债务的,由其持有的幸福实业的法人股股票折抵债务,故债权人温州国投对幸福实业为其股东幸福集团提供担保应是明知的;鉴于温州国投和幸福实业违反法律禁止性规定签订保证合同,对该担保无效均有过错,故依照《担保法解释》第 7 条的规定,对担保无效所造成的损失,即债务人幸福集团不能清偿的债务部分,幸福实业应在 50% 范围内承担赔偿责任,其余损失温州国投应自行承担。①

从中不难发现,最高人民法院当时的见解是,公司越权对外担保行为,无论是对内或对外,均是无效行为,公司一律免于承担担保责任。这确实严格贯彻了当时的《公司法》第 60 条禁止公司对外担保的旨意,却又忽略了《担保法解释》第 4 条与第 7 条之间的深层矛盾和冲突。因为依据《担保法解释》第 4 条进行反面解释:在债权人知道或者应当知道的情形下,债务人、担保人对债权人的损失不承担赔偿责任。最高人民法院同时又援引《担保法解释》第 7 条关于"主合同有效而担保合同无效,……债权人、担保人有过错的,担保人承担民事责任的部分,不应超过债务人不能清偿部分的二分之一"之规定进行判决。也就是说,最高人民法院先适用第 4 条来认定担保合同无效,随后却绕开了该条所示免责的法律效果,转而适用第 7 条来分配民事责任,其逻辑之割裂,由此可见一斑。

(三) 运盛(上海)实业担保案

在该案中,中国建设银行福州市城北支行(以下简称"建行城北支行")向福建省高级人民法院起诉,要求福建省中福实业股份有限公司(以下简称"中福实业")归还借款本金及利息,运盛(上海)实业承担连带清偿的保证责任。由于中福实业是运盛(上海)实业的股东,故福建省高级人民法院(2003)闽经初字第 7 号民事判决认定系争保证合同违反《担保法解释》第 4 条的规定,合同无效。

建行城北支行不服一审判决,向最高人民法院提起上诉。最高人民法院补充查明,运盛(上海)实业与中福实业存在相互提供担保的事实。据此,最高人民

---

① 该案全称为"温州信托公司清算组诉幸福实业公司等债权债务转让合同纠纷案",最高人民法院(2002)民二终字第 67 号民事判决书,"北大法宝"引证码 CLI.C.67325。

法院一反常态地认为:根据《担保法》一般规定,担保行为符合公司章程规定,经过董事会批准的,以公司名义为其他单位和个人出具的担保应当认定为有效;运盛(上海)实业与中福实业系互保单位,双方亦有互保协议和事实,系争担保行为应为有效。因此,运盛(上海)实业与债权人建行城北支行签订的担保合同并不为《公司法》第60条第3款所禁止,担保行为合法有效。

针对一审与二审之间截然不同的观点,原最高人民法院民二庭审判长、该案主审法官吴庆宝评释如下:最高人民法院近年来的典型案例逐步从国家主动干预说向民事主体权利义务自主决定说转变,并且完全摆脱了国家干预原则的束缚。原《公司法》第60条第3款禁止公司董事、经理个人利用职务作出损害公司利益的行为,这是对董事、经理义务的规定,而不是禁止经董事会决议后作出为股东担保的公司行为。如果公司为其大股东提供担保是经过董事会决议作出的公司行为,且公司已就该担保公开向社会告知,所有股东及证券主管部门又未提出异议——在此情况下,应当认为所有股东确认该担保是公司之意志而非公司之董事、经理的个人行为,其担保合法有效,担保公司应承担保证责任。① 此评释以新的理解彻底颠覆了最高人民法院(2000)经终字第186号民事判决书中关于公司对外担保问题的看法。②

(四) 创智股份担保案

该案中的借款合同及保证合同均签订于2005年9月30日,向广东省高级人民法院起诉的时间为2006年1月13日。后最高人民法院参照适用2005年《公司法》,二审判决认为:旧《公司法》虽然未要求公司对外提供担保必须经董事会或股东代表大会决议,但《关于上市公司为他人提供担保有关问题的通知》第5条、《关于规范上市公司与关联方资金往来及上市公司对外担保若干问题的通知》第2条第2款第1项及第3项都作出约束上市公司担保行为的规定;在程序上是需要股东大会还是董事会的批准,属于公司自治的范畴。创智信息科技股份有限公司(以下简称"创智股份")的公司章程选择由董事会决定担保事项,故该公司对外担保须经董事会决议。对创智股份的董事会决议,中国光大银行深

---

① 该案全称为"运盛(上海)实业股份有限公司与中国建设银行福州市城北支行及福建省中福实业股份有限公司借款担保纠纷案","北大法宝"引证码 CLI.C.329249。

② 最高人民法院这种新的裁判立场未被其他法院全面认可。例如,《2005年上海法院民商事审判问答(之二)》(沪高法民二〔2005〕3号,2005年3月24日印发)认为:《公司法》第60条第3款是法律的禁止性规定。据此,董事、经理在公司对外担保上没有决定权和代表权,公司董事会也因为法律对各个董事的禁止性规定而无权作出公司对外担保的决定。即使公司董事会决议对外担保,仍应认定无效。但是,经公司股东会决议而对外担保的,由于该条款没有涉及公司股东大会,且股东大会决议提供担保,说明该担保事项不违背股东意志,故应认定有效。

圳分行(以下简称"光大银行")仅负有形式审查的义务,在没有证据证明光大银行存在恶意的情况下,应当认定光大银行对该份董事会决议已履行合理审查的义务。最高人民法院遂改判保证合同有效。① 其裁判要旨在于,一是承认部门规章中关于公司对外担保规则的拘束力,并将其作为司法裁判的依据;二是认定被担保人具有形式审查义务,将前述部门规章的"内控精神"外部化。

笔者赞同该案认定保证合同有效的改判结果,但其适用法律的依据及理解颇值推敲。首先,既然该案二审判决参照适用 2005 年《公司法》,则亦应同时适用《关于规范上市公司对外担保行为的通知》,判决适用的《关于上市公司为他人提供担保有关问题的通知》《关于规范上市公司与关联方资金往来及上市公司对外担保若干问题的通知》中的相关规定其实已经自动废止。其次,如前所述,《关于规范上市公司对外担保行为的通知》不但规定了被担保人的形式审查义务,还规定了实质审查义务。但是,无论如何,这些审查义务均局限于内部有效,不具有"溢出效应",即违反之主要产生公法效果,而不会产生担保合同无效的私法效果,不得直接据此认定担保人与被担保人之间担保合同的效力。

(五) 银大公司担保案

该案中的对外担保事实发生在 2006 年之后,北京市第二中级人民法院于 2008 年 11 月 11 日作出一审判决。在二审中,北京市高级人民法院认为:在江苏银大科技有限公司(以下简称"银大公司")不能举证证明中建材集团进出口公司(以下简称"中建材公司")存在恶意的情形下,应当认定中建材公司为善意第三人,中建材公司已经尽到合理的审查义务,故于 2009 年 9 月 22 日判决驳回上诉,维持原判。该二审判决完整表达了对 2005 年《公司法》第 16 条的理解,即公司违反第 16 条的规定,与他人订立担保合同的,不能简单认定合同无效。具体而言:第一,该条款并未明确规定公司违反上述规定对外提供担保导致担保合同无效;第二,公司内部决议程序不得约束第三人;第三,该条款并非效力强制性的规定;第四,如依据该条款认定担保合同无效,不利于维护合同的稳定和交易的安全。此外,第三人的善意是由法律推定的,不能仅凭公司章程的记载和备案就认定第三人应当知道公司的法定代表人超越权限,进而断定第三人恶意。②

---

① 该案全称为"中国光大银行深圳分行与创智信息科技股份有限公司、深圳智信投资有限公司、湖南创智集团有限公司借款保证合同纠纷上诉案","北大法宝"引证码 CLI.C.329236。对该案的肯定性评释,参见最高人民法院民事审判第二庭编:《民商事审判指导》(2008 年第 2 辑),人民法院出版社 2008 年版,第 179—183 页。

② 该案全称为"中建材集团有限公司诉北京大地恒通经贸有限公司、北京天元盛唐投资有限公司、天宝盛世科技发展(北京)有限公司、江苏银大科技有限公司、四川宜宾俄欧工程联合进出口代理合同纠纷案",载《最高人民法院公报》2011 年第 2 期。

显然,北京市高级人民法院的二审判决与"创智股份担保案"中最高人民法院关于交易相对人审查义务的判断标准有实质区别。前者认为,2005年《公司法》第16条并未明确规定公司越权对外担保导致担保合同无效,该条款规定的公司内部决议程序不得约束第三人;第三人无审查章程的义务,公司章程的公开不构成第三人的"推定知晓"。后者认为,部门规章对于上市公司担保的规定,金融机构应当知晓,并负有合理审查义务。

另外,《北京市高级人民法院关于审理公司纠纷案件若干问题的指导意见》(京高法发〔2008〕127号,自2008年4月21日起施行)第6条指出:"公司提供担保未履行《公司法》第16条规定的公司内部决议程序,或者违反公司章程规定的,应认定担保合同未生效,由公司承担缔约过失责任。担保权人不能证明其尽到充分注意义务的,应承担相应的缔约过错责任。"该条规定的担保合同"未生效",实指担保合同"无效"之意。因为"未生效"只是合同效力的中间过渡状态,最终须落实为"有效"或"无效"的状态;若认定担保合同"有效",则无从产生缔约过失责任,而须由公司对担保权人承担有效的担保责任。因此,上述北京市高级人民法院的二审判决与其自身发布的127号指导意见关于公司越权对外担保效力的认定迥然不同,前者尽量维持担保合同有效,后者却直接认定担保合同无效。

(六) 孙某与一得公司担保案

该案中,林某系绣丰公司法定代表人,孙某是分立前机电公司的法定代表人。孙某同时又是一得公司的法定代表人,拥有一得公司90%股权。2008年7月2日,孙某以机电公司名义与绣丰公司签订房地产转让协议。同时,孙某与一得公司为该房地产转让协议提供担保,担保条款约定为承担连带保证责任。该案在历经慈溪市人民法院一审、宁波市中级人民法院二审、浙江省高级人民法院再审判决后,最终由最高人民法院提审并于2013年4月28日作出判决。① 最高人民法院认为:《公司法》第16条第2款之规定说明,《公司法》对关联担保这种无对价的特殊交易之代表权作了限制性规定,即必须经股东会同意。为股东及法定代表人清偿债务的性质较关联担保更为严重,公司直接对外承担债务而不能取得经营利益,如未经股东会同意,将构成侵占公司财产的行为。绣丰公司知晓机电公司由几名股东组成,专门聘请律师草拟协议;在孙某不能提供股东会同意证明的情形下,根据协议内容,绣丰公司理应知道孙某的行为不是为机电公

---

① 该案全称为"宁波绣丰彩印实业有限公司与浙江杭州湾汽配机电市场经营服务有限公司等合同纠纷再审案",最高人民法院(2012)民提字第208号民事判决书,"北大法宝"引证码 CLI.C.1801069。

经营活动所从事的职务行为,而是违反《公司法》强制性规定的侵占公司财产行为。因此,绣丰公司以协议和委托书加盖了机电公司公章为由主张善意信赖孙某代表权的理由不能成立。综合考虑本案的交易过程和事实,绣丰公司应当知道孙某的签约超越代表权限,绣丰公司不属于《合同法》第50条保护的善意相对人,故孙某的代表行为无效,房地产转让协议不能约束机电公司;机电公司对该协议的签订并不知情,对孙某私刻公章的行为也不具有管理上的失职,绣丰公司要求机电公司依据该协议承担责任的诉请于法无据。

由上观之,最高人民法院与地方人民法院之间、同一人民法院在不同时期对于公司越权对外担保的裁判立场游离不定、变化多端,导致法律适用极度混乱,严重影响了各级法院裁判的合理性和公信力。这种情形在理论界引发围绕《公司法》第16条的热烈讨论,并陷入学说纷争的困境,迄今为止尚未形成一致的学理解释。

三、公司越权对外担保的学说争议

(一) 效力待定说

效力待定说为少数人的观点。该说认为,越权担保合同属于效力待定合同,而非无效合同,若其符合下列条件之一,则应认定为有效合同:一是从保护善意相对人的角度出发,效力待定的合同如果符合法律规定的表见代表或表见代理要件,则应认定为有效合同;二是从保护当事人的合同预期、促成交易的目的出发,效力待定的合同在公司予以追认后有效。①

(二) 无效说

1. 全部无效说

该说认为,公司对外担保违反《公司法》第16条或第122条规定(现行《公司法》第121条)的,属于无效的担保,理由如下:第一,根据《合同法》第52条第5项之规定,担保合同违反法律、行政法规的强制性规定,应为无效;第二,从《担保法解释》第4条的逻辑推理来看,违反《公司法》规定的担保应认定为无效。②

与后文所述黄龙先生的观点针锋相对,黄承军法官持全部无效说的理由在于:(1)《公司法》第16条关于公司担保的规定,系法律对公司民事权利能力的

---

① 参见刘贵祥:《公司担保与合同效力》,载《法律适用》2012年第7期。
② 参见李金泽:《〈公司法〉有关公司对外担保新规定的质疑》,载《现代法学》2007年第1期。

限制。(2) 从目的性解释的角度出发,宜将《公司法》第 16 条解释成强制性规范,对相对人具有约束力。(3) 将《公司法》第 16 条解释成非强制性规范,将导致《公司法》法条之间存在体系不合。如果董事会未经章程授权,决定公司为他人提供担保,依《公司法》第 22 条的规定,董事会的决定行为应属于无效行为,将导致担保合同无效。①

2. 越权部分无效说

该说认为,《公司法》第 16 条在性质上属于强制性规定,超过公司章程规定担保限额的,超过的部分无效。② 其依据有二:第一,根据《公司法》第 16 条,公司有权对外提供担保,在公司章程规定的限额范围内提供的担保应为有效,如将超出公司章程规定限额而订立的担保合同解释为整体无效,则违背《公司法》允许公司对外担保的精神。第二,《合同法》第 56 条规定:"合同部分无效,不影响其他部分效力的,其他部分仍然有效。"超出限额以上部分的担保,因违反公司章程和《公司法》第 16 条的强制性规定,应为无效;而担保合同部分无效不影响其他部分的效力,未超出限额部分的担保仍然有效。但是,在公司章程没有规定限额的情况下,公司对外担保行为的效力如何,该说未提供认定方案。

(三) 区分说

该说通过区分交易相对人的善意与恶意来确定担保合同的效力。但是,对于如何区分和认定交易相对人的善意与恶意,学者之间尚有不同见解。

1. 无审查义务说(亦为消极善意说)

该说认为,越权签订的担保合同不能一律认定为无效,应当对善意第三人予以保护,类推适用《合同法》第 50 条关于法定代表人越权代表的规定处理。公司章程是公司内部决议的书面载体,它的公开不构成第三人应当知道的依据。从交易成本和现行的登记制度来考虑,强加给第三人对公司章程的审查义务不具有可操作性和合理性。第三人的善意是由法律推定的,第三人无须举证自己善意;相反,如果公司主张第三人恶意,应对此负举证责任。③

黄龙先生也认为违反《公司法》第 16 条并不当然导致担保合同无效,主要理由如下:(1) 第 16 条并非约束合同效力的法律规范。(2) 第 16 条不能约束公司行为的相对人。(3) 违反第 16 条不能等同于"违反法律、行政法规的强制性规

---

① 参见黄承军:《违反公司法第十六条将导致合同无效——兼与黄龙先生商榷》,载《人民法院报》2008 年 10 月 9 日第 6 版。

② 参见华德波:《论〈公司法〉第 16 条的理解与适用——以公司担保债权人的审查义务为中心》,载《法律适用》2011 年第 3 期。

③ 参见崔建远、刘玲伶:《论公司对外担保的法律效力》,载《西南政法大学学报》2008 年第 4 期。

定"。(4)相对人明知公司违反第 16 条而与之签订担保合同的,应认定合同无效;合同的相对人无审查公司行为的义务;如果公司提供虚假的通过决议的文件,而相对人不知情的,即为善意,则相关合同有效。①

2. 形式审查义务说(亦为积极善意说)

该说认为,在现行《公司法》对公司担保决策权和决策机构作出明确规定后,任何接受公司提供担保的相对人,其注意义务相应提高,有义务向公司索取担保决策机构同意担保的决议。否则,一旦发生公司越权提供担保,相对人因未尽到必要注意义务而存在过失,就无法获得《合同法》第 49 条表见代理制度的保护,担保合同归于无效。不过,相对人对决议仅负形式审查义务,对决议实质真伪则无审查义务。换言之,被担保人有义务在签署担保合同时要求担保人出示公司章程及符合公司章程规定的决议文件。②

3. 数额区分说

该说认为,数额较大、动摇了公司基础财产的担保行为,属于非常规交易,其性质与公司合并、分立、解散等行为相似。交易相对人对于这种交易负有调查法定代表人权限的义务,即有义务要求法定代表人提供公司章程、有权机关决议;否则即为恶意,公司可以拒绝承担担保责任。而对于数额较小或者已经履行的担保,不应因《公司法》第 16 条第 1 款的规定而推定第三人有调查法定代表人权限的义务。③ 但是,对于如何认定"数额较大""数额较小",该说语焉不明,会给实际操作带来新的疑惑。

面对捉摸不定的裁判立场和莫衷一是的学说争议,我们必须妥当运用法律解释学的方法,就公司越权对外担保的效力问题进行更具逻辑性和合理性的论证,借此提高法律规则的客观性和统一性,以免遭受司法主观擅断或法律解释学无能之讥。

四、公司越权对外担保的解释方法

解释方法是多元性的,那么各种解释方法在适用时是否具有位阶关系?对此,王泽鉴先生持折中立场,既不认为各种解释方法具有一成不变的位阶关系,

---

① 参见黄龙:《违反公司法第十六条不当然导致合同无效》,载《人民法院报》2008 年 7 月 10 日第 6 版。

② 参见曹士兵:《我国新公司法关于公司担保能力的规定评述——重温最高人民法院"中福实业公司担保案"》,载《法律适用》2006 年第 6 期;赵旭东主编:《公司法学》(第二版),高等教育出版社 2006 年版,第 175 页;李建伟:《公司法学》,中国人民大学出版社 2008 年版,第 109 页。

③ 参见张舫:《法定代表人越权签约对公司的拘束力——对〈公司法〉相关条文的分析》,载《法学论坛》2011 年第 3 期。

亦不认为解释者可任意选择一种解释方法支持其论点。① 黄茂荣先生则认为，首先，应以文义因素确定法律解释活动的范围；其次，依历史因素对该范围进一步加以界定，同时对法律的内容和规定意旨作一些提示；再次，依照体系因素及目的因素发现、确定规范意旨，获得解释结果；最后，以合宪性因素予以复核。② 可见，每一种解释方法各具功能，但亦有限制，需相互补足方能获得合理之解释结果。因此，本书选择以文义解释为基础，辅之以历史解释、目的解释、体系解释、漏洞填补等方法作为阐释路径。

（一）文义解释

文义解释是指按照法律条文用语的文义及通常使用方式，阐明法律的意义和内容。一般认为，在法律解释方法中，文义解释具有优先性，法律解释必先由文义入手，且所作解释不能超过可能的文义，否则即进入另一阶段——造法活动。尊重法条之文义，始能维护法律的尊严及其安定性价值。③ 针对公司对外担保的规范体系，运用文义解释的方法可以得到如下几点认识：

第一，《公司法》第16条第1款前段中"依照公司章程的规定"的用语表明，这是一个赋权性规则。④ 该赋权性规则授权公司参与各方通过章程约定而自由设定规则，并当然具有法律效力。这条规则意味着，公司章程有权规定公司对外担保事项的决议机构，也有权不规定；若公司章程对决议机构已有规定，则不得擅自改变该决议机构。

第二，《公司法》法条中出现"不得"或"必须"的，表明它们为强制性规则，这些规则不允许公司参与各方以任何方式加以修正。但是，《公司法》第16条第1款后段和第3款前段、第148条第1款中的"不得"，不是禁止公司对外担保行为本身，而是限制担保的额度及表决权的主体；第16条第2款中的"必须"，则是对决议程序的强制命令。可见，强制性规则中的虚词"不得"或"必须"本身没有解释的必要及空间，虽然它们在汉语中是最高位阶的强制性语气词，但强制所针对的"对象"，如法律关系的主体、客体、内容、形式或程序等问题，有可能面临进一步的法律解释问题。

第三，《公司法》第16条第3款后段"由……通过"的用语表明，它们属于结

---

① 参见王泽鉴：《法律思维与民法实例——请求权基础理论体系》，中国政法大学出版社2001年版，第240页。
② 参见黄茂荣：《法学方法与现代民法》，中国政法大学出版社2001年版，第287—288页。
③ 参见梁慧星：《民法解释学》，中国政法大学出版社1995年版，第214页。
④ 关于公司法上的赋权性规则与强制性规则、结构性规则与信义规则等的细致分析，参见罗培新：《公司法强制性与任意性边界之厘定：一个法理分析框架》，载《中国法学》2007年第4期。

构性规则,用以规范公司权力在不同机关的分配以及各机关行使这些权力的要件,从而形成运作有序的公司治理架构。这类规则只涉及公司内部的权力分配,宜认定为任意性规范。

第四,《公司法》第 104 条和第 121 条中的"应当",并不必然是强制性的,也不必然是任意性的。"应当"在语气上,较之于"可以"稍强硬,较之于"必须"则稍软化。由此导致的问题是,"应当"一词本身需要解释,并且不能单纯依赖文义解释,尚需借助历史解释及目的解释来认定相关规则的属性。

基于上述认识,笔者不赞同"通过分析公司担保规则是否为强制性规则的路径存在着解释困境"[①]的观点。相反,笔者认为,法律规则的文义解释及其类型化分析是认定公司对外担保效力问题的必由之路,只不过不能借此一步到位地得出担保行为效力问题之结论,尚须配合运用其他的解释方法。

(二) 历史解释

历史解释亦称"立法解释"或"沿革解释",是指以制定法律的相关历史资料为依据,以期发现立法者或准立法者意图的一种解释方法。针对公司对外担保规范体系之实然化历程,需要从立法草案及修订草案说明中探究其可能的立法意图。

2005 年《公司法》之修订,先后经过四次全国人大常委会审议。最初,立法者并未设置公司对外担保的一般性条款,只是把目光聚焦于上市公司,在《公司法》修订草案初次审议稿(即第一稿)中增设了与现行《公司法》第 121 条同样的规定,不过并未写入第 16 条。但是,经过初次审议后,"有些常委会委员和地方、部门、企业提出,公司为他人提供担保,可能给公司财产带来较大风险,需要慎重。实际生活中这方面发生的问题较多,《公司法》对此需要加以规范。"[②]因此,全国人大法律委员会在修订草案第二稿中建议增加规定第 16 条,该条文遂初现于修订草案第二稿。在修订草案第四稿中,充分体现出增设第 16 条的立法意图:"第 16 条第 1 款对公司为他人提供担保的决定程序作了规定。……公司向其他企业投资,同样涉及公司财产安全和股东利益,也应作出相应规定。"[③]可

---

① 沈晖:《背离公司担保决议规制的法效果——分析路径的困境与出路》,载《南京大学法律评论》2011 年第 2 期。

② 2005 年 8 月 23 日全国人大法律委员会副主任委员洪虎在第十届全国人民代表大会常务委员会第十七次会议上所作的《全国人大法律委员会关于〈中华人民共和国公司法(修订草案)〉修改情况的汇报》。

③ 2005 年 10 月 25 日全国人大法律委员会主任委员杨景宇在第十届全国人民代表大会常务委员会第十八次会议上所作的《全国人大法律委员会关于〈中华人民共和国公司法(修订草案三次审议稿)〉修改意见的报告》。

见,该条的立法目的之一是规范公司对外担保这个重大事项的内部决议程序。上述第 16 条的立法历史表明,应由哪个公司机构、以何种方式形成公司对外担保的意思决定,是其原始的立法目的。①

在规范结构上,《公司法》第 16 条具备"假定"与"处理"两要素,但欠缺"制裁"要素,属于不完全法条。因此,基于对第 16 条的强制性与任意性的定性分析,无法直接推断出公司违反该条越权对外担保的决议及其合同的效力状态。解决公司对外担保的效力问题,关键在于将其分为内部担保决议的效力和外部担保合同的效力两个层面,采取"内外有别"的策略,②分别认定其效力,而不能张冠李戴或一体认定(如前述黄承军的第三个理由)。其中,关于公司对外担保决议的效力,需要结合《公司法》第 22 条展开目的解释与体系解释;关于公司对外担保合同的效力,需要结合《合同法》等相关法律展开目的解释与体系解释。由此,不难理解《公司法》为何对公司对外担保合同的效力问题未予规定,因为这属于《合同法》的调整范围,而《公司法》及相关部门规章只宜就公司对外担保决议的效力问题进行规制。

(三) 目的解释

目的解释是指根据立法目的来阐明法律规范的方法。现代民商法最重要的目的及核心内容为保护财产安全。财产安全有静态安全(静的安全)与动态安全(动的安全)之分。前者指对主体已有的权益进行保护,不使他人任意侵夺,是对既有利益的静态保护;后者则指对主体取得的新权益予以保护,不使其归于无效,旨在促进新利益的流转,又称"交易安全"。③

《公司法》修订过程中使用的"需要慎重""需要加以规范""涉及公司财产安全和股东利益"等叙述方式表明,就公司对外担保的决议行为,法律在静态安全与动态安全之间更倾向于前者。对此,《公司法》第 1 条"规范公司的组织和行为,保护公司、股东和债权人的合法权益"之规定已开宗明义。因此,《公司法》第 104 条和第 121 条中的"应当",借助历史解释及目的解释,应认定为强制性规则,违反之将导致公司对外担保决议可撤销(《公司法》第 22 条第 2 款)。然而,前述关于公司越权对外担保问题的学说争议,无一探讨可撤销的效力状态,是为

---

① 参见钱玉林:《公司法第 16 条的规范意义》,载《法学研究》2011 年第 6 期。
② 有学者认为,《合同法》第 50 条的理论基础不是以保护对权利外观之合理信赖为目的的表见理论,而是法人之内部关系与外部关系的区分理论。此种见解恐为过犹不及,其实表见理论或区分理论无本质不同,均旨在保护善意第三人。参见朱广新:《法定代表人的越权代表行为》,载《中外法学》2012 年第 3 期。
③ 参见江帆、孙鹏主编:《交易安全与中国民商法》,中国政法大学出版社 1997 年版,第 5—8 页。

不足。

公司越权对外担保合同的效力认定,不能固守静态安全,需顺应保护善意第三人之趋势,向动态安全倾斜。换言之,公司法保护公司及股东利益之责,应由公司的代理人或代表人来承担,并应为此采取必要的内控手段,而不得由外部的被担保人来承担。同时,从公司越权担保事项中,推导不出被担保人的审查义务,前述形式审查义务说并不科学。[①] 基于《公司法》第 16 条的立法背景及其在公司法规范体系中的意义可知,违反第 16 条的直接后果是产生组织法上的相应责任,只影响公司关于对外担保事项的董事会或者股东(大)会决议的效力;在公司对外担保未经董事会或者股东(大)会决议,或者董事会或股东(大)会决议被撤销或者被确认无效,而担保权人善意的情况下,不影响公司对外担保合同的效力。[②] 可见,公司越权对外担保决议的效力,并不当然与担保合同的效力相一致。

(四) 体系解释

任何一部法律都是一个有机的整体,其内容、条文、结构之间互相联系,密不可分。对某一法律规范不能孤立地进行解释,而要将该规范置于一个大的法律系统之下,综合考虑法律的精神、原则以及该规范与其他规范的联系,以整体的观点来阐明其内涵。因此,在《公司法》的内部体系中,如前所述,违反第 16 条、第 104 条、第 121 条、第 148 条之中的强制性规则,需"链接"第 22 条来阐释和处理,允许股东请求法院撤销该越权对外担保决议或确认其无效。而公司越权对外担保合同的效力认定,则应综合考虑《公司法》的内部体系与《合同法》《担保法》《物权法》《票据法》等外部体系,根据法律行为的基本原理以及交易情境予以确定。

1. 与《合同法》的"链接"

前述全部无效说适用《合同法》第 52 条第 5 项,越权部分无效说适用《合同法》第 56 条,无审查义务说类推适用《合同法》第 50 条,形式审查义务说适用《合同法》第 49 条,效力待定说同时适用《合同法》第 48 条、第 49 条、第 50 条。笔者认为,这些"链接"存在错误或片面之处。

第一,最高人民法院《关于当前形势下审理民商事合同纠纷若干问题的指导

[①] 域外法中,公司章程的记载并不当然对第三人产生约束力,如《欧盟第 1 号公司法指令》第 9 条第 2 款、《加拿大公司法》第 18 条以及《法国商法典》第 L225-35 条第 2 款。参见赵旭东主编:《境外公司法概览》,人民法院出版社 2005 年版,第 41 页;《法国商法典》(上册),罗结珍译,北京大学出版社 2015 年版,第 243 页。

[②] 参见钱玉林:《公司法第 16 条的规范意义》,载《法学研究》2011 年第 6 期。

意见》第15条规定："正确理解、识别和适用合同法第五十二条第(五)项中的'违反法律、行政法规的强制性规定'，关系到民商事合同的效力维护以及市场交易的安全和稳定。人民法院应当注意根据《合同法解释(二)》第十四条之规定,注意区分效力性强制规定和管理性强制规定。违反效力性强制规定的,人民法院应当认定合同无效;违反管理性强制规定的,人民法院应当根据具体情形认定其效力。"鉴于《公司法》第16条、第104条、第121条之中的强制性规则,是组织法上的管理性强制规定,同时也是认定公司越权对外担保决议效力的强制性规定,但非认定公司越权对外担保合同效力的强制性规定,①故全部无效说难以成立。

第二,越权部分无效说违反了担保的不可分性这一基本原理,会给实际操作带来新的技术障碍和举证难题,难谓合理。况且,最高人民法院《关于适用〈中华人民共和国合同法〉若干问题的解释(一)》第10条已经不再固守越权无效原则。②

第三,在公司越权对外担保合同符合表见代理或表见代表的构成要件之情形下,可以直接适用《合同法》第49条或第50条认定该合同有效,此既非无审查义务说的"类推适用",亦不构成前文所述的"效力待定"。

第四,在公司越权对外担保合同不符合表见代理或表见代表的构成要件之情形下,则适用《合同法》第48条认定该合同效力待定,进而视公司追认与否确定该合同为有效或无效。

2. 与《担保法》的"链接"

《担保法》规定的担保方式有保证、抵押、质押、留置和定金。实践中,由于定金担保需要实际交付现金,留置为法定担保方式,抵押和质押目前主要由《物权法》来规范,故被纳入《担保法》调整范围的公司对外担保方式一般为保证。前文所引案件均为保证纠纷。如前所述,《担保法解释》第11条系承接《合同法》第50条而成,应予认可,而《担保法解释》第4条不再适用。另外,依《担保法》第29条,公司的分支机构未经公司书面授权或者超出授权范围与债权人订立保证合同的,该合同无效或者超出授权范围的部分无效;债权人和该公司有过错的,应当根据其过错各自承担相应的民事责任;债权人无过错的,由该公司承担民事责任。依《担保法》第10条和《担保法解释》第18条,公司的职能部门提供保证的,

---

① 在"尤赛珍诉宁波开汇电子产业有限公司等民间借贷纠纷案"中,法院判决笼统指出:"《公司法》第16条是管理性强制规范,不是效力性强制规定,"此见解未臻精准。参见宁波市江东区人民法院(2009)甬东商初字第895号民事判决书。针对该案判决及《公司法》第16条的不同意见,可参见冀诚:《对我国合同法上强制性规定的类型分析》,载《北方法学》2012年第4期。

② 有学者认为,如果公司给他人债务提供担保,却与公司没有明显利益关系,也可能导致越权无效原则的适用。不过,他对可能适用该原则的具体情形未作描述。参见施天涛:《公司法论》,法律出版社2006年版,第144页。

保证合同无效;债权人不知情的,参照适用《担保法》第 5 条第 2 款和第 29 条。

3. 与《物权法》的"链接"

首先,《公司法》第 148 条禁止董事、高管擅自"以公司财产为他人提供担保",从字面上看仅涉及物保,与人保(即保证)无关。但是,结合《公司法》第 16 条进行体系解释与目的解释可知,应将第 148 条的规范意旨同时统摄物保与人保,这其实也是对第 148 条进行的扩张解释作业。①

其次,《物权法》第 172 条规定:"设立担保物权,应当依照本法和其他法律的规定订立担保合同。担保合同是主债权债务合同的从合同。主债权债务合同无效,担保合同无效,但法律另有规定的除外。担保合同被确认无效后,债务人、担保人、债权人有过错的,应当根据其过错各自承担相应的民事责任。"因此,担保物权合同具有要式性和从属性。若公司违反《公司法》第 16 条、第 104 条、第 121 条、第 148 条之中的强制性规则,越权对外签订抵押合同或质押合同,只要该担保物权合同符合要式性和从属性之要求,即便担保决议存在瑕疵,亦不影响该担保物权合同的效力。

4. 与《票据法》的"链接"

以票据进行担保的方式有票据保证与票据质押。由于票据行为具有要式性、技术性、文义性和无因性,故在一般意义上,公司对外提供票据保证与票据质押的,须符合票据行为上述四性之要求。

首先,依据《票据纠纷规定》第 60 条、第 61 条,公司的分支机构和职能部门作为票据保证人的,票据保证无效,但公司的分支机构在法人书面授权范围内提供票据保证的除外;票据保证无效的,票据的保证人应当承担与其过错相应的民事责任。相比而言,公司的分支机构和职能部门作为一般的民事保证人,若有越权保证行为,在债权人无过错或不知情之际尚为有效;而票据保证中不存在这种可能,否认了债权人"善意"概念的作用空间。

其次,依据《票据法》第 5 条、第 7 条,没有代理权而以代理人名义在票据上签章的,应当由签章人承担票据责任;代理人超越代理权限的,应当就其超越权限的部分承担票据责任。法人在票据上的签章,为该法人的盖章加其法定代表人或者其授权的代理人的签章。可见,我国《票据法》上没有规定票据表见代理规则,也没有认可法人对无权代理或越权代理的追认规则,而是对无权代理采本

---

① 我国台湾地区"公司法"第 16 条第 1 项规定:"公司除依其他法律或公司章程规定得为保证者外,不得为任何保证人。"台湾地区"最高法院"1985 年台上字第 703 号民事判决指出:"公司法第 16 条第 1 项规定……旨在稳定公司财务,用杜公司负责人以公司名义为他人作保而生流弊,倘公司提供财产为他人设定担保物权,就公司财务之影响而言,与为他人保证人之情形无殊,仍应在上开规定禁止之列。"参见王文宇:《公司法论》,台湾元照出版有限公司 2006 年版,第 109—110 页。

人无责任说,对越权代理采越权部分无效说。① 因此,基于《公司法》《票据法》与《民法总则》之间是特别私法与一般私法的关系,若公司董事、高管违反《公司法》第16条、第104条、第121条、第148条之中的强制性规则,越权对外提供票据保证或票据质押,须类推适用《合同法》第49条、第50条而认定为有效。②

(五) 漏洞填补

"漏洞"意指不圆满性,故"法律漏洞是一种法律'违反计划的不圆满性'。"③ 根据不同的分类标准,有不同种类的法律漏洞,其中"最值重视的是,系所谓开放漏洞(或公开漏洞)及隐藏漏洞,此与漏洞填补的方法有关"④。开放漏洞亦称"明显漏洞",指依规范的意旨,法律应对某案型加以积极规定,实际上却未规定;隐藏漏洞指尽管法律对应予规范之案型作出规定,但未考虑该类案件的特别情形并加以特别规定,缺乏限制。

1. 开放漏洞

其一,公司章程对公司对外担保未作任何规定时,公司决议应遵循什么样的程序,其对外担保行为方为有效? 由于我国采行"股东会中心主义",若公司章程对担保"沉默",则应运用"营利性原则"将董事会的决议权限定在公司正常经营活动的范围之内,公司对外担保的决议须由股东会作出方为有效。但是,若董事会越权对外担保,除相对人知道或者应当知道其超越权限以外,该担保合同行为在公司与相对人之间有效。

其二,没有董事会和股东会的一人公司对外担保,应否适用《公司法》第16条? 由于欠缺第16条要求的有权决议机构,对一人公司自然难以适用该法条。然而,一人公司对外担保与《公司法》第38条第1款所列事项均属重大事项,此时应类推适用《公司法》第61条后段,由股东作出书面形式的担保决定并在签名后置备于公司。若一人公司为公司股东担保,此实为有损公司债权人利益、滥用公司法人独立地位和股东有限责任的行为,应属禁止之列而认定为无效。

2. 隐藏漏洞

其一,只设执行董事、不设董事会的有限责任公司,其章程能否授权执行董

---

① 由于票据金额具有单一性(整体性、不可分割性)的特征,故采越权部分无效的做法来处理被担保人与越权担保人之间的关系不具可行性。结合前述对于公司的分支机构越权对外保证亦采越权部分无效的做法,可见我国在这方面已是积重难返。参见刘心稳:《票据法》,中国政法大学出版社2008年版,第65—67页。
② 参见董惠江:《票据表见代理适用及类推适用的边界》,载《中国法学》2007年第5期。
③ 〔德〕卡尔·拉伦茨:《法学方法论》,陈爱娥译,商务印书馆2003年版,第250、251页。
④ 王泽鉴:《法律思维与民法实例——请求权基础理论体系》,中国政法大学出版社2001年版,第253页。

事决定对外担保？由于《公司法》第 16 条被置于总则部分,发挥着统率性、一般性的规范功能,构成对分则第 50 条第 2 款"执行董事的职权由公司章程规定"的限制,故公司章程只能授权由股东会决议对外担保,而不能授权给执行董事,这也是"股东会中心主义"之要求。

其二,以担保为业的担保公司,若其章程规定公司对外担保不必由董事会或者股东(大)会决议,是否会因违反《公司法》第 16 条而无效？由于担保公司的经营范围为融资性担保业务,且其设立及持续营业需要具备充分的审慎性条件,故其对外担保权为从事日常经营业务的应有之义,若必须基于董事会或者股东(大)会的特别授权,则有悖于便捷、效益原则。所以,担保公司章程的上述规定应作为《公司法》第 16 条强制性规则之例外而认定为有效。

在我国社会主义法律体系形成后,"宜确立以中国问题为中心的学术取向、立足中国场景发现和讨论中国问题、基于平等心态拓展法学知识的域际交流、开展问题导向的新综合研究、赋予解释论研究以应有的时代使命。"①本章只是选取"公司越权对外担保的效力"这一当代中国公司法上的热议问题,运用法律解释方法展开研究的一次尝试。解释论的结果表明,这一问题之所以会陷入立法不明、裁判冲突及学说争议的困境,主要原因是未能正确区隔公司内部担保决议的效力和外部担保合同的效力两个不同层面。同时,对此问题的妥适处理,需要在《公司法》《合同法》《担保法》《物权法》及《票据法》等法律之间进行协同操作。概言之,当公司违反《公司法》第 16 条、第 104 条、第 121 条、第 148 条之中的强制性规则越权对外担保时,公司内部担保决议的效力与外部担保合同的效力并不一致,该内部担保决议的效力为无效或可撤销;而外部担保合同依据具体情形认定为无效、效力待定或有效,其中被担保人主观上的善意或恶意具有决定性的作用。

---

① 陈甦:《体系前研究到体系后研究的范式转型》,载《法学研究》2011 年第 5 期。

第十章　票据不完全质押背书的效力

一、问题的提出

质押背书,或称"设质背书""出质背书""质权背书",是持票人以票据权利作为债务担保而设定质权的背书行为。作为一种票据行为,质押背书须符合要式性、文义性和无因性的要求。不过,尚有个别学者认为质押背书并非票据行为,而是一般的债权担保行为。① 票据质押的有效成立,有赖于完全质押背书的作成,即票据上的"质押"字样及签章须完整无缺,质押背书的内容仅依记载于票据上的文字来确定,当事人不能以文字记载之外的证据来证明、否定、变更或补充票据质押的既有状况。但是,社会生活的运行,并不会全然遵循法律预设的行为模式。如果持票人在票据上只记载了"质押"字样而未签章,或者未在票据上记载"质押"字样而另行签订质押合同,就会出现不完全质押背书的现象。有学者认为,质押背书本身已经包括交付票据,准此见解,票据交付前的质押背书也属于不完全质押背书。② 其实,即使票据尚未交付于被背书人,此种质押背书也并非不完全质押背书,而是完全质押背书,只不过票据质押尚未生效而已。因为依据《票据法》第 27 条第 4 款对背书的定义,"完全质押背书＝记载＋签章"。同时,《票据法》第 27 条第 3 款关于持票人"应当背书并交付汇票"之规定也表明,背书行为与交付行为是相互独立的,二者不存在包含与被包含的关系。由此,令人不无疑惑的是:不完全质押背书的效力是导致票据质押无效,或者无对抗力,或者仍然有效,或者效力未定?

关于不完全质押背书的效力问题,我国《票据法》第 35 条第 2 款、《担保法》

---

① 参见王小能:《论票据背书的连续性》,载《中国法学》1999 年第 1 期。
② 参见高圣平:《设质背书的效力研究——兼及〈票据法〉与〈物权法〉的冲突及其解决》,载《中外法学》2009 年第 4 期。

第 76 条、《物权法》第 224 条的规定并不一致,①相关司法解释的立场也始终摇摆不定,导致实践中法律适用相当混乱,并引发理论界的热烈讨论,迄今为止尚未形成一致的学理解释。这一问题之所以会陷入立法冲突和理论纷争的困境,一个主要的原因是对这一问题未能区分立法论与解释论的不同视角。同时,对这一问题的妥当回答,需要借助《立法法》《票据法》《担保法》《物权法》等诸多领域的知识。本章力图从立法论与解释论的双重视角出发,探讨不完全质押背书法律效力的相关学说。

二、立法论视角下不完全质押背书的效力

多数学者单纯研究不完全质押背书的实体规则,极少深入分析不完全质押背书的法律适用规则。为克服这一研究上的不足,立法论需要回答的问题是,面对立法之间的冲突,当前有效的法律规则何在?这体现为一个遵循法律的形式理性进行"寻法"的过程。②

(一)"特别法优于一般法说"之不当

目前,有观点认为,《担保法》与《票据法》属于一般法与特别法的关系,根据特别法优于一般法的原理,票据质押应该适用《票据法》,票据质押的有效成立需要采用背书的形式。③ 还有观点认为,《物权法》与《票据法》是一般法与特别法的关系,前者调整票据质权的原因关系,后者调整质押背书的作成及其效力等票据关系,二者各有分工。因此,票据质押应当以背书为必要,非经质押背书,票据质押不能生效。④

较之于《担保法》第 76 条,《物权法》第 224 条的重要变革是区分了质押合同与质权之不同。上述第一种观点完全无视现行《物权法》,只聚焦于《担保法》和《票据法》,在观察视角上失之全面,不够科学、严谨。同时,特别法优于一般法并

---

① 我国《票据法》第 35 条第 2 款规定:"汇票可以设定质押;质押时应当以背书记载'质押'字样。被背书人依法实现其质权时,可以行使汇票权利。"《担保法》第 76 条规定:"以汇票、支票、本票……出质的,应当在合同约定的期限内将权利凭证交付质权人。质押合同自权利凭证交付之日起生效。"《物权法》第 224 条规定:"以汇票、支票、本票……出质的,当事人应当订立书面合同。质权自权利凭证交付质权人时设立;……"

② 就立法论与解释论的含义,学界有不同的认识,兹不赘述。同时,在法律适用方面,由于我国最高人民法院的司法解释实质上具有普遍性与统一性,故在某种意义上可作为准立法的规范性文件对待。

③ 参见于莹:《论票据质押的设立与效力》,载《法学评论》2009 年第 1 期。

④ 参见最高人民法院物权法研究小组编著:《〈中华人民共和国物权法〉条文理解与适用》,人民法院出版社 2007 年版,第 68 页;高圣平:《担保法论》,法律出版社 2009 年版,第 504—505 页。

不是一项诉诸直觉的规则,它有自身的法律依据和适用对象。我国《立法法》第92条规定:"同一机关制定的法律、行政法规、地方性法规、自治条例和单行条例、规章,特别规定与一般规定不一致的,适用特别规定;新的规定与旧的规定不一致的,适用新的规定。"据此,特别法优于一般法规则的适用对象是"同一机关"制定之法。在立法权限分配方面,全国人大是我国最高立法机关,它制定和修改刑事、民事、国家机构的和其他的基本法律。全国人大常委会是全国人大的常设机关和组成部分,它制定和修改除应当由全国人大制定的法律以外的其他法律;在全国人大闭会期间,对全国人大制定的法律进行部分补充和修改,但是不得同该法律的基本原则相抵触(《立法法》第7条)。可见,全国人大、全国人大常委会是两级相对独立的立法机关,而非同一机关。① 我国《物权法》《票据法》分别由全国人大、全国人大常委会这两个不同的机关制定通过,不符合特别法优于一般法规则的适用条件。因此,上述第二种观点亦不妥当。

(二)"上位法优于下位法说"之纰漏

有学者指出,如果《票据法》第35条第2款与《物权法》第224条之规定存在冲突,从法律制定主体来看,当两部法律对同一问题之规定存在冲突时,制定主体法律地位越高,法的位阶越高,效力越强。《物权法》是全国人大制定通过的,而《票据法》是全国人大常委会制定通过的,二者效力孰强孰弱一目了然。从法律适用的角度来看,票据质押背书对抗主义占上风。②

然而,上述见解之纰缪有三:第一,关于票据质押的设立要件,依《票据法》第27条和第35条,是"完全背书+交付";依《物权法》第224条,是"书面合同+交付"。《物权法》对背书与否以及如何背书未作明确的要求,我们不妨从反面解释:③在《物权法》意义上,即使是不完全质押背书,也可成立票据质押。显然,《票据法》与《物权法》之间的立法冲突现象确实存在,并不是主观臆断。第二,确立上位法优于下位法规则的依据包括但不限于《立法法》第88条,此条第1款规定:"法律的效力高于行政法规、地方性法规、规章",但并没有规定基本法律的效力高于一般法律。诚然,作为立法机关,全国人大的地位高于全国人大常委会。《物权法》是全国人大制定通过的基本法律,《票据法》是全国人大常委会制定通过的一般法律。但是,《立法法》第88条并没有明确全国人大的基本法律与全国

---

① 参见章乘光:《全国人大及其常委会立法权限关系检讨》,载《华东政法学院学报》2004年第3期。
② 参见李遐桢:《票据质押三论》,载《黑龙江省政法管理干部学院学报》2008年第3期。
③ 本书所涉法律解释学的基本原理,兹不赘述。参见梁慧星:《民法解释学》,中国政法大学出版社1995年版,第214—247页;杨仁寿:《法学方法论》,中国政法大学出版社1999年版,第101—129页;〔德〕卡尔·拉伦茨:《法学方法论》,陈爱娥译,商务印书馆2003年版,第193—245页。

人大常委会的一般法律之间是上位法与下位法的关系。① 如果说《立法法》第 7 条规定了基本法律与一般法律的效力关系,那也只限于一个狭小的范围:基本法律的基本原则高于对其进行部分补充和修改的一般法律。可见,依据《立法法》第 7 条和第 92 条确立的上位法优于下位法规则,都不能得出《物权法》优于《票据法》的结论,二者之间不存在上位法与下位法的关系。第三,由于《物权法》第 224 条对质押背书问题根本未予规定,故即使适用《物权法》,此种适用的结果也不当然符合质押背书对抗主义。不过,《担保法解释》认可了质押背书对抗主义,其第 98 条规定:"以汇票、支票、本票出质,出质人与质权人没有背书记载'质押'字样,以票据出质对抗善意第三人的,人民法院不予支持。"只有依据此条之规定,不完全质押背书才会产生无对抗力的法律效果。② 因此,上述观点的思考逻辑未能一以贯之,论据与观点之间有张冠李戴之嫌。

(三)"新法优于旧法说"之得失

学者李遐桢提出,《物权法》属新规,《票据法》是旧制,从新法优于旧法的角度来看,《物权法》第 224 条已经废止《票据法》第 35 条第 2 款之规定。③ 针对不完全质押背书问题,此种观点只考虑《票据法》与《物权法》,而无视二者之间颁行的《担保法》,在法学方法上有所片面。另外,新法优于旧法规则的法律依据是《立法法》第 92 条:"同一机关制定的法律、行政法规、地方性法规、自治条例和单行条例、规章,……新的规定与旧的规定不一致的,适用新的规定。"适用新法优于旧法规则的对象也是"同一机关"制定之法,不同机关制定之法无适用该规则的余地。《票据法》《物权法》先后分别由全国人大常委会、全国人大制定通过,故不能适用新法优于旧法规则推断《物权法》第 224 条已经废止《票据法》第 35 条第 2 款。

学者熊丙万则认为,根据时间顺序,可以描绘出一个与"《票据法》及其司法解释——《担保法》及其司法解释——《物权法》"相对应的发展轨迹:"票据质押必须背书——非经背书的票据不能对抗第三人——票据质押不须背书"④。他全面考察了我国《票据法》《担保法》《物权法》相关规则的渊源流变,研究方法和

---

① 参见高圣平:《设质背书的效力研究——兼及〈票据法〉与〈物权法〉的冲突及其解决》,载《中外法学》2009 年第 4 期。
② 有的学者明确指出,《物权法》第 224 条与《担保法解释》第 98 条并不矛盾,二者均把背书作为票据质权对抗第三人的要件。参见崔建远:《票据质权之我见》,载《河南省政法管理干部学院学报》2009 年第 3 期。
③ 参见李遐桢:《票据质押三论》,载《黑龙江省政法管理干部学院学报》2008 年第 3 期。
④ 参见熊丙万:《论票据质押背书的效力——〈票据法〉与〈物权法〉之间立法冲突的协调》,载《当代法学》2009 年第 4 期。

基本结论暗示了其对新法优于旧法规则的赞同。在时间进程上，关于我国质押背书的效力之相关规则，其实并不能简单地依据"《票据法》及其司法解释——《担保法》及其司法解释——《物权法》"作一种直线性的阐释，立法及司法情况更为复杂、混乱，有必要进行全面、准确的梳理。

（四）全角素描：一波三折的适用规则及实体规则

我国《票据法》于 1995 年 5 月 10 日通过，自 1996 年 1 月 1 日起施行。《担保法》的通过时间 1995 年 6 月 30 日虽晚于《票据法》，但其施行时间 1995 年 10 月 1 日却早于《票据法》。《票据法》与《担保法》均由全国人大常委会制定通过。那么，判断二者为新法或旧法的时间标准，是通过时间还是施行时间？《最高人民法院关于认真学习、贯彻票据法、担保法的通知》（1995 年 8 月 30 日）第 3 条第 2 款指出："对在《票据法》《担保法》施行以前所发生的票据行为、担保行为，应当适用该行为发生时的有关规定；如果行为发生时没有规定的，可参照《票据法》《担保法》的规定。"此通知虽未虑及《票据法》第 35 条第 2 款与《担保法》第 76 条之间的立法冲突，但为我们处理二者的颁行时间交错问题指明了方向：判断新法与旧法的时间标准是施行时间。准此见解，较早施行的是《担保法》，故《担保法》为旧法，《票据法》为新法。倘若认为《票据法》是旧法，《担保法》是新法，实属误解。

《票据纠纷规定》自 2000 年 11 月 21 日起施行，其第 55 条规定，依照《票据法》第 35 条第 2 款的规定，以汇票设定质押时，出质人在汇票上只记载了"质押"字样未在票据上签章的，或者出质人未在汇票、粘单上记载"质押"字样而另行签订质押合同、质押条款的，不构成票据质押。依该规定第 63 条，人民法院审理票据纠纷案件，适用《票据法》的规定；《票据法》没有规定的，适用《担保法》等法律。所以，无论是依据新法优于旧法规则，还是依《票据纠纷规定》第 55 条、第 63 条，《票据法》第 35 条第 2 款为新的有效条款，不可适用《担保法》第 76 条。

自 2000 年 12 月 13 日起施行的《担保法解释》，打破了《票据法》与《担保法》之间既有的平衡关系，并形成新的格局。一方面，《担保法解释》第 98 条采质押背书对抗主义。另一方面，依《担保法解释》第 134 条，最高人民法院在《担保法》施行以前作出的有关担保问题的司法解释，与《担保法》和该解释相抵触的，不再适用。从此，法律的天平倾向于《担保法解释》，不完全质押背书将导致无对抗力之效果。[①]

[①] 支持这种意见的案例，如"滕州市城郊信用社诉建行枣庄市薛城区支行票据纠纷案"。在该案中，山东省高级人民法院以《担保法解释》的颁行时间晚于《票据纠纷规定》为由，适用《担保法解释》的相关规定。参见《最高人民法院公报》2004 年第 11 期，第 30 页。

2007年,《物权法》颁行,其第8条规定:"其他相关法律对物权另有规定的,依照其规定。"《票据法》即属于对物权另有规定的"其他相关法律",该条重新赋予《票据法》第35条第2款以生机和活力。同时,《物权法》第178条要求"担保法与本法的规定不一致的,适用本法",直接否定了《担保法》第76条及《担保法解释》的适用。

综上所述,最近十余年来,我国不完全质押背书效力问题的适用规则变幻多端,先后有"《担保法》—《票据法》及《票据纠纷规定》—《担保法解释》—《物权法》";相对应的实体规则也聚讼纷纭,依次为"票据质押不须背书—票据质押必须背书—非经背书的票据不能对抗第三人—票据质押不须背书"。如果说《担保法》上的票据质押不须背书是其中的第一波,则此后经由《票据法》及《票据纠纷规定》《担保法解释》的推波助澜,相继形成必须背书之第二波、背书产生对抗力之第三波,至《物权法》似又复归于风平浪静,对票据质押再次不须背书。但是,《物权法》第8条在肯定《票据法》的同时,却又制造了《物权法》第224条与《票据法》第35条第2款之间的新矛盾。对此新矛盾,适用特别法优于一般法、上位法优于下位法以及新法优于旧法规则均告失败,①只能诉诸《立法法》第94条第1款:"法律之间对同一事项的新的一般规定与旧的特别规定不一致,不能确定如何适用时,由全国人民代表大会常务委员会裁决。"问题在于,在全国人大常委会作出裁决之前,无论我们选择适用《物权法》第224条还是《票据法》第35条第2款,都不符合法律适用的基本原理。通过立法论作业得出的法律无所适从、模棱两可,这是否意味着立法论作业的失败或无意义?显然不是,当我们处于适用《物权法》或《票据法》皆有可能之十字路口时,才更需要解释论为司法中的法律适用及未来的立法完善提供正当化依据。

三、解释论视角下不完全质押背书的效力

解释论需要回答的问题是,面对多元化的法律解释,何种解释更具有说服力和合理性?这体现为一个追求法律的实质理性之"寻理"过程。

---

① 有最高人民法院法官认为,《物权法》实施后,在处理《担保法》与《物权法》的冲突时,按照《立法法》第83条和《物权法》第178条规定的原则和精神,"上位法优于下位法""新法优于旧法""特别法优于一般法"这三个规则可同时用以解决法律冲突问题。鉴于最高人民法院作为最高审判机关之地位,此观点将严重影响各级法院裁判的合理性和公信力,颇为不妥。参见《当前民商事审判工作应当注意的几个法律适用问题》,载《法律适用》2007年第7期。

(一) 无效说之利弊

不少学者认为,质押背书是票据质押的生效要件,出质人未在票据上背书签章的,持票人不能取得相应的质权,不能基于质权行使票据权利。[①] 因此,不完全质押背书的效力是导致票据质押无效。

上述无效说可被视为对《票据法》第 35 条第 2 款的反面解释,它坚持背书连续的基本要求,也充分体现了背书行为的文义性和要式性,能够有力保障交易安全,维护当事人及善意第三人之利益。但是,从鼓励交易、便于交易的角度考量,严格要求票据质押须一律以完全背书的方式进行,认定以不完全背书方式设定的票据质押自始无效、绝对无效、确定无效、当然无效,会导致现实生活中大量的票据质押合同或票据质押条款事实上被归于无效的状态。这彻底否定了当事人的自由意志,既不符合促进交易便捷的商法原理,也不利于保障债权人债权的实现和商业资金的融通,会造成本可利用之社会财富的浪费或闲置。因此,无效说有其利,亦有其弊,且弊大于利。

(二) 无对抗力说之矛盾

最高人民法院民二庭庭务会议认为,质押背书是票据质权的对抗要件,无质押背书的,票据质权人不能对抗票据义务人,质权人行使质权时,票据的付款人可以拒付;票据无质押背书而被第三人善意取得的,善意第三人取得票据权利,原质权人的质权自第三人取得票据权利时消灭,质权人不得以其质权对抗善意第三人;虽无质押背书,但质权人仍可因对票据享有质权而对抗出质人的一般债权人,质权人的权利优于一般债权人。[②] 此说可概括为"无对抗力说",原为《担保法解释》第 55 条的支撑理由,目前仍有法官以此说阐释《物权法》第 224 条。[③] 事实上,此说不乏自相矛盾之处。

对票据债务人而言,一旦他能以质押背书不完全为由对抗质权人、拒绝付款,则该不完全背书的票据即因无从变现而不具有担保价值,那么质权人享有的所谓"质权"又如何称得上是一种真正的担保物权?无对抗力说表面上承认出质人与质权人内部的票据质权关系,却没有注意到票据质权的实现必然要借助于

---

① 参见吕来明:《票据法基本制度评判》,中国法制出版社 2003 年版,第 252 页;高圣平:《物权法担保法物权编》,中国人民出版社 2007 年版,第 366 页;董翠香:《票据质权法律规定的理解与适用——以〈物权法〉与〈票据法〉的冲突与协调为视角》,载《法学论坛》2008 年第 5 期。

② 参见中华人民共和国最高人民法院民事审判第二庭编:《经济审判指导与参考》(第 4 卷),法律出版社 2001 年版,第 83—86 页。

③ 参见最高人民法院物权法研究小组编著:《〈中华人民共和国物权法〉条文理解与适用》,人民法院出版社 2007 年版,第 660 页。

处于外部关系中的付款人。

对第三人而言,适用票据权利善意取得制度的构成要件之一是主观上善意且无重大过失。由于不完全质押背书呈现出背书不连续的问题,故质权人并不是票据上记载的合法持票人,第三人只要稍尽注意义务即可知晓质权人无票据处分权,怎么可能是"善意的"第三人?

对出质人的一般债权人而言,质权人因持不完全背书的票据遭到拒付,根本没有获得资金来清偿自己的债务,他能以什么进行"优先"受偿?这种对抗出质人的一般债权人的质权又有什么实际的经济意义?因此,无对抗力说所区分的内部关系和外部关系之间存在矛盾,难以成立。

(三)有效说之不可行

诸多学者认为,票据质押既可以采用背书的形式,也可以不采用背书的形式。换言之,采取不完全背书的形式,仍能有效设立质押背书。有效说本身又包含两种不相容的观点:

一种观点认为,根据《物权法》之规定,《票据法》上的质押背书不是设立票据质权的生效要件,票据质权仅需"质押合同"和"票据交付"即可设立。这种观点可概括为"票据质权说"。[1] 值得一提的是,最高人民法院在终审判决"中国农业银行白银市分行营业部与重庆创意有色金属材料有限公司等票据纠纷案"中即采此观点。[2]

另一种观点认为,"票据法上的票据质押"必须通过质押背书的方式设立;出质人未作成质押背书的,设立的是"物权法上的票据质押",此种质权不具有《票据法》的特别效力,质权人只能通过"请求出质人行使票据权利"或者"请求诉讼确认票据质权"的方式实现质权;不完全背书的,不能成立票据质权,但质权人可依据《物权法》第 224 条享有普通债权质权,即以票据为权利凭证、以普通债权为标的的质权。这种观点可概括为"普通债权质权说"。[3] 还有学者依据《担保法》

---

[1] 参见王利明:《物权法研究》(修订版)(下卷),中国人民大学出版社 2007 年版,第 600 页;全国人大常委会法制工作委员会民法室编:《中华人民共和国物权法条文说明、立法理由及相关规定》,北京大学出版社 2007 年版,第 405 页。

[2] 在该案中,最高人民法院认为,重庆光大银行在得到农行白银营业部"三笔银行承兑汇票均属实,请受理"的答复后,与重庆创意公司签订了质押合同,并取得了涉案的三张银行承兑汇票,该质押关系依法成立,重庆光大银行依法享有质权。于此,最高人民法院完全无视重庆创意公司未在汇票上记载"质押"字样而是记载"委托收款"字样的事实。参见中华人民共和国最高人民法院事民审判第二庭编:《经济审判指导与参考》(第 4 卷),法律出版社 2001 年版,第 176—187 页。

[3] 参见李遐桢:《票据质押三论》,载《黑龙江省政法管理干部学院学报》2008 年第 3 期;熊丙万:《论票据质押背书的效力——〈票据法〉与〈物权法〉之间立法冲突的协调》,载《当代法学》2009 年第 4 期。

第 76 条,提出与上述普通债权质权说相类似的观点。① 普通债权质权说是近来较为雄辩的学说,其支持者渐多。

有效说表面上化解了《担保法》《票据法》《物权法》之间的立法冲突,维护了作为整体的法律体系之间的协调一致,但仍有致命的内在缺陷。

第一,依体系解释,无论是在《担保法》的"权利质押"还是《物权法》的"权利质权"规则体系之下,作为票据质押或票据质权标的物的始终是权利,即"票据权利"。票据本身虽为一项动产,②但针对票据本身而非票据权利,根本不可能成立票据质权。因为作为动产,一张票据用纸的交换价值几乎可以忽略不计,遑论票据用纸的担保价值,票据本身不具有可让与性,真正有价值的是票据所代表的金钱债权。而由于票据须符合文义性和要式性之要求,注定了它在完全背书时表现为特殊的"票据权利",在不完全背书时表现为普通之物的"票据动产",不存在一种所谓的"普通债权"。

票据质权说不但未坚守文义性和要式性之要求,更为严重的是,此说以作为票据原因关系基础的质押合同直接推导出作为票据关系核心内容的票据权利,使票据原因关系与票据关系共存亡、同命运,彻底放弃了票据的无因性这一本质要求,由此将会瓦解、架空整个票据制度的法律价值。③ 普通债权质权说对质权客体的界定,则误解、夸大了"票据动产"的经济价值及其担保价值。其实,欠缺质押背书,尚未完全成立票据法意义上的票据质权,更不成立物权法或民法意义上的票据质权。

第二,法律制度不仅要符合基本的思维逻辑,更重要的是要考察它在司法实践中能否有效运行。在票据质权说之下,持票人只能以自己占有的书面质押合同向付款人提示付款。依据《票据法》第 57 条和《票据纠纷规定》第 70 条、第 71 条,无论付款人承担的是形式审查义务还是实质审查义务,如票据质押欠缺背书的连续性,持票人都会被拒付,此时不完全质押背书之票据权利根本得不到实现。这样,即使承认持票人享有票据质权也是枉然,因为他毫无实现权利的途径可言。

普通债权质权说注意到票据质权说的不足,提出质权人实现质权的两条途径:一是向出质人请求行使票据权利,二是请求法院确认票据质权。但是,这两条途径仍存在不足之处:

首先,质权作为一种担保物权,具有物权的绝对性和支配性,即权利人得以直接支配、控制标的物并对抗一切非权利人。普通债权质权说的两条途径都表

---

① 参见于莹:《论票据质押的设立与效力》,载《法学评论》2009 年第 1 期。
② 参见徐晓:《论票据质押的权利担保与物的担保的二元性》,载《当代法学》2006 年第 6 期。
③ 参见傅鼎生:《票据行为无因性二题》,载《法学》2005 年第 12 期。

明,此种质权只是一种请求权而已,需要借助出质人或法院的配合才可能实现其权利,故普通债权质权空有担保物权之名,却无物权之实。

其次,当质权人向出质人请求行使票据权利时,由于票据是完全有价证券,是票据权利的唯一代表和象征,票据权利的存在、变更、转移和行使以票据为依据,故需要质权人返还票据给出质人,出质人才可能协助其行使票据权利。由此产生的问题是,一方面,当出质人不予协助时,质权人实现权利面临风险,并可能激发质权人与出质人之间的纠纷;另一方面,质权人在返还票据给出质人的同时,也就丧失了对票据的占有,而占有是质权的成立和存续要件,故质权人的质权此后将归于消灭,那他又凭什么就票据利益获得优先受偿呢?

最后,当质权人向出质人请求行使票据权利并非一条有利的途径时,可以料想的是,质权人只有选择上述第二条途径(即确认之诉)来实现其质权。由于诉讼程序的复杂性,这将增加权利实现的成本,令质权人视为畏途。即使可依法院判决强制补记质押背书或者径以法院判决实现票据权利,因票据的提示期限或付款期限极为短暂(《票据法》第53、78、91条),而审判期限及强制执行期限较长,在适用上也几乎是不可能的。①

可见,普通债权质权说所设想的两条权利实现途径,虽然不要求完全背书,在一定程度上维护了交易自由,但此种过度的交易自由反而增加了交易成本,尤其是权利实现的成本。因此,有效说的两种观点在实践中均难以有效运行。

(四)效力未定说:一个最佳的解释框架

最高人民法院有法官认为,未记载"质押"字样的背书属于空白背书行为,票据的质权人能否行使票据权利尚未确定,此种质押背书处于效力未定的状态。参见《票据法》第27条、第30条和《票据纠纷规定》第45条、第49条,在未补充完全"质押"字样之前,债权人不能享有票据质权;而在出质人或质权人补记"质押"字样之后,票据质权即可有效成立;就票据实务而言,质权人也可以不补记"质押"字样,而以一般背书转让的受让人身份直接向票据债务人主张票据权利。② 此即"效力未定说"。

1. 效力未定说的理论瑕疵及其补正

其实,上述效力未定说的相关观点未臻精准,须予以补正,以克服其理论瑕疵。

第一,不完全质押背书包括未记载"质押"字样和未签章两种情形,并且这两

---

① 参见钟青:《权利质权研究》,法律出版社2004年版,第171页。
② 参见吴庆宝:《票据诉讼原理与判例》,人民法院出版社2005年版,第305—307页。

种情形导致的法律后果应该是一致的,均为效力未定。上述观点只论及前一种情形,对未签章的情形却话锋一转,采纳无效说的见解,其前后思维逻辑不连贯。①

第二,依据我国《票据法》第 85 条、第 86 条,现行空白授权票据制度的适用范围狭小,效力认定严格,仅限于支票的出票阶段,而对于汇票、本票及支票的不完全质押背书能否适用并未明确。但是,《票据纠纷规定》第 45 条、第 49 条以司法解释的方式扩充了《票据法》上的空白授权票据制度。扩充解释本应有正当的理由,但上述观点对此缺乏必要的说明和论证。

第三,票据未记载"质押"字样的,在出质人以明示或默示的方式授予质权人补记权时,质权人可以补记"质押"字样,并且也只能进行"质押"背书之补记,不能违反出质人的授权范围滥用补记权。质权人越权补记的,不能以补记事项向出质人主张权利;若票据已经背书转让,则出质人不得对抗善意第三人。上述观点认为质权人可以补记"转让"背书,进而直接向票据债务人主张票据权利,这不妥当。

对不完全质押背书的效力,笔者赞同应为效力未定,即对不完全质押背书的票据,在进行补记之前,票据质权尚未完全成立;当事人在票据到期日或被担保债权履行期限届满之前进行补记的,票据质权有效成立。从效力未定的角度切入,乃观察不完全质押背书问题的最佳角度。认定不完全质押背书处于效力未定的状态,其意义在于承认商事交易是一个连续的动态过程,票据质押从着手设立、成立、有效到生效的各个阶段之间存在时间差,而允许不完全质押背书的存在可以满足商事交易的多种需求,简化手续,便于应对未来的不确定事宜,使票据质权的设立具有灵活性、自主性和社会适应性,这也是扩充解释空白授权票据制度的主要理由。在对不完全质押背书的票据进行补记之前,相对于无效说而言,效力未定说给予不完全背书行为一定的补救机会,非采自始、绝对、确定、当然的无效,而是相对的无效,即未决的不生效;②在票据到期日或被担保债权履行期限届满之前,当事人对不完全质押背书的票据进行补记的,票据质权有效成立,由期待权转变为既得权。相对于有效说而言,效力未定说坚持票据的要式性、文义性和无因性的法理,更有利于维护交易安全。

2. 效力未定说的几点质疑及其澄清

主张不完全质押背书处于效力未定状态的见解,目前还面临着如下几个实

---

① 参见吴庆宝:《票据诉讼原理与判例》,人民法院出版社 2005 年版,第 313—314 页。
② 在合同法理论中,合同的效力未定也称为"未决的不生效"。参见韩世远:《合同法总论》(第二版),法律出版社 2008 年版,第 177 页。

践问题的质疑,对此需要逐一加以澄清:

第一,隐性质押背书(或称"隐含设质背书""隐存设质背书""隐蔽设质背书")的本质是让与担保,抑或出质?学者们对此见解不一。① 公开质押背书(或称"明示质押背书")一般会载明"设质""质押"或"担保"等字样,而隐性质押背书未在票据上载明设质文句,系以担保为目的的票据转让背书。隐性质押背书在现实中表现为:债权人与债务人签订了票据质押合同,但质押票据的收款人不是出质人,而直接记载为债权人。笔者认为,隐性质押背书以转让票据权利之方式来达到担保债权之目的,从票据法上意思表示解释原则来看,②其本质为转让背书,不是让与担保。更何况,我国《票据法》和《物权法》均未承认让与担保制度。鉴于票据具有文义性和无因性,也不能依隐性质押背书的目的将其定性为出质,故隐性质押背书不属于不完全质押背书,而是完全的转让背书。③ 隐性质押背书的存在,不会影响效力未定说的成立。

第二,在比较法上,只要交付无记名证券于质权人即可设定质权,那么无记名票据是否只须交付而无须质押背书即可成立票据质押?法国最初将无记名证券视为一种将所载明的权利"贴在"物质载体上的文书,权利体现在无记名证券上使得该证券变为一种有形动产,因而对这种设质完全按照动产质的规定对待。近年来,有法国学者指出,证券的非实物化打乱了无记名证券的法律制度,无记名证券已经不再是有形动产,用证券出质不再需要也不再可能有实物交付,而是要在专门账户上进行登录操作(1983 年 1 月 3 日法律第 29 条)。④ 有日本学者基于票据具有独立的交换价值认为,有将票据的设质作为一种动产质考虑的余地,或至少是同时具有动产质和权利质的双重特性。⑤ 笔者认为,一方面,既然将此类证券视为动产,则以此种证券设质的为动产质而非权利质,票据质押因是权利质而不适用交付生效规则。另一方面,在外延上,"无记名证券"不包括"无记名票据",前者是一般债权证券,后者是特别债权证券,包括汇票、本票和支票。⑥ 梁慧星先生认为,以无记名证券出质的,只要交付无记名证券于质权人,

---

① 参见史尚宽:《物权法》,中国政法大学出版社 2000 年版,第 401 页;钟青:《权利质权研究》,法律出版社 2004 年版,第 174 页。

② 这主要是指票据的外观解释原则、客观解释原则和有效解释原则。参见刘心稳:《票据法》,中国政法大学出版社 2008 年版,第 57 页。

③ 参见〔德〕鲍尔、施蒂尔纳:《德国物权法》(下册),申卫星、王洪亮译,法律出版社 2006 年版,第 747 页。

④ 参见〔法〕伊夫·居荣:《法国商法》(第 1 卷),罗结珍、赵海峰译,法律出版社 2004 年版,第 795 页;钟青:《权利质权研究》,法律出版社 2004 年版,第 22—23 页。

⑤ 参见钟青:《权利质权研究》,法律出版社 2004 年版,第 168 页。

⑥ 区分运用"一般债权证券""特别债权证券"这两个概念并设置不同法律规则的立法例,可参见赵秉志总编:《澳门商法典》,中国人民大学出版社 1999 年版,第 303—321 页。

便产生设定质权的法律效果。但是,学者熊丙万将梁慧星先生的观点理解为"以无记名票据出质的,仅交付票据即可设立票据质权"①,把一种广义的证券替换为一种狭义的、票据法上的票据,实属偷换概念。虽然我国台湾地区"民法"第908条允许以未记载权利人之有价证券作为质权的标的,但未记载权利人之票据不具有交换价值及担保价值,不属能"以未记载权利人之有价证券为标的者"。我国台湾地区学者普遍认为票据质押应有票据背书这一要件。② 完全质押背书是票据质权的生效要件,此为比较法上的通例。③ 以无记名的汇票、本票或支票出质的,属于不完全质押背书,其效力状态尚未最终确定。

第三,转质背书是票据质权人以质押票据再行背书质押的行为,相关的问题是:转质背书有效吗?不完全转质背书的效力如何?对此,我国《票据法》《担保法》《物权法》皆无明文规定,《票据纠纷规定》第47条和《担保法解释》第101条持否定态度,认为转质背书无效。否定转质背书的主要理由如下:首先,因为质权人只是取得了质权,并未取得票据的所有权,所以没有转质的权利;④其次,因为债权人为质权人,出质人仍为所有人,所以质权人不得为质权目的之外的行为,自不得为转质背书;⑤最后,因为新的"质权人"接受票据时无法对出质人的基础关系进行审查,从而无法确定所接受的票据质押是否有效,反而不利于票据流转关系的稳定性,所以明定转质背书无效具有较强的可操作性。⑥ 然而,我国《物权法》第217条从反面承认经出质人同意之转质(即承诺转质)有效,依据《物权法》第229条这一准用条款可知,我国至少没有绝对禁止承诺转质背书。因此,《票据纠纷规定》第47条和《担保法解释》第101条一概认定转质背书无效并不合理。同时,转质背书并不是质权目的之外的行为,仍以质权人之质权为基础和限度;进行转质背书,不需要以享有票据所有权为前提,正如动产质权人的转质不以享有质物所有权为前提一样;新的"质权人"也不需要对出质人的基础关系进行审查,这是票据无因性的应有之义。如果我们认可承诺转质背书的有效性,则不完全承诺转质背书就并非当然无效,效力未定说亦有解释空间。

---

① 参见梁慧星、陈华彬:《物权法》(第四版),法律出版社2007年版,第360页;熊丙万:《论票据质押背书的效力——〈票据法〉与〈物权法〉之间立法冲突的协调》,载《当代法学》2009年第4期。

② 参见赖源河主编:《商事法争议问题研究》,台湾五南图书出版公司2000年版,第199—206页;史尚宽:《物权法》,中国政法大学出版社2000年版,第399页;谢在全:《民法物权论》(修订第五版)(下册),中国政法大学出版社2011年版,第1048页。

③ 如《日内瓦统一汇票本票法公约》第19条、《法国商法典》第L511-13条、《德国民法典》第1292条及《德国票据法》第19和77条、《瑞士民法典》第901条、《荷兰民法典》第3编第236条。

④ 参见李国光等:《最高人民法院〈关于适用中华人民共和国担保法〉若干问题的解释》理解与适用》,吉林人民大学出版社2000年版,第358页。

⑤ 参见胡开忠:《权利质权制度研究》,中国政法大学出版社2004年版,第236页。

⑥ 参见吴庆宝:《票据诉讼原理与判例》,人民法院出版社2005年版,第343页。

四、结　　语

自 1995 年《票据法》颁布以来,不完全质押背书的效力问题一直困扰着我国立法者、司法者及理论界。《票据法》第 35 条第 2 款、《票据纠纷规定》第 55 条、《担保法》第 76 条、《担保法解释》第 98 条和《物权法》第 224 条关于票据质押背书之规定,宛如一座"法律迷宫",使我们无法有效应对不完全质押背书的效力问题。在立法论的指引之下,通过抽丝剥茧般的分析可知,《物权法》第 224 条与《票据法》第 35 条第 2 款之间确实存在冲突,且无法援用特别法优于一般法、上位法优于下位法、新法优于旧法规则来解决。在全国人大常委会裁决消弭此项立法冲突之前,应依据解释论为法律适用及立法完善提供妥当的依据。在解释思路上,目前盛行的无效说、有效说及无对抗力说均有重大缺陷;经补正后的效力未定说则完美地吸收了上述诸说的优点,并克服了相关的缺点及疑点,理应成为解决不完全质押背书效力问题的最佳选择。总之,为兼顾交易自由和交易安全的双重价值取向,在坚持《票据法》第 35 条第 2 款的基础上,《物权法》第 224 条规定的"质权自权利凭证交付质权人时设立"可以限缩解释为"票据质权自票据完全背书并将票据交付质权人时设立",并应承认不完全质押背书是效力未定之行为。

第十一章 支付密码、单纯交付与票据的流通性

一、案例及问题

(一) 案情概要

2014年4月2日,上海市高级人民法院召开2013年度上海金融审判情况通报新闻发布会,并公布了金融商事审判十大案例,其中案例7的案情如下:[①]

陈某从案外人钱某处取得支票一张,该支票的出票人为甲公司、出票日期为2011年10月31日,金额为17.5万元,收款人为陈某。2011年11月1日,陈某将系争支票解入银行,但因无密码而遭银行退票。陈某向法院提起票据追索权诉讼,要求甲公司支付票据款及相应利息。诉讼中,陈某称其与案外人钱某之间存在借款关系:2011年10月29日,陈某曾电汇给钱某的妻子俞某16万元借款,并给付现金1.5万元。钱某系从甲公司处取得系争支票,并将系争支票给付陈某。甲公司则认为,钱某与甲公司之间存在未结货款,所以给付钱某一张空白支票用作担保,且告知钱某该支票没有密码,故陈某系出于恶意或重大过失取得支票,不应享有票据权利。

(二) 判决结果与理由

对于前述陈某诉甲公司票据追索权纠纷案,上海市奉贤区人民法院于2013年4月19日作出(2012)奉民二(商)初字第2263号民事判决:甲公司给付陈某票据款17.5万元及相应利息。甲公司对此不服提起上诉。上海市第一中级人

[①] 关于该案例的裁判要旨、基本案情、裁判结果、裁判理由及其裁判意义等重要内容,参见http://shfy.chinacourt.org/article/detail/2014/04/id/1269529.shtml,2017年10月26日访问。为便于讨论,本书将该案例简称为"2013年度上海金融商事案例7"。

民法院于 2013 年 6 月 24 日作出(2013)沪一中民六(商)终字第 168 号终审判决：驳回上诉，维持原判。上海市高级人民法院在公布"2013 年度上海金融商事案例 7"之际，对终审判决的理由整理、归纳如下：

第一，陈某向钱某支付借款，钱某将系争支票交付陈某，故陈某基于同钱某之间的借款关系而取得系争支票，且其已支付相应的对价，陈某可享有票据权利。

第二，支票设有密码是基于出票人与付款银行之间的约定，我国《票据法》规定的支票必要记载事项中并无密码事项的规定，故陈某作为持票人无义务审查其取得的支票是否设有密码，因而甲公司以支票未记载密码为由推断陈某系恶意取得票据，显然于法无据。

第三，支票设有密码，是出票人基于票据安全的考虑与付款银行进行约定的结果，对持票人并无约束力，若因支票未记载密码就导致支票无效，则不仅对持票人不公平，亦会影响票据的流通，故支票上未记载密码并不影响票据自身的效力。

（三）问题的提出

"2013 年度上海金融商事案例 7"公布之后，对社会民众和司法系统产生了极大的影响及示范效应。尤其是在"广州永超电子科技有限公司等诉黄某某票据追索权纠纷案"中，广东省广州市中级人民法院(2013)穗中法金民终字第 1297 号民事判决书几乎照搬了前述判决理由。笔者进一步在"北大法宝"司法案例库中以"支付密码"作为关键词进行全文检索，得到相关票据纠纷案例数百件。笔者通过梳理这些案例发现，法院对于支付密码欠缺或错误的认识不一，有的判决之间存在矛盾和冲突之处。另外，在"中国学术期刊网"期刊数据库中，笔者以"支付密码"作为关键词进行全文检索（检索截止时间：2017 年 10 月 26 日），得到相关论文 16 篇。与错综复杂、丰富多彩的司法裁判迥然不同的是，围绕票据"支付密码"的相关论文主要为金融经济类的。[①] 由此，可见"支付密码"问题在司法领域及法官眼中之热，以及在法学理论及法学者眼中之冷。目前，司法判决中呈现的突出问题是：支付密码之使用是否纯为一个约定事项和行业习惯，而无票据法上的效力？票据权利能否基于单纯交付票据而转移？支付密码欠缺或错误是否会影响以单纯交付方式转移票据权利？在支付密码的利益衡量

---

① 截至 2017 年 10 月 26 日，该 16 篇论文中仅有笔者以本章为主要内容的法学论文 1 篇。参见曾大鹏：《支付密码、单纯交付与票据流通性的法教义学分析——以"2013 年度上海金融商事案例 7"为重点的评释》，载《华东政法大学学报》2015 年第 6 期。

方面,是应侧重于维护持票人利益及票据的流通性,抑或优先保障出票人利益及票据的安全性?

本章试图运用法教义学的分析方法,[①]对上述相关问题展开探讨和论证。所谓法教义学,是在"假定现行法秩序大体看来是合理的"之前提下,以解释和适用现行实证法为目的的规范法学。它仅在为答复"概念性体系不能解决之新的法律问题"时,才无惧于修正乃至突破概念性的体系。"它关注的是实证法的规范效力、规范的意义内容,以及法院判决中所包含的裁判准则。"[②]

二、支付密码的法教义学分析

(一) 支付密码的特性

由于传统的票据验印方式暴露出诸多缺点,如资金风险难以控制、防伪能力较差、结算效率低下等,为满足现实的各种迫切需求,电子支付密码系统作为一种新型的票据验证系统应运而生。通常的情形是,在签发票据时,企业先利用银行发行的支付密码器,对票据上的各要素综合进行加密运算,产生支付密码。然后,企业将支付密码填写在对应的票据上,用以作为鉴定票据印鉴等真伪的主要手段或辅助手段。票据支付密码主要是指支付密码系统利用现代计算机网络技术、密码学原理及单片机技术等高科技手段,采用高度安全的加密算法,对票据上的各明文要素(账号、日期、金额、凭证号码和业务种类)进行加密运算,生成一组唯一的、不可逆的16位支付密码。[③]

与传统的票据验印方式相比,支付密码具有如下特性:[④](1) 安全性。每张票据所对应的密码是独一无二的,并且支付密码系统实行统一集中的维护、管理和核验,采用完善的多级授权管理体系。这种数据上的唯一性和管理上的严密

[①] 我国民法学者近年对法教义学较为重视,并在其宏观与微观方面均有深入研究。参见许德风:《论法教义学与价值判断——以民法方法为重点》,载《中外法学》2008年第2期;金可可:《民法实证研究方法与民法教义学》,载《法学研究》2012年第1期;许德风:《法教义学的应用》,载《中外法学》2013年第5期。

[②] 同时,卡尔·拉伦茨认为,"概念法学"强调抽象概念体系的"严密不可侵犯的权威性",而今日的法教义学更具"开放性"。参见〔德〕卡尔·拉伦茨:《法学方法论》,陈爱娥译,商务印书馆2003年版,第77、107页。而罗伯特·阿列克西总括五个条件所叙述的要求,将法教义学定义为:"(1) 是一类语句,(2) 这些语句涉及法律规范和司法裁判,但并非等同于对它们的描述,(3) 它们组成某个相互和谐之整体,(4) 在制度化推进的法学之框架内被提出和讨论,(5) 具有规范性内涵。"参见〔德〕罗伯特·阿列克西:《法律论证理论——作为法律证立理论的理性论辩理论》,舒国滢译,中国法制出版社2002年版,第317页。

[③] 参见吴红稳:《银行票据支付推行支付密码的现实意义》,载《金融经济》2009年第22期。

[④] 同上。

性,保证了支付密码的安全、可靠。(2)数字化。支付密码系统通过电子系统控制,将千差万别的票据信息转化为可以量化的数据,使凭证要素转化为标准的、能够精确识别的数字信息,可以逾越时间和空间的限制,克服传统票据难以进行资金实时清算等问题。(3)不容否认性。支付密码系统的加密算法是不可逆的,通过支付密码系统生成的支付密码与票面要素信息一一对应,二者具有要素关联对应性,因而任何一张票据的支付密码均不容否认、不可抵赖。

(二) 支付密码的功能

我国从 1997 年明确提出推行使用支付密码,迄今已超过 20 年。在此期间,虽然实际业务中部分客户及银行对支付密码的认识仍停滞不前,直接影响了对支付密码的宣传推广及业务创新,[①]但支付密码仍然发挥着重要的经济功能与法律功能。[②]

在经济方面,支付密码有效地提高了票据的安全性和可靠性,有助于防范金融风险;银行通过计算机网络对票据及票据上支付密码的有效性和合法性进行快速验证,可以提高工作效率和业务处理能力;有利于促进网上支付业务的发展,并为创新结算产品和实现票据的实时清算奠定基础。

在法律方面,通过"一票一密"或"一户一密",[③]可以有效地规避银行与企业之间的法律责任纠纷,维护银行和客户的资金安全;防止假伪票据的流通,有助于及时发现伪造签章、变造金额、涂改票据等违法犯罪活动。在使用支付密码的票据业务中,各方义务如下:出票人签发与预留银行印鉴一致、支付密码真实的票据,负责保管好从银行购买的票据和支付密码器;持票人应真实、准确地提出票据;提出行(收款行)负责审查票据凭证本身的真实性及其记载要素的合规性;提入行(付款行)对出票人签章进行形式审查,并审查支付密码的真实性。[④]据此,一旦出现支付密码欠缺或者错误的情况,相关各方的责任即可划分清楚。

(三) 支付密码的法律地位

在逻辑上阐明支付密码是什么、为什么使用支付密码之后,亟须进一步分析

---

① 参见龚秀芬:《支付密码推广工作中存在的难点及建议》,载《时代金融》2011 年第 12 期。
② 参见赵宏伟:《保障资金安全,防范支付风险——对支付密码技术的市场调查与思考》,载《金融会计》2003 年第 11 期;吴红稳:《银行票据支付推行支付密码的现实意义》,载《金融经济》2009 年第 22 期。
③ 参见赵斌等:《基于电子支付密码的支票自动容错识别系统研究》,载《系统工程理论与实践》2000 年第 7 期。
④ 参见冯涛:《支付密码推广应用中的问题与对策研究》,载《中国农业银行武汉培训学院学报》2011 年第 5 期。

的是：在法律上对于支付密码该如何认定和处理？"2013 年度上海金融商事案例 7"的判决认为，使用支付密码只是当事人的约定事项或行业习惯；"密码"不属于《票据法》第 84 条所涉的必要记载事项；支票上未记载密码并不影响票据自身的效力。概言之，该判决将支付密码归入无益记载事项范畴。对此，笔者有不同看法。

1. 支付密码属于特别法定事项，而非单纯的约定事项或行业习惯

诚然，作为票据领域的基本法，《票据法》本身没有涉及支付密码事宜。立法上最早规定支付密码的为《中国人民银行关于支付密码使用与管理的通知》（中国人民银行 1997 年 5 月 6 日颁布），该通知明确规定了支付密码与签章的关系，要求在使用支付密码的城市，出票人签发支票时，必须按照《票据法》的规定在支票上签章，支付密码不能代替签章；同时，允许开立支票存款账户的存款人在开户银行预留签章的同时，与银行约定采用支付密码作为银行审核支付支票金额的"依据"。而《票据管理实施办法》（中国人民银行 1997 年 8 月 21 日发布，2011 年 1 月 8 日修改）第 22 条规定，申请人申请开立支票存款账户的，银行、城市信用合作社和农村信用合作社可以与申请人约定在支票上使用支付密码，作为支付支票金额的"条件"。于是，在立法上出现支付密码是支付支票金额的"依据"抑或"条件"的不同语词选择与定性分歧。

《支付结算办法》（中国人民银行 1997 年 9 月 19 日发布）第 123 条至第 125 条依次对支付密码规定如下：银行也可以与出票人约定使用支付密码，作为银行审核支付支票金额的"条件"；使用支付密码的，出票人不得签发支付密码错误的支票；使用支付密码地区，支付密码错误的支票，银行应予以退票，并按票面金额处以 5%但不低于 1000 元的罚款；持票人有权要求出票人赔偿支票金额 2%的赔偿金；对屡次签发的，银行应停止其签发支票。上述规定进一步明确了支付密码错误情形下的退票、罚款、赔偿及停止签发支票等法律后果，规范了支付密码的使用。但是，该办法未明确支付密码错误的支票本身是否有效，且对支付密码欠缺事宜未置一词。

《中国人民银行关于支付密码推广应用事宜的通知》（中国人民银行 2002 年 4 月 12 日发布）进一步规定了支付密码推广应用的组织、支付密码产品招标的投标人范围、旧支付密码产品的更换、支付密码推广应用的管理等事项。该通知的突出之处在于，将使用支付密码从支票推广到银行汇票、银行本票、汇兑凭证以及经中国人民银行批准的其他支付凭证上，而不仅限于支票。[①] 但是，该通知仍然将支付密码作为银行审核支付金额的"条件"。

---

① 限于主题和篇幅，本章主要研讨支票支付密码的相关问题。

第十一章　支付密码、单纯交付与票据的流通性

《全国支票影像交换系统业务处理办法(试行)》(中国人民银行 2006 年 11 月 9 日印发)则对支付密码的规制有了更大的进步:其一,该办法第 12 条规定,提入行可以采用印鉴核验方式或支付密码核验方式对支票影像信息进行付款确认;采用支付密码核验方式的,应与出票人所签订协议约定使用的支付密码作为审核支付支票金额的"依据"。该规定将支付密码核验方式与印鉴核验方式等量齐观,确立了支付密码与签章的同等重要地位,强化了支付密码独立的法律地位。而在此之前,票据凭证上的行为人只能以签章形式表示,签章是银行审核支付的法律依据,支付密码仅作为银行审核支付的"条件",只是传统签章的有益补充,二者是主从关系,即支付密码不能单独使用,缺乏独立性。此后,支付密码获得独立的法律地位,一改其既往的从属性质。其二,依据该办法第 44 条,出票人开户银行收到支票影像信息,若已约定使用支付密码,但支付密码未填写或错误的,可拒绝付款。于此,该办法首次规定了支付密码的法律效力。但是,这只处理了付款人与持票人之间的关系,忽略了其他重要问题,如支付密码未填写的支票本身是否有效,此时持票人是否能够合法享有票据权利等。其三,该办法第 62 条规定,出票人签发支付密码错误支票的,中国人民银行将按有关法律规章给予行政处罚,并纳入"黑名单"管理。对纳入"黑名单"的出票人,中国人民银行应记录出票人信息并在一定范围内进行披露;情节严重的,中国人民银行有权要求有关银行业金融机构停止办理其支票结算业务或全部支付结算业务。显然,较之于《支付结算办法》,"黑名单"管理制度更为严厉、有效。

《关于规范在支票上使用支付密码有关事项的通知》(中国人民银行办公厅 2016 年 3 月 14 日下发)则规定:银行向客户推荐使用支付密码办理支票业务时,应当遵循客户自愿原则。一旦客户自愿在支票上使用支付密码,除出票人预留银行签章是银行审核支票付款的依据外,支付密码也应作为银行审核支付支票金额的条件;对一定时期内多次发生支付密码不符或漏填支付密码造成退票的客户,银行可停止该客户在支票上使用支付密码或停止为其办理支票业务。对银行已加注"加验密码"字样但未填写支付密码的支票,持票人委托其开户银行收款的,持票人开户银行应拒绝受理;持票人直接向付款银行提示付款的,付款银行应拒绝付款。付款银行审核支票付款依据和条件时,对出票人已签约使用支付密码,但支付密码经核验不符的,不予付款。出票人在出票环节支付密码填写错误的,可在划掉错误的支付密码后填写正确的支付密码并在更正处签章确认。对银行加注"加验密码"字样但未填写支付密码的支票,收款人或被背书人应拒绝接受。

由上观之,支付密码最初来源于当事人的约定或行业惯例,却因获得立法的认可及大力推动而具有制定法上的明确地位,支付密码欠缺或错误的法律后果

亦日趋明晰。虽然上述中国人民银行部门规章的效力低于《票据法》等狭义的法律,但毫无疑问的是,支付密码属于部门规章此种特别法所规定的专门事项,即特别法定事项,而非单纯的约定事项或行业习惯。

2. 支付密码属于绝对必须记载的特别法定事项,而非无益记载事项

《票据法》第84条规定了支票绝对必须记载的六个事项,若支票上未记载其中任何一项,则支票无效。支付密码不在这六个事项之列,是否意味着支付密码非为支票的绝对必须记载事项?"2013年度上海金融商事案例7"的判决一方面对此作了肯定的回答,另一方面却又在上海市高级人民法院公布的裁判要旨中认为:"设定'密码'与支票系'无条件支付的委托'的法律性质相冲突,限制了票据的流通性。因此,'密码'记载与否并不影响支票自身的效力,持票人也无义务审查支票上是否记载'密码'。"其中,第一句话意即支付密码是禁止记载事项,因与《票据法》第84条第1款第2项"无条件支付的委托"相矛盾,会限制使票的流通;第二句话意即支付密码是无益记载事项,有无支付密码或支付密码错误,均不影响票据本身的有效性。可见,该裁判是自相矛盾的。

诚然,支付密码不是《票据法》第84条所明确列举的必须记载事项。但是,《票据法》第108条规定:"汇票、本票、支票的格式应当统一。票据凭证的格式和印制管理办法,由中国人民银行规定。"第109条规定:"票据管理的具体实施办法,由中国人民银行依照本法制定,报国务院批准后施行。"这两个条文均为《票据法》对中国人民银行的授权性规范。据此,前述《支付结算办法》《中国人民银行关于支付密码推广应用事宜的通知》《全国支票影像交换系统业务处理办法(试行)》的相关规定是规范支付密码的法律依据。① 另外,《票据纠纷规定》第63条规定:"人民法院审理票据纠纷案件,适用票据法的规定;票据法没有规定的,适用《中华人民共和国民法通则》《中华人民共和国合同法》《中华人民共和国担保法》等民商事法律以及国务院制定的行政法规。中国人民银行制定并公布施行的有关行政规章与法律、行政法规不抵触的,可以参照适用。"该条也肯定了中国人民银行的部门规章对于法院在裁判时的约束力。

在支票业务中,并未强制当事人必须使用有密码栏的支票,当事人可以自由选择有或无密码栏的支票。认为支付密码属于任意记载事项或无益记载事项的,其理由在于支付密码是因出票人与付款人的特别约定而产生的,但这只是站在抽象层面的一种误解。在事实层面,一旦出票人与付款人选择使用有密码栏

---

① 《支付结算办法》第25条明确规定:"出票人在票据上的记载事项必须符合《票据法》《票据管理实施办法》和本办法的规定。票据上可以记载《票据法》和本办法规定事项以外的其他出票事项,但是该记载事项不具有票据上的效力,银行不负审查责任。"

的支票,则必须正确填写支付密码。换言之,若"密码"字样已经统一印制在支票凭证上,当事人基于自主意志选定了此种特殊的支票,则不得空缺、更改或涂销支付密码,否则有违国家对票据凭证的管理制度。① 因此,支付密码属于特别法规定的绝对必须记载事项,②并非无益记载事项。③

3. 支付密码欠缺或错误会造成票据效力的瑕疵,而非与票据自身效力无关

(1) 支付密码欠缺情形。司法实践中,对于支付密码欠缺的支票,诸多法院判决依然主张:此种支票形式完备,各项必须记载事项齐全,属于有效票据。④ 笔者认为,与禁转票据或禁转背书中记载的"禁止转让"事项类似,密码栏一旦出现在票据之中,即发生票据行为意思表示的效果,不应无视该种意思表示的存在。同时,这种意思表示完整无缺是票据有效的特别形式要件,而非实质要件。支付密码的使用是通过付款人与出票人签订支付密码器使用协议确定的,当事人一旦选用了有密码栏的支票,理应正确填写支付密码;若欠缺该支付密码,则不符合票据有效的特别形式要件,会直接导致票据无效。

还有学者认为:"出票人未记载支付密码的,视为支付密码错误。"⑤其实,基于票据行为的文义性和要式性,支付密码欠缺与支付密码错误之间差异颇大。在外观上,对于出票人、持票人及付款人等一切票据权利人和票据义务人而言,支付密码欠缺的事实是一目了然、不容否认的;而支付密码错误与否,对于持票人而言,仅通过票据外观是无法判断的,实为仅由出票人与付款人知晓的"秘密"。在后果上,支付密码欠缺形成物的抗辩、绝对的抗辩,而支付密码错误仅形成相对的抗辩。因此,依《全国支票影像交换系统业务处理办法(试行)》第44条,在支付密码未填写时,付款人可拒绝付款,这实际上取消了持票人的付款请

---

① 类似的情况是支票上的"现金"或"转账"字样。参见郑孟状等:《支票法论》,中国人民公安大学出版社2000年版,第46—47页。

② 在我国票据法理论中,通常是依据现行《票据法》第84条来界定支票的绝对必要记载事项,但其实该条规定的是一般法定事项。为准确、全面地反映票据立法现状及实务,支票的绝对必要记载事项应区分为一般法(即《票据法》)上的绝对必要记载事项和特别法(如部门规章)上的绝对必要记载事项。参见杨继:《票据法教程》,清华大学出版社2007年版,第166页;董安生主编:《票据法》,中国人民大学出版社2009年版,第225—227页。

③ 或许有人会质疑,既然支付密码不属于《票据法》第84条列举的绝对必须记载事项,则须援引《票据法》第93条第2款,进而准用第24条,由此支付密码无任何法律意义。笔者认为,适用《票据法》第108条及第109条可知,支付密码可由中国人民银行规定,支付密码属第24条中"本法规定事项"所涵摄的范畴,而非"其他出票事项",故而支付密码应具有支票上的效力。

④ 参见北京市第二中级人民法院(2009)二中民终字第06381号民事判决书;上海市第一中级人民法院(2012)沪一中民六(商)终字第34号民事判决书;上海市第一中级人民法院(2012)沪一中民六(商)终字第76号民事判决书;上海市第一中级人民法院(2012)沪一中民六(商)终字第77号民事判决书;上海市浦东新区人民法院(2013)浦民六(商)初字第3667号民事判决书。

⑤ 吕来明:《票据法基本制度评判》,中国法制出版社2003年版,第369—370页。

求权,尚为合理。真正关键之处在于,若有密码栏的支票欠缺支付密码,则该支票为不完全票据,其本身无效,相关出票或背书转让行为在性质上亦为未完成的票据行为,持票人既不享有付款请求权亦不享有追索权。

另外,支付密码不完全支票与支付密码空白支票也有所不同。① 前者不仅在出票时未填写支付密码,在最后提示付款时仍然欠缺支付密码。后者虽然在出票或使用过程中欠缺支付密码,但在提示付款时支付密码是完整无缺的,即已经补记完好。因此,后者在支付密码补记前效力未定;支付密码一经补记,则与支付密码自始正确的支票一样,不存在效力瑕疵。

(2) 支付密码错误情形。依据《支付结算办法》第 125 条,出票人签发支付密码错误的支票的,银行应予以退票,这实际上取消了持票人的付款请求权。但是,该条紧接着规定"持票人有权要求出票人赔偿支票金额 2‰ 的赔偿金",着实令人费解。一方面,如果将此处的赔偿金理解为一种民事责任,则应适用《票据法》第 106 条"依照本法规定承担赔偿责任以外的其他违反本法规定的行为,给他人造成损失的,应当依法承担民事责任"之规定以及民法的相关规定予以赔偿。民事损失赔偿责任一般实行填补原则,特殊情况下才实行惩罚性赔偿原则。《支付结算办法》不应授予持票人特殊的权利,使其可要求出票人按照一定比例支付赔偿金。② 同时,这种理解的前提是该支付密码错误的支票本身无效,否则持票人应行使票据追索权而非民事赔偿请求权。另一方面,将此处的赔偿金理解为一种票据责任,亦不合理。因为票据责任成立的前提是该支付密码错误的支票本身有效,持票人在行使付款请求权失败后方可开始启动票据追索权,但《票据法》第 70 条规定追索权的客体范围包括票面金额、利息及通知费用,据此持票人无权要求出票人另行支付赔偿金。由此可见,通过《支付结算办法》关于支付密码错误时的责任配置规则展开文义解释,无从得到该支票本身有效与否的合理答案,因而必须另寻其他的解决路径。

前述关于支付密码的相关立法表明,支付密码总是与签章如影相随,多数情况下是被置于同一条文之中加以规范的。或许,一条可行的路径是类推适用有关签章的规范,以明确支付密码错误的法律效果。首先,现行法上的支付密码与签章一样,均为付款人付款的"依据"而非"条件";同时,出票人签章与预留银行签章不符的情形,与支付密码错误的情形一样,都属于票据的形式要件问题。因

---

① 关于空白票据(又称"未完成票据""空白授权票据")与不完全票据的区别,参见于永芹、李遐桢:《中国票据法律制度研究》,科学出版社 2009 年版,第 150 页;[日]铃木竹雄:《票据法·支票法》,赵新华译,法律出版社 2014 年版,第 180 页。也有学者将空白票据作为不完全票据,从而把票据的空白情形与不完全情形视为同一现象。参见谢石松:《票据法学》,中国人民大学出版社 2009 年版,第 104 页。

② 参见王小能:《票据法教程》,北京大学出版社 2001 年版,第 349 页。

第十一章　支付密码、单纯交付与票据的流通性

此,二者之间具备类推适用的必要性和可行性。① 其次,依据《票据法》第6条和第14条,出现签章无效或者伪造、变造的,不影响该票据的其他效力,这充分体现了签章的独立性及其效力的无因性。据此,票据上的签章虽与银行预留印鉴不符,但基于票据的无因性,该票据仍为有效票据;②二者不相符的,只发生银行有权拒绝付款的效力,并不意味票据无效。③ 同理,支付密码错误的支票仍然有效,只是银行有权拒绝付款。因为支付密码正确与否,属于票据资金关系中的问题。而在票据交易中,持票人一般不可能知道支付密码是否正确(但记载的支付密码多于或少于16位数字的除外),更不可能确定出票人与付款人之间是否存在资金关系或资金关系的效力。为确保交易安全,维护善意持票人的权益,持票人取得的票据不应因支付密码错误而无效。

三、单纯交付的法教义学分析

一张支票上密码栏的最终表现形态,不外乎该支付密码填写正确、支付密码欠缺或者错误三种情形。前述"2013年度上海金融商事案例7"中,甲公司将无密码的支票交付给钱某,后钱某又将该无密码的支票交付给陈某。该案判决认定,此种交付(即单纯交付)合法有效,陈某据此享有票据权利。但是,在司法实践中,在支付密码欠缺或者错误这两种情形下,交付支票的相关环节及其法律效力表现得较为复杂多变,法院裁判立场亦不相一致,因此须进行类型化的梳理和研究。在我国现行法律渊源中,虽然法院裁判本身并不具有实证法的法源地位,但它是对现行实证法的解释和适用,故仍属法教义学的范畴。④

---

① 类推适用的前提是存在法律漏洞,且拟处理的案型与法律明文规定的案型具有法律上相同之重要特征,其法理依据在于"相同之案型,应为相同处理"的公平原则。参见黄茂荣:《法学方法与现代民法》,中国政法大学出版社2001年版,第392—394页。
② 《票据纠纷规定》第73条规定:"因出票人签发空头支票、与其预留本名的签名式样或者印鉴不符的支票给他人造成损失的,支票的出票人和背书人应当依法承担民事责任。"其中,"民事责任"的措辞意味着此类支票无效,但这显然是一种偏见和误解,不符合票据的文义性和无因性原理,并且与《票据纠纷规定》第42条所规定的"票据责任"自相矛盾。参见梁慧星主编:《民商法论丛》(2003年第1号,第26卷)》,金桥文化出版(香港)有限公司2003年版,第428页。
③ 参见傅鼎生:《签发与银行预留印鉴不符的票据是否有效》,载《法学》1996年第5期。
④ "当前的裁判理论都依赖一个形式主义的普遍预设,认为在法律不确定的条件下,疑难案件的裁判不再是法律裁决,而是非法律的自由裁量。……教义学理论拒绝接受这一普遍预设,坚持疑难案件裁判的法律属性,进而捍卫法律的自治性。教义学理论能为疑难案件的裁决提供理论上可行、规范上可欲、实证上充分的说明。"〔德〕Ralf Poscher:《裁判理论的普遍谬误:为法教义学辩护》,隋愿译,载《清华法学》2012年第4期。

(一) 案例的类型化

1. "A 交付 B"类型

"A 交付 B"类型的案例,以表 1 中的案例 1、2、3 为代表。这三个案例的特征在于:第一,A(即出票人)签发的支票具有密码栏,但相应的支付密码均未填写;①第二,虽然支票上的支付密码未填写,但通过法院将案由定性为票据追索权纠纷可知,各个判决均认可此种支票本身在形式上是合法有效的。不过,对于 B(即收款人)是否在实质上享有票据权利,各个判决所述的理由及结果有所不同。其中,案例 1 基于未支付对价且无真实的交易关系或委托关系,依据《票据法》第 10 条,判决被告的无对价抗辩成功,原告不享有追索权;案例 2 基于有真实的交易关系并系合法取得支票,判决持票人享有追索权;案例 3 鉴于建设工程监理的客观事实,认可增收监理费的合理性及支付对价的基础关系,判决持票人享有追索权。可见,在"A 交付 B"类型的案例中,法院侧重查明 A 与 B 之间是否成立无对价抗辩与直接抗辩。

表 1 "A 交付 B"类型的案例

序号及案号	案件事实	裁判理由	裁判结果
1. 上海市浦东新区人民法院(2012)浦民六(商)初字第 5629 号民事判决书	原告作为销货单位开具三张增值税专用发票,开票人为××,购货单位名称均为被告,三张发票总金额为 34,992 元。被告出具金额为 345,700 元的涉案支票。原告××在收款人处填上自己的姓名,被背书人处填写"××银行委托收款"。后原告前往银行承兑遭退票,理由为"未写支付密码"。	基于××公司委托原告领款的关系,在××公司未支付对价也未直接委托原告领款的情况下,原告仅以支票和退票理由书、增值税专用发票为证要求被告支付票款的诉讼请求,不予支持;基于涉案支票为××公司支付给原告的货款的关系,原告也未向法院提供任何书证证明其与××公司间的交易关系,原告获得支票也未支付对价,根据《票据法》第 10 条规定,原告同样无法取得票据权利。	原告以支票被银行退票而向被告行使追索权,要求被告支付票据款的诉讼请求,缺乏事实和法律依据,本院不予支持,驳回原告的诉讼请求。

---

① 当然,这只是就这三个案例作事实层面上的描述。在理论上,不排除存在如下的可能性:出票人 A 在签发具有密码栏的支票时,将相应的支付密码填写错误。

(续表)

序号及案号	案件事实	裁判理由	裁判结果
2. 上海市第一中级人民法院（2012）沪一中民六（商）终字第34号民事判决书	吕某、吕某某系兄弟关系，吕某某系乙公司业主，乙公司的支票与印鉴平时均在吕某处。吕某向甲公司开具一张支票以支付货款。甲公司将该支票解入银行后，银行以支付密码未填写及出票人账户存款不足为由将支票退票。	现上诉人吕某某虽已确认被上诉人甲公司与吕某之间有业务往来，但对于乙公司与被上诉人之间是否存在真实的交易关系及债权债务关系存有异议，然上诉人在本案审理过程中已经确认了其兄吕某有时借用乙公司的抬头对外签订合同，吕某的签约行为可认定为参与乙公司的经营活动，故原审法院认定乙公司系由吕某、吕某某共同经营，亦无不当。	上诉人吕某某的上诉理由缺乏事实和法律依据，不能成立，对其上诉请求，本院不予支持。驳回上诉，维持原判。
3. 上海市第二中级人民法院（2013）沪二中民六（商）终字第218号民事判决书	被上诉人向上诉人开具了增加监理费13,000元的发票，上诉人收悉后向被上诉人签发了金额为36,400元的支票用于支付监理费。然后，被上诉人向银行提示付款，但该支票因未填写支付密码遭银行退票。据此，被上诉人提起诉讼，请求判令上诉人支付票据款及利息。	根据双方当事人提供的证据以及对事实的陈述，上诉人委托××公司对厂房建设工程进行监理是客观事实，且在建设过程中又有厂房扩建和继续委托监理，故被上诉人因此增收监理费具有合理性，存在支付对价的基础关系。被上诉人开具了36,400元的发票给上诉人，上诉人签发相同金额的支票给被上诉人，该行为已达成一致，上诉人应当对支票未能兑付承担相应的票据责任。	上诉人的上诉请求不能成立。驳回上诉，维持原判。

2. "A交付B，B交付C"类型

"A交付B，B交付C"类型的案例，以表2中的案例4、5、6、7为代表。这四个案例的特征在于：第一，A（即出票人）签发的支票具有密码栏，但相应的支付密码未填写（案例4、5、7）或填写错误（案例6）；第二，C直接自行记载为收款人，而在票面上未出现B的记载和签章；①第三，虽然支票上的支付密码未填写或填写错误，但法院判决均认可该支票本身在形式上合法有效。不过，对于B的诉讼地位，各个法院的处理有差异：有的列为第三人（案例4），有的列为案外人（案例5、6、7）。对于C（即收款人）是否在实质上享有票据权利，各个判决的论证、

---

① 尽管B在票据上并无记载或签章，但有人仍然将此种类型中的B作为C的前手或票据当事人。参见刘楠：《支票追索纠纷案的启示》，载《银行家》2009年第7期。

推理及其结论亦有不同:案例4、5、6、7均考察了票据的基础交易关系,但是案例4另外排除了恶意取得的抗辩,案例5另外排除了无对价抗辩,案例6适用票据的无因性,三案最终都支持C的追索权;而案例7依据《票据法》第10条,认定当事人之间不存在真实的基础关系,否决了C的追索权。可见,在"A交付B,B交付C"类型的案例中,法院重点审查的对象是A与B、B与C之间有无真实的交易关系。令人不无疑惑的是,案例5、6、7中的B是案外人而非第三人,如何查明A与B、B与C之间真实的交易关系?①

表2 "A交付B,B交付C"类型的案例

序号及案号	案件事实	裁判理由	裁判结果
4.广东省广州市中级人民法院(2013)穗中法金民终字第1297号民事判决书	上诉人向原审第三人签发了涉案支票,双方约定到货后原审第三人才领取密码,且在签发时未在支票上记载收款人名称。后来被上诉人通过直接交付的方式自原审第三人处取得涉案支票,但被银行以无密码为由拒绝付款。	被上诉人为取得涉案支票给付了相应对价,上诉人亦承认其向原审第三人签发了涉案支票,涉案支票应属合法有效,现无证据证明被诉人系恶意取得涉案支票,被上诉人可享有票据权利;在被上诉人合法持有涉案支票的情况下,上诉人以其与原审第三人之间存在抗辩事由、与被上诉人不存在基础交易关系为由拒绝付款,理据并不充分。	对被上诉人要求上诉人支付支票金额及利息的请求予以支持。驳回上诉,维持原判。
5.上海市第二中级人民法院(2014)沪二中民六(商)终字第7号民事判决书	上诉人签发一张出票日期、收款人、支付密码均为空白的支票,将其交付给案外人。后被上诉人取得该支票,在收款人处补记为自己姓名,在出票日期处补记当日日期章,向银行提示付款,但因"无支付密码"遭退票。	系争票据属于没有记载完全而签发的支票。密码并非支票必要的记载事项,是否填写不影响支票的效力。没有记载完全而签发的支票在应记载事项被补齐后为有效票据。上诉人辩称其与被上诉人之间无真实交易关系的说法缺乏诚信,且其理由也不足以对抗已支付相应对价的持票人。	上诉人应向被上诉人支付票据款。驳回上诉,维持原判。

---

① "2013年度上海金融商事案例7"也属于"A交付B,B交付C"类型,且该案中也只是将钱某作为案外人而非第三人。

(续表)

序号及案号	案件事实	裁判理由	裁判结果
6. 北京市第二中级人民法院(2009)二中民终字第21361号民事判决书	上诉人为支付交易款给李某开具支票,但支票密码填写错误,且用途和收款人两栏未填。后与李某有交易关系的被上诉人取得该支票,填写用途为"货款",将被上诉人填写为收款人,并持票向银行请求付款。银行以密码填写错误为由退票。	法律法规并未规定支票因密码错误而无效,因此涉案支票有效;我国《票据法》未禁止以直接交付的方式转让支票,被上诉人在取得支票后将其补记为收款人,并无不当;因上诉人与被上诉人之间不存在直接债权债务关系,本案应适用票据无因性原则,上诉人公司无权以票据基础关系向被上诉人提出抗辩。	被上诉人要求上诉人给付支票金额及利息,于法有据。上诉人的上诉理由均不成立。驳回上诉,维持原判。
7. 上海市浦东新区人民法院(2013)浦民六(商)初字第5170号民事判决书	原告持有收款人记载为原告的支票一张,向银行提示付款,银行以支付密码未填写为由拒绝付款,为此原告起诉。被告辩称,其与原告没有任何业务关系,票据是开给案外人的。	票据的签发、取得和转让,应当遵循诚实信用的原则,具有真实的交易关系和债权债务关系。原告在被告提出关于交易关系和债权债务关系的抗辩后,未提供相应的证据证实双方确有真实的基础关系,应承担举证不能的后果。	驳回原告的诉讼请求。

3. "A出票B,B背书C"类型

"A出票B,B背书C"类型的案例,以表3中的案例8、9、10、11为代表。这四个案例的共性在于:第一,A(即出票人)签发的支票具有密码栏,但相应的支付密码未填写(案例8、9)或填写错误(案例10、11);第二,在票面上B被记载为收款人,并且票据经B背书后交付给C;第三,虽然支票上的支付密码未填写或填写错误,但票据上的其他记载事项及签章完整、合规,故法院判决均认可该支票本身在形式上合法有效。不过,对于B的诉讼地位,各个法院的处理有差异:有的列为第三人(案例8、9),有的列为被上诉人(原审被告)(案例10),[①]还有的列为案外人(案例11)。对于C(即持票人)是否在实质上享有票据权利,各个判决的说理环节及其结论亦有不同:案例8、9均认为支票的收款人及其他受让人对密码不负有法定的审查义务,并排除了出票人的恶意抗辩,支持持票人的追索

---

① 基于票据金额的单一性(整体性、不可分割性),票据债务为单一之债,即债权人与债务人各仅为一人。因此,案例10中同时允许出票人与收款人为被告,并不合理。对此,法院应行使释明权,由原告选择出票人或收款人之一为被告。

权;案例 10 亦否认了出票人的恶意抗辩,并基于持票人是正当持票人,最终也支持持票人的追索权;案例 11 认为持票人与其前手无真实的交易关系,故否决了持票人的追索权。

表 3 "A 出票 B,B 背书 C"类型的案例

序号及案号	案件事实	裁判理由	裁判结果
8. 上海市第一中级人民法院(2012)沪一中民六(商)终字第 76 号民事判决书	甲公司曾向丙公司开具一张支票,收款人记载为丙公司。丙公司将上述支票背书转让给乙公司。后乙公司向银行提示付款遭退票,退票理由是"支付密码未填写"。乙公司遂起诉,向甲公司行使票据追索权,要求甲公司支付票据款、相应利息和赔偿金。	乙公司的营业执照表明其经营范围包括"相关运输咨询服务",向丙公司提供咨询服务并未超出其经营范围。至于合同约定的咨询费数额与涉案支票金额不符,并不能否定乙、丙公司存在应付款。甲公司主张咨询合同是乙公司和丙公司恶意串通所为,依据不足;《票据法》及相关司法解释未规定密码是支票的法定记载事项,因此支票的收款人及其他受让人对密码均不负有法定的审查义务。甲公司以密码为由主张乙公司恶意取得支票,缺乏依据。	甲公司的上诉理由缺乏依据,对其上诉请求不予支持。驳回上诉,维持原判。
9. 上海市第一中级人民法院(2012)沪一中民六(商)终字第 77 号民事判决书	丙公司与甲公司有业务往来,甲公司曾向丙公司开具一张支票,收款人记载为丙公司。丙公司将该支票背书转让给乙公司。乙公司向银行提示付款遭退票,退票原因是"支付密码未填写"。乙公司遂起诉,向出票人甲公司行使追索权,要求支付票面金额、利息和赔偿金。	乙公司介绍、促成丙公司与丁公司之间的运输业务,并约定乙公司先行收取丙公司支付的运费,再转付给丁公司,这属于当事人意思自治范围,并不违反法律法规的强制性规定,故甲公司主张涉案支票金额与合同约定服务费金额不符、该三公司之间的合同系恶意串通所为缺乏依据;《票据法》及相关司法解释并未规定密码是支票的法定记载事项,因此支票的收款人及其他受让人对密码均不负法定的审查义务。甲公司以密码为由主张乙公司恶意取得支票,缺乏依据。	甲公司的上诉理由缺乏依据,对其上诉请求不予支持。驳回上诉,维持原判。

（续表）

序号及案号	案件事实	裁判理由	裁判结果
10. 河北省唐山市中级人民法院（2012）唐民一终字193号民事判决书	被上诉人甲公司将出票人同为上诉人乙公司、收款人同为甲公司的五张支票经背书转让与被上诉人丙公司，用以支付所欠对方货款。后丙公司在提示付款时，因上诉人故意提供错误的支付密码，五张标的支票均被拒付。	上诉人主张该五张支票系被盗走的空白支票，不是其公司出具的，但是其并未提供充分证据予以证实。丙公司通过背书转让从甲公司合法取得的该五张支票，是正当持票人，依法享有票据权利；因上诉人故意提供错误支票密码，致使丙公司被付款行拒绝付款，作为出票人乙公司应承担相应的责任。故原审判决乙公司支付给丙公司票面金额及利息并无不妥。	上诉人上诉理据不足，本院不予支持。驳回上诉，维持原判。
11. 上海市第一中级人民法院（2012）沪一中民六(商)终字第20号民事判决书	原审法院查明：甲经营部曾将一张出票人为乙公司的支票解入银行，因支付密码不符遭银行退票。甲经营部在二审庭审之后提交了一份丙经营部出具的《情况说明》，其中载明：丙经营部从甲经营部购买建材，一直拖欠货款；直至其收到涉案支票后方才背书给甲经营部。	甲经营部在二审庭审后才提交相关证据，已超过举证时限，未经庭审质证的证据不能作为定案的证据；甲经营部没有任何发票、收据或其他销售凭证等直接证据能够证明其与丙经营部之间确实存在交易关系，因此不能仅凭该《情况说明》就认定票据基础关系成立。	甲经营部作为持票人，没有证据能够证明与其前手丙经营部之间存在真实的交易关系，故其无权主张票据权利。驳回上诉，维持原判。

4. "A 出票 B，B 交付 C"类型

"A 出票 B，B 交付 C"类型的案例，以表 4 中的案例 12、13 为代表。在这两个案例中，支票上的支付密码未填写，票面上 B 被记载为收款人，且票据经 B 单纯交付给 C，后 C 自行补记为被背书人。虽然相应的支付密码均未填写，但法院判决仍然认可各该支票本身合法有效。对于 B 的诉讼地位，案例 12、13 的处理是一致的，均列为第三人。同时，关于 C（即持票人）是否在实质上享有票据权利，两份判决的理由与结论也基本相同：一方面认为被告不能以自己与持票人原告的前手即第三人之间的抗辩事由对抗原告，另一方面认为被告也未能举证证明原告明知第三人与被告间存在抗辩事由而取得票据。因此，案例 12、13 均依据《票据法》第 13 条，适用无因性规则并排除了知情抗辩，最终支持持票人的追索权。

表 4 "A 出票 B,B 交付 C"类型的案例

序号及案号	案件事实	裁判理由	裁判结果
12. 上海市浦东新区人民法院（2011）浦民六（商）初字第4207号民事判决书	第三人与被告有业务往来，被告向第三人开具支票一张。第三人在上述支票的第一背书人处签章后，将该支票交付给原告。原告将第一被背书人记载为自己名称后，持票向银行提示付款。该支票因"支付密码未填写"被退票。	原告提交的证据能证明其取得系争票据，是基于与第三人间的《咨询合同》，第三人按合同约定向其支付咨询费；被告不能以自己与持票人原告的前手即第三人之间的抗辩事由对抗原告。同时，被告也未能举证证明原告明知第三人与被告间存在抗辩事由而取得票据；系争支票由被告签发，作为持票人的原告向银行提示付款后，被告应无条件支付票据款，不能因原告未填写支付密码或支付密码填写错误而拒付票据款。	原告要求被告支付票据款及其利息的诉讼请求，应予支持。对于原告要求被告另行支付赔偿金的诉讼请求，不予支持。
13. 上海市浦东新区人民法院（2011）浦民六（商）初字第4208号民事判决书	第三人与被告有业务往来，被告向第三人开具支票一张。第三人在上述支票的第一背书人处签章后，将该支票交付给原告。原告将被背书人记载为自己名称后，持票向银行提示付款。次日，该支票因"支付密码未填写"被退票。	原告提交的证据能证明其取得系争票据，是基于与第三人×公司、第三人××公司间的合同，第三人×公司按合同约定向其支付咨询费，及将应支付给第三人××公司的运输费按合同约定通过原告转付给第三人××公司。被告不能以自己与持票人原告的前手即第三人×公司之间的抗辩事由对抗原告。同时，被告也未能举证证明原告明知第三人×公司与被告间存在抗辩事由而取得票据。系争支票由被告签发，作为持票人的原告向银行提示付款后，被告应无条件支付票据款，不能因原告未填写支付密码或支付密码填写错误而拒付票据款。	原告要求被告支付票据款及其利息的诉讼请求，应予支持。对于原告要求被告另行支付赔偿金的诉讼请求，不予支持。

综观之，上述案例中法院的裁判立场不一，具体表现如下：首先，法院允许 A 进行抗辩的事由有直接抗辩、无对价抗辩、恶意抗辩和知情抗辩等，且有的法院直接审查了有关当事人之间有无真实的交易关系，而有的法院则适用无因性规则，不考虑当事人之间的交易关系。其次，在"A 交付 B,B 交付 C"类型、"A 出票 B,B 背书 C"类型及"A 出票 B,B 交付 C"类型的案例中，[①]B 的诉讼地位不稳

[①] 从类型化的周延性角度而言，理论上和实践中还可能存在下一步的 C 交付（或背书）D、D 交付（或背书）E（乃至无法穷尽）的后续行为。因这些后续行为与上述三种案型中的先前行为无本质差异，故略而不论。

定,有时列为案外人,有时列为第三人,有时列为被告。最后,在裁判结果上,只有案例1、7、11认定A的抗辩事由成立,否定了持票人的追索权。但是,仅就单纯交付支付密码欠缺或错误的支票这一点而言,各个判决竟然完全一致地认为不会因此影响持票人的追索权。对于判决中呈现出来的此种流行观点,尚待结合理论上的相关争议进行深入的分析与检讨。

(二) 单纯交付的理论分歧

关于"单纯交付"的效力,长期以来,我国理论界聚讼纷纭、各执一词,其中较为典型的观点有以下三种:

一是肯定说,此说又有狭义、中义和广义之分。其一,狭义的肯定说,认为"单纯交付票据在我国现行法律框架内仅适用于无记名支票和空白背书票据,限制了票据的流通性。今后我国应顺应国际票据立法趋势,放开管制,使单纯交付方式可以适用于所有无记名票据。"① 其二,中义的肯定说,认为并非所有的票据都可以通过单纯交付的方式进行转让。根据票据的性质,单纯交付仅适用于无记名票据与空白背书票据这两种情形。② 其三,广义的肯定说,认为我国《票据法》虽未明确规定票据权利得以单纯交付方式转让,但也并未禁止票据权利以单纯交付方式转让。鉴于传统票据法理论、世界各国和地区票据立法以及我国司法实践普遍承认票据单纯交付转让的效力,我国《票据法》应当明确空白票据单纯交付转让的效力。即使是记名票据的转让,也有两种情况:票据的收款人转让票据权利,必须依背书方式进行;或是以单纯交付方式转让票据。③

二是区分说,认为单纯交付转让记名票据或完全背书票据的,仅产生一般债权转让的效力,不受《票据法》的保护,但不能对《票据法》规定的转让方式以外的其他票据转让方式一概加以否定。在票据权利发生转移时,依《票据法》规定的转让方式将票据权利移转,可以得到《票据法》的特别保护;依非《票据法》转让方式进行的票据权利移转,则是依普通债权的转让方法转让票据,不能得到《票据法》的特别保护。④

---

① 郭健:《"单纯交付票据"的实证研究》,载刘心稳主编:《票据流转中的风险防范》,中国政法大学出版社2013年版,第107页。
② 参见王永华、罗扬眉主编:《〈中华人民共和国票据法〉解析》,中国金融出版社1995年版,第115页;谢怀栻:《票据法概论》,法律出版社2006年版,第76页;于莹:《票据法》,高等教育出版社2008年版,第138页。
③ 参见董翠香:《论票据单纯交付转让的效力》,载《法学论坛》2012年第2期。
④ 参见王小能:《票据法教程》,北京大学出版社2001年版,第180页;董惠江:《转让方法与票据抗辩限制》,载《人民法院报》2002年7月10日;吕来明:《票据法判例与制度研究》,法律出版社2012年版,第172—174页。

三是否定说,认为"依据我国现行《票据法》及其司法解释的规定,以及中国人民银行的相关规定,我国票据法律制度不认可单纯交付转让票据。以这种方式转让票据权利的,不发生票据法上的效力,也不发生一般债权转让的效力,即无效。"①

(三) 解释论视角下的单纯交付

认定单纯交付的法律效力,须先厘清立法论和解释论的界限。立法论是围绕如何正确设计法律规范或者如何改进既有法律规范而形成的理论,它关注法律的理想状态(应然法),其目的在于指导或者影响立法。而解释论是通过解释现存的法律规范而形成的理论,它关注法律的现实结构(实然法),其目的在于正确地理解和适用法律规范。② 解释论应遵循一定的解释方法,确保法律适用的统一性和可预测性。法官的职责为解释和适用法律,而非审查法律或者"造法"。建立在区分立法论与解释论的基础上,从解释论视角考察单纯交付问题,可以发现上述理论学说和法院裁判存在诸多不足之处:

第一,单纯交付与背书转让的票据转让方式二元结构未臻周延。肯定说和区分说对于单纯交付的定义、适用范围之界定大同小异,均认为单纯交付是指持票人将票据交给他人占有以转让票据权利的一种法律行为,无须在票据上作任何记载,接受票据的行为本身就标志着票据权利已经转移;同时,单纯交付完全可以适用于无记名票据和空白背书票据。但是,一方面,无记名票据是指出票人在签发票据时,虽完成签章,但却预留收款人名称为空白的票据;空白背书票据是指仅由背书人签章而不记载被背书人姓名的票据。③ 显然,无论是无记名票据抑或空白背书票据,其票据正面或者背面均有所记载而非无任何记载,只是记载不完全而已。肯定说和区分说所述单纯交付的适用范围与其定义产生了矛盾,背离了语言对法律现象分类中"所指"与"能指"的辩证关系,④违反了概念使用的同一律。另一方面,交付在票据行为中的法律意义并不完全相同,出票阶段的交付与背书阶段的交付须予区分。出票阶段的交付是一个完整的出票行为所必备的构成要件之一,用以创设票据权利本身;背书阶段的交付则独立于背书行为,不属于背书行为的组成部分,而是用以转移票据权利。⑤ 在出票阶段,出票

---

① 傅鼎生:《我国票据制度未赋予交付转让的效力》,载《法学》2009年第12期。
② 参见韩世远:《裁判规范、解释论与实证方法》,载《法学研究》2012年第1期。
③ 参见刘涛、张爱桃:《论票据的"单纯交付"》,载《山东审判》2003年第5期。
④ 参见〔法〕A.J.格雷马斯:《结构语义学:方法研究》,吴泓缈译,三联书店1999年版,第8—10页。
⑤ 参见我国《票据法》第20条、第27条第2款和第3款。

行为有完全出票与不完全出票之分。无记名票据恰恰产生于出票阶段,交付无记名票据的行为实际上属于不完全出票,而单纯依据交付行为本身此时不能完成票据权利之创设,因为交付在出票阶段并无独立的法律地位。在背书阶段,背书行为有完全背书与不完全背书之分。只有交付经过完全背书的票据,才能顺利完成票据权利的转让。虽然交付在背书阶段具有独立的法律地位,但交付空白背书票据的行为并不能改变该种票据之上存在不完全背书的客观事实,也不能弥补空白背书票据的效力瑕疵。因此,单纯依据交付行为本身亦不能完成票据权利之转让。换言之,票据权利之创设和转让,取决于出票和背书行为是否完全,而非交付行为是否单纯。即便承认"不单纯交付"的说法,它也因为已进入"不完全出票"和"不完全背书"这两个术语的范畴而无存在价值。

第二,我国《票据法》明确禁止单纯交付转移汇票和本票,肯定说和区分说难以自圆其说。依据我国《票据法》第22条和第75条,收款人名称为汇票和本票的绝对必要记载事项,欠缺之会导致票据无效。可见,我国现行法上认可的有效汇票、本票必须记名。同时,由于记名票据的票面上记载有收款人的姓名或名称,票据的文义性和要式性特征决定了付款人只能向票据上记载的收款人或其后手付款,记名票据的转让过程必须通过连续的背书在票据上予以体现,否则持票人将无法实现其票据权利,故而记名票据只能以背书方式转让。与此同时,依据《票据法》第30条,我国不承认空白背书的汇票或本票。《票据法》第31条中的"其他合法方式"应为法人的合并、遗产的继承等特殊情形。该条中的"依法举证"一词说明"其他合法方式"不包括单纯交付。综合起来,这些规定全面禁止以单纯交付的方式转让汇票和本票。对于单纯交付记名票据和完全背书票据的行为,区分说既认定这是依非《票据法》规定的转让方式进行的"票据权利"移转行为,又认定这是依"普通债权"转让方式转让票据的行为,凸显了理论上的自相矛盾。因为此时持票人受让的到底是票据权利抑或民事债权,依据区分说无所适从,前后不一。区分说认为单纯交付票据的行为不能得到《票据法》的特别保护,实质上否定了持票人享有票据权利,置持票人于民法上普通债权人之地位——这样,又如何能够将单纯交付也作为转让票据权利的一种方式?

第三,我国现行法虽然承认无记名支票和空白背书支票,但是单纯交付的规范体系不能"寄生"于空白授权支票制度。透过《票据法》第86条进行文义解释和体系解释可知,我国仅承认无记名支票,而不承认无记名的汇票和本票。依《票据法》第30条的规定,被背书人的名称是背书的绝对必要记载事项,未承认空白背书的效力。① 但是,《票据纠纷规定》第 49 条规定:"依照票据法第二十七条和第三十条的规定,背书人未记载被背书人名称即将票据交付他人的,持票人在票据被背书人栏内记载自己的名称与背书人记载具有同等法律效力。"这突破了《票据法》第 30 条的规定,认可了空白背书票据。于此,暂且不论司法解释对于正式立法文本的僭越。即便《票据纠纷规定》第 49 条允许空白背书,也不等于就是肯定单纯交付的效力,②因为第 49 条适用的是空白授权支票补记原理。质言之,空白支票的持票人享有票据权利的根源在于有背书人的授权行为与持票人的补记行为,而非在单纯交付之际票据权利即由背书人转移至补记的持票人。空白授权支票补记仍属背书转让的范畴,但与不须补记甚至无任何记载的单纯交付有所差异,前者不能证成后者。③ 空白授权支票补记体现的是明示或默示授权的表意行为,而单纯交付中谁持有票据谁就被推定为权利人,体现的是一种事实行为。④ 同时,《票据纠纷规定》第 49 条中的背书人与持票人,被限定为直接的前后手,否定了转授权的可能。⑤ 而前述肯定说认为未记名的转让人可以多次向他人单纯交付票据。准此见解,既然单纯交付中没有显名的背书人和被背书人,何以识别前手和后手?⑥ 进一步而言,接受单纯交付的持票人何以享有票据权利? 可见,肯定说寄希望于从空白授权支票制度中变相地寻求单纯交付的法律依据和法理支撑,注定是失败的。

第四,前述法院判决认为单纯交付支付密码欠缺或错误的支票不会影响持票人的追索权,其中隐含并支持肯定说的观点与相关实务操作的内在法理相互抵牾。这在"A 交付 B,B 交付 C"类型、"A 出票 B,B 背书 C"类型以及"A 出票 B,B 交付 C"类型的案例中尤为明显。因为如果肯定了持票人 C 的追索权,依据《票据法》第 13 条,根本无须将 B 作为诉讼第三人或被告,B 只能是案外人;法院也无须审查 A 与 B、B 与 C 之间的交易关系。同时,A 不能进行直接抗辩、恶意

---

① 我国《票据法》第 30 条、第 42 条和第 46 条分别规定了背书、承兑和保证的绝对必要记载事项。这表明,票据法上的绝对必要记载事项不应仅依据《票据法》第 22 条、第 75 条和第 84 条进行判断。这个道理同样适用于票据上的支付密码事项。

② 有学者指出:"空白背书亦发生因单纯交付而转让票据权利之效果",由此将空白背书与单纯交付等而视之。参见康玉坤主编:《票据法实务》,对外经济贸易大学出版社 2004 年版,第 130 页。

③ 即便我国台湾地区"票据法"明确承认单纯交付票据的效力,但对于该法第 11 条第 2 款是否认可空白授权票据,学者之间莫衷一是。可见,二者并无直接关联。参见梁宇贤:《票据法新论》,中国人民大学出版社 2004 年版,第 51—55 页。

④ 参见董惠江主编:《票据法教程》,对外经济贸易大学出版社 2009 年版,第 154 页。

⑤ 依据《票据法》第 85 条和《支付结算办法》第 119 条,空白授权支票在补记前不得有背书转让或提示付款等使用行为。因此,对于补记权不得转授权。

⑥ 《票据法》第 11 条第 2 款规定:"前手是指在票据签章人或者持票人之前签章的其他票据债务人。"据此,签章是认定票据的前手和后手的唯一标准。

抗辩或知情抗辩,只能援用《票据法》第 11 条的但书进行无对价抗辩。如此,A 与 C 又会落入无从识别为前后手的怪圈。不仅如此,"2013 年度上海金融商事案例 7"最为吊诡之处在于,法院一方面只是将钱某(相当于 B)作为案外人,未采纳上诉人甲公司以查明事实为由要求追加案外人钱某某、俞某某作为第三人的建议;另一方面又仅凭陈某(相当于 C)提供的证据认可钱某与陈某某之间的借款关系,从而最终否定了甲公司(相当于 A)的无对价的抗辩,显然违反了"未经庭审质证的证据不能作为定案的证据"的规则和原理。① 法院强行以单一的票据纠纷为由处理本案,不但遗留了借款事实真伪不明的问题,②而且可能会"制造"两个新的诉讼案件,③有违程序正义与诉讼效率的基本要求。④

总之,遵循解释论的基本方法和原理,笔者赞同否定说的观点,即我国现行法体系未认可单纯交付的法律效力。而用比较法上的立法及理论来论证单纯交付票据的效力,⑤多少有些"水土不服",混淆了立法论与解释论的界限。

四、票据流通性的法教义学分析

针对"2013 年度上海金融商事案例 7",上海市第一中级人民法院(2013)沪

---

① 根据我国《民事诉讼法》第 63 条和第 68 条、最高人民法院《关于适用〈中华人民共和国民事诉讼法〉的解释》第 103 条以及《关于民事诉讼证据的若干规定》第 47 条,证据必须查证属实,才能作为认定事实的根据;证据应当在法庭上出示,并由当事人互相质证;未经当事人质证的证据,不得作为认定案件事实的根据。

② 上海市第一中级人民法院(2013)沪一中民六(商)终字第 168 号民事判决书指出:"我国票据法中的对价指的是双方当事人均认可的相对应的代价,并未规定对价必须等值。本案中被上诉人已向法庭提交其向钱某某妻子俞某某支付借款 160,000 元的证据,另现金支付 15,000 元虽无法提供证据证明,但法庭认为其支付行为已符合票据法关于给付对价的相关规定,被上诉人可以享有票据权利。"诚然,《票据法》第 10 条第 2 款规定:"票据的取得,必须给付对价,即应当给付票据双方当事人认可的相对应的代价。"但是,在该案中,既无被上诉人与上诉人这两方票据当事人的"给付"行为,也没有双方均"认可"的对价,而是法官借助推定技术成立的事实,这不符合在个案事实与法律规范之间"往返流转"的要求。

③ 《票据纠纷规定》第 10 条规定:"票据债务人依照票据法第十三条的规定,对与其有直接债权债务关系的持票人提出抗辩,人民法院合并审理票据关系和基础关系,持票人应当提供相应的证据证明已经履行了约定义务。"据此,在该案中,原本可以合并审理票据关系和基础关系,但法院未作如是处理,由此可能会连锁性地引发甲公司与钱某某之间、钱某某与陈某之间两个新的诉讼案件。

④ 参见〔日〕棚濑孝雄:《纠纷解决与审判制度》,王亚新译,中国政法大学出版社 2004 年版,第 267 页。

⑤ 诚然,《日内瓦统一汇票本票法公约》第 14 条、《日内瓦统一支票法》第 17 条、《法国商法典》第 L511-9 条、《法国支票法》第 13 条及第 17 条、《德国票据法》第 11 条及第 14 条、《德国票据法》第 17 条、《日本票据法》第 11 条及第 14 条、《日本支票法》第 14 条及第 17 条、《英国票据法》第 31 条及第 34 条、美国《统一商法典》第 3-202 条及第 3-204 条、我国台湾地区"票据法"第 30 条及第 32 条、《香港票据条例》第 31 条及第 34 条均有类似的规定。参见汪世虎:《票据法律制度比较研究》,法律出版社 2003 年版,第 341—343 页;《法国商法典》(中册),罗结珍译,北京大学出版社 2015 年版,第 575 页。

一中民六(商)终字第168号民事判决书指出:"若因支票未记载密码而导致支票无效,则不仅对持票人不公平,亦会影响票据的流通……庭审中,上诉人甲公司多次强调钱某某从其处取得票据存在瑕疵,然鉴于票据行为的无因性,甲公司并不能以此抗辩被上诉人的票据追索权。"上海市高级人民法院在该案"裁判要旨"中进一步阐述如下:"票据具有文义性,票据上的记载事项必须符合票据法的规定,票据法规定以外的记载事项,不具有票据法上的效力。坚持票据的文义性是保证票据流通性的重要前提。设定'密码'与支票系'无条件支付的委托'的法律性质相冲突,限制了票据的流通性。"同时,上海市高级人民法院在该案"裁判意义"中认为:"当事人的约定或行业规则均不能违背票据法的上述规定。法院的判决坚持了票据的文义性原则,维护了持票人的合法权益和票据的流通性,有利于充分发挥票据在经济生活中的重要作用。"由此可见,以上两家法院对票据的流通性推崇备至,进而产生的问题是:在一般意义上,票据的无因性、文义性和流通性属于法律原则还是法律规则?这三者之间的关系如何?适用法律原则进行司法裁判有无限制条件或程序要求?具体到该案中,能否无矛盾地一体适用票据的无因性、文义性和流通性原则,支持持票人的票据追索权这一裁判结果?①

(一) 票据流通性的体系定位

我国台湾地区学者郑玉波先生曾言:"助长流通乃法律上对于票据所采取之最高原则,票据法之一切制度,无不以此为出发点。吾人研究票据法法理之际,非先把握此一原则,则对于票据法上之各种制度,即不能了如指掌,故此四字乃一部票据法关键之所在,非常重要,吾人应时时置诸念头,每遇疑难问题,庶可凭此索解。"②我国大陆学者对于票据法最高原则之认识,却不一而足,其中尤以如下三种观点最具代表性:

第一种观点与郑玉波先生的观点较为接近,认为"票据的生命在于流通。流通性是票据(法)学和票据制度的根本原理,其他一切原理、原则和规则都应当服务于流通性原理,票据法的无因性、文义性、要式性原理以及相应的票据理论,也都是为了保证、促进或者维持票据的流通性。"③

第二种观点认为票据流通应保护以下两方面:一是要维护票据的交易安全,此即票据流通的实质方面(或深层次)保护,如认可票据的无因性、文义性、独立

---

① 明确适用票据无因性原则的裁判,参见北京市第二中级人民法院(2009)二中民终字第21361号民事判决书;明确适用票据要式性原则的裁判,参见上海市第一中级人民法院(2009)沪一中民三(商)终字第854号民事判决书。

② 郑玉波:《票据法》,台湾三民书局1986年版,第7页。

③ 胡德胜、李文良:《论票据的流通性原理》,载《河南财政税务高等专科学校学报》2006年第1期。

性及票据权利善意取得制度;二是便捷、高效,此即票据流通的形式方面(或表层次)保护,如背书、票据抗辩切断及票据时效制度。"票据安全实际上是票据流通的必然逻辑延伸,安全既利于流通,又是流通结果之目的。"①

第三种观点认为,"无因性是票据的本质特性,票据的文义性、要式性等特征无一不是无因性特征的延伸及表现,而无因性原则是票据法最重要的原则,也是票据流通的理论基础,没有无因性原则的支撑就没有票据的流通。"②

在实证法上,我国《票据法》第1条规定:"为了规范票据行为,保障票据活动中当事人的合法权益,维护社会经济秩序,促进社会主义市场经济的发展,制定本法。"通过《公司法》《证券法》及《合伙企业法》等法的第1条规定可知,维护社会经济秩序和促进社会主义市场经济的发展实为一切商事立法的共同宗旨。票据立法自身的宗旨仅应从《票据法》第1条的前半部分进行解读,但其中并无关于票据流通性的明文规定,其他法条也未提及"流通"二字。所以,票据的流通性非为《票据法》实定化的基本原则或法律规则,而应被识别为一项非实定的法律原则。不过,《票据法》第1条中的"规范""保障""合法"等措辞恰恰表明我国《票据法》首先追求票据的安全性,并且这种安全包括出票人"静的安全"和持票人"动的安全"两个方面。③ 另外,《票据法》第10条和第21条之规定也印证了票据的安全性是实定的法律原则,④它与非实定的票据流通性原则同属于票据法的最高层面原则。舍票据的安全性,则无票据的流通性可言,二者不可或缺、对立统一、相得益彰。

票据的无因性(如《票据法》第13条第1款第1句)、独立性(如《票据法》第6条、第14条、第49条)、要式性(如《票据法》第22条、第46条、第75条、第84条)、文义性(如《票据法》第4条、第9条)等原则为规则化、具体化的法律原则,它们同为《票据法》第二层面的原则。⑤ 其中,票据的无因性和独立性侧重于对流通性的实质保障,要式性和文义性侧重于对安全性的形式保障。

---

① 李志松、宋鲲鹏:《论票据流通与我国票据法》,载《政法学刊》2002年第2期。
② 董翠香:《我国票据流通制度之完善与重构》,载《烟台大学学报(哲学社会科学版)》2010年第1期。
③ 参见江帆、孙鹏主编:《交易安全与中国民商法》,中国政法大学出版社1997年版,第5—8页。
④ 《票据纠纷规定》也开宗明义,明确规定该司法解释的目的之一在于"维护金融秩序和金融安全"。
⑤ 学者们试图从抽象程度之别、实定性之别、形式原则之别、理由类型之别等方面实现对法律规则与法律原则"质的差别"的建构,但均"无功而返"。目前,较为妥当的做法是:放弃分类学模式,不把法律规则和法律原则看作两种规范类型,而将其看作两种不同的规则理论。参见刘叶深:《法律规则与法律原则:质的差别?》,载《法学家》2009年第5期。

（二）票据流通性的可诉性验证

接下来的问题有二：一是实定的法律原则与非实定的法律原则能否以及如何在司法中适用？二是票据流通性作为非实定的法律原则，在"2013 年度上海金融商事案例 7"这一个案中是否具有可诉性？①

对于第一个问题，基本的共识是：在有具体法律规则可得适用之时，不得适用法律原则，除非适用法律的具体规定会导致明显不公平、不正义的结果，此即"禁止向一般条款逃逸"。② 虽然非实定的法律原则也可能作为非正式的法源起作用，以弥补实在法规则和原则之不足，但它只能在实现个案正义中发生影响力；非实定的法律原则若要发生普遍效力，则必须通过国家的正式法律程序将其转化为实定的法律原则或法律规则。③ 因此，裁判者必须经由一个说理性的"更强理由"论证过程，解释为何某个法律原则可以作为该个案的裁判依据。利益衡量即旨在通过一种"更强理由"，在具体案件的冲突原则及规则之间，建立起一种有条件的优先关系。④

对于第二个问题，"2013 年度上海金融商事案例 7"的裁判通过下列三个子命题给出了肯定性的回答：(1) 支付密码与支票系"无条件支付的委托"的法律性质相冲突，限制了票据的流通性；(2) 支付密码不具有票据法上的效力，是票据的文义性、无因性及流通性原则的共同要求；(3) 若因支票未记载密码而导致无效，则对持票人不公平，亦会影响票据的流通。从表面上看，这三个子命题与前述第一个问题的共识在形式逻辑上保持高度的一致性。但是，笔者认为，在实质上，这三个子命题的内在逻辑存在矛盾之处，具体如下：

1. "无条件支付的委托"及票据的流通性是相对的，而非绝对的

其一，"无条件支付的委托"是相对的，对其理解或解释不应绝对化。依《票据法》第 22 条和第 84 条，"无条件支付的委托"为汇票和支票的绝对必要记载事项。但是，对付款人而言，汇票的支付委托与支票的支付委托是不同的，前者在付款人承兑之前，汇票有效而该项委托尚未生效，付款人并无付款义务；而后者的支付委托则自始有效。又如空头支票，虽为有效票据，但付款人仍可拒绝付款。不过，对于未经承兑的汇票和空头支票，理论上和实务中从未以其违反"无

---

① 可诉性包括可争讼性和可裁判性（可适用性）两个方面，前者指任何人均可将法律作为诉请或辩护的根据；后者指法律可作为法院适用的标准，用于裁判个案。
② 参见刘治斌：《论法律原则的可诉性》，载《法商研究》2003 年第 4 期。
③ 参见〔德〕卡尔·拉伦茨：《法学方法论》，陈爱娥译，商务印书馆 2003 年版，第 19 页；舒国滢：《法律原则适用的困境——方法论视角的四个追问》，载《苏州大学学报（哲学社会科学版）》2005 年第 1 期。
④ 参见林来梵、张卓明：《论法律原则的司法适用——从规范性法学方法论角度的一个分析》，载《中国法学》2006 年第 2 期；陈林林：《基于法律原则的裁判》，载《法学研究》2006 年第 3 期。

条件支付的委托"为理由而认定其为无效票据。如前所述,支付密码是支付的"依据",而非"条件"。支票要有实存金额和支付密码,持票人方可从付款人处获取票面金额。对持票人而言,接受具有密码栏的支票,是基于自我选择的结果;对于支票上欠缺支付密码,持票人是明确可知的,其主观恶意不容否认;而若支付密码错误,此时持票人仅丧失付款请求权,并不影响票据的其他效力。因此,支付密码与《票据法》第84条关于"无条件支付的委托"之要求不冲突。

其二,在"2013年度上海金融商事案例7"的裁判理由中,法院适用流通性原则,只是作为理解具体法律规则的背景和参考,并无明确的法条依据。不过,票据的流通性也是相对的,而非绝对的。如出票人交付的禁转支票,收款人不得转让他人;而对于有禁转背书的支票,原背书人对后手的被背书人不承担保证责任。[①] 又如划线支票,其收款人仅限于银行或付款人的客户,安全性较大,而汇票和本票均不得划线。对于禁转支票、禁转背书及划线支票,票据法理论上和实务中也从未以其违反"票据的流通性"为理由而认定其为无效票据或无效行为。同理,不能仅针对具有密码栏的支票,采取绝对化的票据流通性原理来否认其效力。

2. 支付密码具有票据法上的效力,这是票据的文义性、要式性及安全性之要求,与票据的无因性及流通性无直接关联

票据权利须以票据上记载的文字为准,不得离开票据上记载的文字以其他因素确定票据权利,也不得以票据债务人提出的其他任何证据变更或推翻票据上的记载事项。票据的文义性内在地要求,对于票据的解释必须坚持文义解释,即所有票据行为的意思表示都必须严格依票据上的记载进行,而不得以探求当事人真实意思的方式去解释票据外观以外的事项。支票上"支付密码"的相关文字记载,实为出票人的意思表示,而这种意思表示在出票或背书时已分别为收款人、持票人所认可。因此,支付密码理应准确无误,不得欠缺或错误,否则有违出票人与付款人关于支付密码的相关约定,会影响票据的效力。

票据的要式性指"票据的形式和记载事项必须按照票据法的规定进行,违反票据法的形式要件要求,将导致票据无效或某个环节的票据行为无效。"[②] 上海市高级人民法院在"2013年度上海金融商事案例7"之"裁判要旨"中所指的"票据的文义性",实际上意指"票据的要式性",有张冠李戴之嫌。关于支付密码的法律效力,不能抽象地依据《票据法》第84条将其认定为无益记载事项,甚至是有害记载事项,而应具体问题具体分析;对于一张具有密码栏的支票而言,支付

---

① 参见我国《票据法》第93条、第27条及第34条。
② 吕来明:《票据法学》,北京大学出版社2011年版,第11页。

密码属于绝对必须记载的特别法定事项。因此,依据票据的要式性原则,支付密码理应准确无误;若支付密码欠缺或错误,则构成票据本身的缺陷,形成票据瑕疵或物之瑕疵,据此票据债务人可以行使对物抗辩权。正是基于票据的文义性和要式性原则,支付密码具有票据法上的法律效力,持票人有义务审查支付密码是否欠缺或明显错误,这也可直接维护票据的安全性。

票据的无因性是指票据一旦签发,据此创设的票据关系就独立于其赖以产生的票据基础关系,并与票据基础关系相分离,票据基础关系存在与否、效力如何,对于票据关系都没有影响。我国《票据法》第13条第1款第1句为票据无因性的直接体现。虽然理论上对于票据的无因性有绝对无因性学说和相对无因性学说之争,但我国现行立法坚持相对无因性的立场,[①]即票据无因性不及于与票据债务人有直接债权债务关系的票据当事人。[②] 换言之,适用票据的无因性以第三人的存在为前提,[③]间接前后手之间的关系为无因性,而直接前后手之间的关系则为有因性。在"2013年度上海金融商事案例7"中,法院并未同意将钱某某及其妻子俞某作为诉讼第三人,支票上也仅存在直接当事人甲公司与陈某,故无适用票据的无因性之余地。

3. 在使用支付密码的利益衡量中,出票人利益及票据的安全性优于持票人利益及票据的流通性

首先,"利益衡量乃在发现立法者对各种问题或利害冲突,表现在法律秩序内,由法律秩序可观察而得之立法者的价值判断。发现之本身,亦系一种价值判断。"[④]前述我国关于支付密码的立法规定表明,立法者规制支付密码的首要价值在于确保支付安全,维护出票人和付款人的资金安全,法官于裁判之际自须遵循此等显而易见的立法本意。进一步而言,只有持票人认可并受领支付密码准确无误的票据,持票人的票据利益才能获得票据法的保护和救济,并从根本上促进票据的流转。

其次,假使存在原则冲突及规范冲突,既定的某条原则或某种利益必须作出让步,那么利益衡量的要点在于:考量其受损害的程度如何;贯彻比例原则,为保护某种较为优越的价值须侵及另一种利益时,不得逾越达此目的所必要的程度,

---

① 参见傅鼎生:《票据行为无因性二题》,载《法学》2005年第12期;杨继:《我国〈票据法〉对票据行为无因性规定之得失——兼与欧洲立法比较》,载《比较法研究》2005年第6期;贾海洋《票据行为无因性研究——以票据行为二阶段说为理论基点》,中国社会科学出版社2013年版,第65页。
② 《票据法》第13条第2款规定:"票据债务人可以对不履行约定义务的与自己有直接债权债务关系的持票人,进行抗辩。"在单纯交付票据的场合,受让人与票据债务人虽然在形式上构成直接债权债务关系,但他们之间不存在任何基础关系,更无所谓具有"约定义务"。
③ 参见赵新华主编:《票据法问题研究》,法律出版社2007年版,第161页。
④ 杨仁寿:《法学方法论》,中国政法大学出版社1999年版,第175—176页。

应考量损害如何最小化。① 由于支票的主要功能在于支付而非资金融通,支付密码的首要目的在于保障支付安全而非促进票据流通,故我国现行支付密码立法并未造成法律原则或规范的冲突,既定的安全性原则及出票人利益应予坚持。倘若支付密码未填或填写错误而不影响支票的有效性,则会形成逆向淘汰的效果,出票人不会选择使用有密码栏的支票,支付密码所具有的各项功能及其规制价值将会落空。有关法官于裁判"2013 年度上海金融商事案例 7"之际,罔顾立法规定而优先维护持票人利益,且未能提供足够的、更强的理由,有违比例原则的法理。

最后,利益衡量不应是恣意的,其界限在于节制的必要性和实用的可能性,并在形式上与法律条文结合,使其无论在实质方面还是形式方面都有充分的理由。"不认真学习注重论理的概念法学的思考方法,就难以超越概念法学。不讲论理,只是卖弄利益衡量,是危险的。"②同时,法官在进行利益衡量或价值判断时,"宜自'外行人'之立场为之,始能切合社会需求……应以社会通念为务,随时要求自己以谦虚之心为之,不得我行我素也。"③"2013 年度上海金融商事案例 7"的有关法官既然已经认识到支票业务中使用支付密码的主体具有广泛性和普遍性,以及使用时间具有长期性,理应尊重当事人的使用约定和行业规则,切实认可票据的合规流转,将出票人的合法权益和票据的安全性置于首位,而不是反其道而行之,断然否定支付密码的现行立法及其使用实践的合理性。

综上,票据的流通性在"2013 年度上海金融商事案例 7"中不具有可诉性,它受到其他法律原则和规则的限制。支票应记载支付密码但未记载的,会导致支票无效,其出发点在于维护出票人的公平正义,保障支付安全。倘若司法上一概否认支付密码的效力,则会破坏立法预期,造成对出票人的不公,聪明的出票人将会趋利避害而放弃使用支付密码,这样,促进此种票据的流通也就成了无稽之谈。

五、结　　语

法教义学的主要任务是提高法律的安定性、排除可能的怀疑以及追求无可置疑的确定性,仅在环境变迁时使其适用保有一定的弹性。假使据此认为法教义学的作用只在于促进怀疑,扩大不安定性,则为一项重大误解。④ 正确执行职

---

① 参见〔德〕卡尔·拉伦兹:《法学方法论》,陈爱娥译,商务印书馆 2003 年版,第 279、285 页。
② 梁慧星:《民法解释学》,中国政法大学出版社 1999 年版,第 337 页。
③ 杨仁寿:《法学方法论》,中国政法大学出版社 1999 年版,第 179 页。
④ 参见〔德〕卡尔·拉伦兹:《法学方法论》,陈爱娥译,商务印书馆 2003 年版,第 109 页。

务的法官必须借助可以理解的涵摄和论证,依据现行法使裁判正当化。

在"2013年度上海金融商事案例7"中,无论支付密码、单纯交付抑或票据流通性,均未被现行《票据法》本身明文规定,因此法官的识别行为应受到一系列客观性限制并有高度的论证义务,法院判决须强化基于法条的论证和说理,而不是脱离法条,奢谈法律价值取向和规范适用指引。遗憾的是,该案法官并未朝着法律论证的明确性、一致性及融贯性方向努力,反而制造出新的矛盾,譬如:将支付密码既作为禁止记载事项,又作为无益记载事项;依据交易习惯认定票据单纯交付有效,却对使用支付密码的交易习惯不予认可;一体适用票据的文义性、无因性及流通性原则,支持持票人的票据追索权,但未能注意到它们各自的内涵、适用前提以及利益衡量的限制。

综合本章的法教义学分析,可以得出以下简要的结论:(1)支付密码具有票据法上的效力,它是绝对必须记载的特别法定事项,支付密码欠缺或错误会造成票据效力的瑕疵。(2)我国现行法并未承认单纯交付的合法性,单纯交付支付密码欠缺或错误的支票,并不能设定或转移票据权利。(3)票据的安全性是实定的法律原则,票据的流通性是非实定的法律原则,二者同属票据法最高层面的原则。但是,在支付密码的利益衡量方面,出票人利益及票据的安全性应居于优先地位。

后 记

对于民法与商法的关系问题，无论是宏观的价值理念，还是微观的制度设计，一直是我关注的主题。可惜我的能力和精力有限，相关研究计划的推进速度太慢，成果较少。于此，我不揣粗陋，把一些研习的心得体会先整理出来，权作引玉之砖，希望能够引起立法者和研究者的兴趣、关注。

本书是我数年以来从传统民法转向商法研究工作的一个阶段性成果汇集。王泽鉴先生的名著《民法学说与判例研究》所展现的法学精髓及其通透的法学研究方法，无疑是当代中国商法学人应予认真学习和借鉴的楷模。后续我将进一步借鉴民法的方法，研究商法的理论、立法及司法问题。

本书的主要内容原载《法学》《华东政法大学学报》《时代法学》等刊物，在此谨向相关刊物及编辑致以诚挚的谢意！是他们让我有信心坚持这种略显独特的研究路径。

感谢华东政法大学的顾功耘教授、唐波教授、吴弘教授等领导和同事，营造了一个良好的教学和科研环境！

感谢为本书校稿的硕士研究生！

感谢支持、关心和帮助我的老师、朋友及家人！

最后，期待出现更多在立法技术的形式或实质上"民商分立"的规范，涌现更多在学术兴趣方面既研究民法又研究商法的"民商合一"的学者！

曾大鹏

2018 年 1 月 22 日于上海长宁